酸化土壤表面离子的反应动力学

王代长　编著

黄河水利出版社

内 容 提 要

本书以"973"项目"土壤质量演变规律与持续利用"(G19990118)的子课题"红壤酸化过程、致害机理和调控理论"(G1999011801－3)的研究成果为主线编著而成。全书共分12章,概述了酸沉降造成的土壤中养分离子的淋失,释放出致害铝离子和重金属离子污染物等问题,针对高质量红壤的定向培育与农业持续利用对策,分析了红壤质量演变潜在的危害因素、存在的主要问题和解决措施及未来的发展方向。

本书可供从事土壤学、农业生态学、环境科学及农学的研究、教学和生产人员阅读参考,也可供各级政府的农业部门参考。

图书在版编目(CIP)数据

酸化土壤表面离子的反应动力学/王代长编著. —郑州:黄河水利出版社,2009.8

ISBN 978－7－80734－691－3

Ⅰ.酸…　Ⅱ.王…　Ⅲ.土壤酸碱度－反应动力学－研究.Ⅳ.S153.4

中国版本图书馆CIP数据核字(2009)第142217号

组稿编辑:简群　电话:13608695873　E-mail:w_jq001@163.com

出 版 社:黄河水利出版社

地址:河南省郑州市顺河路黄委会综合楼14层　邮政编码:450003

发行单位:黄河水利出版社

发行部电话:0371－66026940、66020550、66028024、66022620(传真)

E-mail:hhslcbs@126.com

承印单位:黄河水利委员会印刷厂

开本:890 mm×1 240 mm　1/32

印张:6.5

字数:200千字　　印数:1—1 000

版次:2009年8月第1版　　印次:2009年8月第1次印刷

定价:20.00元

前　言

随着工业的快速发展，全球大气酸沉降已被公认为是威胁地球自然生态系统及人类生存环境的全球性环境问题，近几十年来受到国内外学者的广泛关注。我国酸性降雨的化学组成以硫酸盐型酸雨为主，频率高、酸性强，甚至还检测到 pH 值低至 3.0 的降雨；酸雨控制区涉及长江以南 14 个省、自治区和直辖市，且酸雨分布较严重地区广泛分布着酸性和强酸性土壤，且对大气酸沉降有较大的敏感性。

我国南方地区酸沉降污染相当严重，已成为世界第三大酸沉降区，酸沉降造成的土壤酸化面积正在迅速扩展，土壤酸化的程度也在加剧。酸沉降引发的土壤加速酸化过程及其后果已被人们越来越清楚地认识，其本质是外源氢离子进入土壤，并与土壤固相反应，释放出铝离子和铁离子等，水解后又产生新的氢离子，这种周而复始的循环反应致使土壤加速酸化。在我国南方高温多雨的气候条件下，土壤酸化程度的加剧导致土壤中养分离子的淋失，使土壤日趋贫瘠化，同时释放出致害铝离子和重金属等污染物，特别是铝离子和重金属离子活化度提高，可能达到对植物生长有害的水平，使森林退化死亡、农作物减产及品质下降，并污染地表水和地下水，对农业发展及生态环境构成严重的威胁，从而成为制约土壤肥力质量、环境质量和健康质量的主要障碍因子。

全书共分 12 章。第一、二、三章概述了酸沉降对土壤加速酸化和环境的影响，酸沉降下土壤酸化过程的化学控制机制和酸沉降对生态环境影响；第四、五章分别讨论了养分阳离子(K^+和Ca^{2+})的吸附与释放动力学;第六章讨论了致酸离子(H^+和Al^{3+})的释放动力学;第七章评价了红壤酸化过程及施用磷肥的效应;第八、九、十、十一章阐述了酸性土壤引起重金属Cd、Pb、Zn和Cu的环境质量;第十二章阐述了如何评价酸性土壤表面特性的问题。

本书围绕土壤酸化过程中的肥力退化及环境问题,阐明土壤酸化过程中养分离子的加速淋失的动态变化过程及机理、铝和重金属等污染物迁移转化规律,其研究可对退化土壤恢复重建及污染土壤的修复提供重要的科学依据,同时对农业的可持续发展和保护生态环境有着双重重要意义。

在此感谢中国科学院南京土壤研究所蒋新研究员、徐仁扣研究员,中国科学院生态环境研究中心贺纪正研究员,华中农业大学李学垣教授、刘凡教授、胡红青教授、谭文峰教授,以及中国科学院南京土壤研究所王芳博士、卞永荣硕士、孙志成硕士等在工作中提供的诸多帮助和支持,在此深表谢意。

由于水平有限,书中的疏漏和错误在所难免,敬请读者批评指正。

作　者

2009年6月

目 录

前 言
第一章 酸沉降对土壤加速酸化和环境的影响 ……………………（1）
第一节 土壤酸化 ……………………………………………………（1）
第二节 酸沉降的化学组成对土壤酸化的影响 ……………………（7）
第三节 酸沉降下重金属离子的活化 ………………………………（13）
第二章 酸沉降下土壤酸化过程的化学控制机制 ………………（16）
第一节 铝的缓冲机制 ………………………………………………（16）
第二节 阳离子的缓冲机制 …………………………………………（18）
第三节 碳酸盐的缓冲机制 …………………………………………（24）
第四节 SO_4^{2-} 固定的作用 ………………………………………（25）
第五节 有机质的缓冲作用 …………………………………………（26）
第六节 土壤酸化过程的化学控制机制与酸化模型 ………………（27）
第七节 土壤表面的化学性质与双电层理论 ………………………（29）
第三章 酸沉降对生态环境的影响 ………………………………（45）
第一节 我国酸沉降的状况 …………………………………………（45）
第二节 酸沉降对森林生态系统的影响 ……………………………（47）
第三节 酸沉降对水生生态系统的影响 ……………………………（49）
第四节 酸沉降对人类健康的影响 …………………………………（50）
第四章 土壤 K^+ 离子反应动力学 …………………………………（52）
第一节 土壤 K^+ 离子反应动力学 ……………………………………（52）
第二节 模拟酸雨对不同土层 K^+ 淋失规律的影响 ………………（58）
第五章 土壤 Ca^{2+} 离子反应动力学 ………………………………（65）
第一节 酸沉降下 H^+—Ca^{2+} 在红壤表面的动力学特征 ……（65）
第二节 酸沉降下 H^+—Ca^{2+} 在红壤表面反应的能量特征
………………………………………………………………………（71）
第三节 模拟酸雨下 Ca 的解吸动力学 ……………………………（79）

第六章　土壤 H^+ 和 Al^{3+} 离子释放动力学 ……………………（84）
第一节　酸雨淋溶对土层酸度的影响 ……………………………（84）
第二节　模拟酸雨对酸性土壤铝溶出的影响 ………………………（88）
第三节　低分子量有机酸对铝溶出的影响 …………………………（93）
第七章　土壤磷的释放动力学 ……………………………………（97）
第一节　酸性土壤上磷矿粉释磷机理与农学效应 …………（97）
第二节　土壤吸附磷特性对磷矿粉供磷的影响 ……………（102）
第三节　磷矿粉中磷和钙溶出动力学特性 ………………（107）
第八章　土壤重金属 Cd 的反应动力学 ……………………………（112）
第一节　酸性土壤中重金属 Cd 的吸附与运移特性研究
……………………………………………………………（112）
第二节　模拟酸雨下 Cd 的解吸动力学 ……………………………（122）
第三节　有机酸解吸土壤及矿物表面 Cd 的动力学特征
……………………………………………………………（127）
第九章　酸性条件下重金属 Pb 的反应动力学 ……………………（135）
第一节　酸性条件下可变电荷土壤表面 Pb^{2+}—H^+ 反应动力学特征 ……………………………………………………（135）
第二节　酸性条件下红壤表面 Pb 反应动力学的能量特征
……………………………………………………………（141）
第十章　酸性条件下重金属 Zn 的反应动力学 ……………………（148）
第一节　酸性条件下可变电荷土壤对锌吸附动力学特征
……………………………………………………………（148）
第二节　酸性条件下红壤表面 Zn^{2+}—H^+ 反应动力学的能量特征 ……………………………………………………（154）
第十一章　酸性条件下重金属 Cu 的反应动力学 …………………（160）
第一节　酸性条件下可变电荷土壤对铜吸附动力学 ……（160）
第二节　酸性条件下 H^+—Cu 在红壤表面反应的能量特征
……………………………………………………………（166）
第十二章　应用 Multi－Langmuir 模型评价土壤的表面特性 …（174）
第一节　Multi－Langmuir 模型 ……………………………（174）

第二节　应用 Multi－Langmuir 模型评价土壤的表面电荷特性 ……（176）
参考文献 ……（182）
附　件 ……（199）
附件一 ……（199）
附件二 ……（200）

第一章　酸沉降对土壤加速酸化和环境的影响

酸沉降对生态系统的危害是当今世界重大的环境问题之一。我国是继欧洲和北美之后在世界上出现的第三大酸雨区。我国酸雨区主要分布在南方，该区大部分属亚热带季风气候区，受不同经纬度的水热条件及生物因素的影响，分布的土壤有黄棕壤、黄壤、红壤、赤红壤及砖红壤。酸雨不断地进入土壤，引起土壤酸化，可使地上植物受害，严重酸化的土壤渗漏水及酸雨本身进入水生生态系统后也可引起湖泊和河流水体酸化。土壤酸化的特征及其预测已成为土壤学和环境科学的重要研究课题。

第一节　土壤酸化

一、土壤酸化的概念

从广义来讲，土壤酸化是指降低土壤 pH 值的自然过程和人为过程（Krug et al，1983）；从狭义上讲，是“导致酸性土壤形成的一系列复杂的过程（pH <7）”，这一过程的具体表现为土壤中氢离子和铝离子数量的增加（于天仁、陈志诚，1990），且致酸离子与土壤胶体表面上吸附的盐基性离子进行交换，被交换下来的盐基性离子随渗漏水淋失。颗粒表面的氢离子又自发地与矿物晶格表面的铝反应，迅速转化成交换性铝，这就是土壤进一步酸化的实质。

自然土壤酸化过程包括植物和微生物对盐基离子的摄取（Arp et al，1988），水溶性碳化物、有机质、硝酸根的自然淋溶（Becquer，1990），腐殖质的形成（Ulrich，1988）；人为酸化过程包括植物体的收割（Binkley et al，1987）、土地利用的转变（Billet et al，1990）、施肥（van Breemen et al,1982)、酸性化合物的大气输入(Reuss et al,1989),且排除人为的土灰施用和海洋的影响,这一过程主要指发育于非钙质母质的森林生态系统,在湿润的环境下将可能出现酸性土壤。

因酸输入引起土壤酸度的变化,如大气酸沉降,常用方法是检测土壤 pH 值的变化(Tamm et al,1988),这是因为土壤固液相发生的许多重要化学反应受 pH 控制(Reuss et al,1987)。尽管可用 pH 值表征土壤溶液酸度,这一方法从直观上显而易见,但从实际角度出发,考虑到空间的变异性、土地利用方式的改变引起土层变化等因素,局限了这种相对简易方法的使用。外源 H^+ 和内源 H^+ 仅仅是土壤 pH 值变化的部分原因(van Breemen et al,1984),土壤酸化不能用单一的指示参数从数量上简单地描述,土壤 pH 值只是反映土壤酸度变化的一个强度指标(Matzner,1989),其他的变化也会影响土壤的酸化,如养分的淋溶(Johnson et al,1990)、植物的某种养分的损失和减少(在酸性土壤中磷和钼的固定)、有毒元素水溶性的增加(如铝和锰),这些都会影响植物根系的生长、养分和水分的吸收、微生物群落及活性的变化(Binkley et al,1990)。这些变化常常伴随着土壤 pH 值的总体变化,但变化的程度取决于给定土壤的性质。

van Breemen et al (1984) 按照土壤酸度的容量概念定义:土壤酸化是指土壤无机组分酸中和容量(ANC)的下降。

在稀溶液体系中,酸中和容量(ANC)是用强酸,如通常用 H_2SO_4 滴定到参照 pH 值(大约 4.5)时的酸加入量:

$$\mathrm{ANC(aq.\ ref.\ pH4.5)} = [HCO_3^-] + 2[CO_3^{2-}] + [RCOO^-] + [OH^-] - [H^+] \quad (1\text{-}1)$$

上式中,[ ]代表摩尔浓度,$RCOO^-$ 代表有机阴离子。

同样也可定义矿质土壤组分的酸中和容量 ANC_S。

$$ANC_S = 6[Al_2O_3] + 6[Fe_2O_3] + 2[FeO] + 4[MnO_2] + 2[MnO] + 2[CaO] + 2[MgO] + 2[Na_2O] + 2[K_2O] - 2[SO_3] - 2[P_2O_5] - [HCl] \quad (1\text{-}2)$$

或写成:

$$ANC_S = B_S - A_S \quad (1\text{-}3)$$

上式中,S 代表矿质土壤,B 代表碱组分,A 代表强酸组分。

式（1-2）中不包含弱酸组分，如 $CO_{2(S)}$、$SiO_{2(S)}$ 和 $H_2S_{(S)}$，这是因为土壤 pH 值在 2～5 范围内，这些组分不能接受或释放质子；N 的组分也未包括在 ANC_S，这是因为矿质土壤中氮的含量也很低（Galloway，1995）。土壤酸化或者说 ANC 下降，仅仅是反映矿质土壤阳离子的净损失或阴离子的净积累。简化计算表达式（1-3）中未包含有机质的作用，在考虑土壤酸化作用时，有机物表面的官能团（—COO^-）吸附的盐基离子与氢质子发生交换反应，也对 ANC 有贡献，特别是 N 和 S 在有机物中的积累会增加强酸组分的含量，从而降低 ANC。

关于酸沉降的影响，欧洲与北美的研究重点集中在 N 和 S 的地球生物化学过程上，有机物中 N 和 S 的积累是土壤酸化的潜在来源（Galloway，1995；Reuss et al，1989），正如 S 在无机组分中积累一样，有机硫也应该包括在 ANC 的概念之中。土壤中积累的 N 和 S 化合物经过土壤有机质的矿质化过程、硝化过程和氧化过程产生氢质子，导致质子负荷增大。Eriksson（1998）建立土壤酸化模型 SOILORG 和 SOILMIN 时，充分考虑了有机质含量丰富的表层土壤（如 O 层、E 层）与矿质土壤酸化过程的区别。

构成 ANC 的土壤成分应包含有 3 个反应过程的物质组分：快反应（快速达到平衡）物质组分、速率受限制但动力学过程是已知的物质组分和极其缓慢的物质组分（对生态系统的影响基本上可忽略）（Furrer et al，1990）。快反应物质组分对土壤溶液的成分有直接的影响，同时也被认为是强度因素（Reuss et al，1987），所涉及的这些组分在土壤溶液中占绝对优势，在土壤－溶液界面能迅速发生化学反应，如阳离子、阴离子的交换容量（Bolt et al，1976）；慢反应和极慢反应物质组分指的是容量因素，反映土壤系统的较长期的综合变化，这些过程包括阳离子和阴离子的植物吸收（Johnson，1990）、矿质化过程、氧化与还原、原生和次生矿物的分化（Furrer et al，1990）。在土壤长期酸化的形成过程中，土壤的容量因素将控制强度因素的变化。

构成容量因素的“离子库”极大地超过强度因素的“离子库”和来自酸沉降的输入（Reuss et al，1989）。在酸性土壤中相当大的离子库是这一假设的基础：与自然酸化过程相比，来自酸沉降的影响很小

(Krug et al,1983)。酸沉降对森林土壤溶液成分的影响是通过强度因素的变化表现出来的,并不需要容量因素有大的变化(Reuss et al,1987),如果土壤本体化学性质发生了可检测到的变化,这就需要很长的一段时间。

土壤酸化过程用土壤固相(矿物质、有机质)和液相的酸中和容量(ANC)定义,气相部分可认为与 ANC 无关。Nambu et al (1994)曾根据 ANC_S 的变化(ΔANC_S)把 21 个土样分成三类:① $\Delta ANC_S < 2.5$ kmol/(hm^2 · a)时,土壤的酸化速率较低; ② ΔANC_S 在 2.5 ~ 7.5 kmol/(hm^2 · a)时,土壤酸化速率中等; ③ $\Delta ANC_S > 7.5$ kmol/(hm^2 · a) 时,土壤酸化速率较高。

De Vries (1987)提出用酸中和容量(ANC)和碱中和容量(BNC)反映土壤的实际酸化与潜在酸化。

酸中和容量(ANC): $ANC_S = B_S + B_O$ (1-4)

碱中和容量(BNC): $BNC_S = A_S + A_O$ (1-5)

上式中,ANC_S 代表固相的酸中和容量,反映土壤的实际酸度;BNC_S 代表固相的碱中和容量,反映土壤的潜在酸度。因此,土壤实际酸化是 ANC_S 的下降,反映了阳离子的迁移特征,最主要的酸化过程是元素的淋溶。潜在酸化被认为是 BNC 的上升,反映了阴离子的吸附,如土壤吸附 SO_4^{2-}(Cole et al,1977)。De Vries (1987)定义 BNC_S 时包含了弱酸,如有机酸。van Breemen (1984)认为在实际环境条件下,BNC 的上升与土壤实际酸化作用无关。如果土壤完全中和输入的 H^+、盐基离子(Ca^{2+}、Mg^{2+}、K^+、Na^+)的去向是进入溶液,或向下渗漏,或被植物吸收(Coleman,1983),土壤溶液的碱化可认为是土壤固相酸化的逆过程。在土壤 pH 值较低(<5.5)时,质子(H^+)浓度上升的结果导致土壤中铝的溶解,黏粒含量高的土壤更容易酸化,酸化过程进一步增加可溶性铝的含量(Berggren et al,1998),此时溶液的碱中和容量:

$$BNC(aq.\ ref.\ pH\ 5.5) = H^+ + n[Al^{n+}] \quad (1\text{-}6)$$

土壤溶液的碱化也可用碱度 Alk (Alkalinity)表示。H^+ 进入酸性土壤参与两个主要过程:离子交换反应和土壤矿物溶解无机形态 Al 的释放(Cronan,1990;Dahlgren et al,1993 ;Berggren et al,1998),Al^{3+}将代换负电荷点位上吸附的Ca^{2+}、Mg^{2+}、K^{+}、Na^{+}。在酸性土壤中,由于较低的盐基饱和度,大量Al^{3+}仍将保持在溶液中。溶液中Al^{3+}和盐基离子的相对数量取决于铝的溶解性、离子交换选择性系数和土壤的盐基饱和度。

$CO_2 - HCO_3^-$ 是土壤和水化学平衡的一个重要关系式,但在酸性条件下,CO_3^{2-}和OH^-可以忽略,碱度 Alk 可以表示为:

$$\text{Alk} = [HCO_3^-] - [H^+] - \sum Al^* \tag{1-7}$$

上式中,$\sum Al^*$包括Al^{3+}和其他带正电荷的无机铝离子。$[H^+]$包括在pH值为5.0~5.5时有机酸的酸化影响(David et al,1989)。Alk的展开表达式:

$$\text{Alk} = [HCO_3^-] + [CO_3^{2-}] + [OH^-] + [ROO^-] + [Al(OH)_4^-] - [H^+] - [Al^{3+}] - [Al(OH)^{2+}] - [Al(OH)_2^+] \tag{1-8}$$

碱度也等于溶液中阳离子的总数与强酸阴离子总数之差。

$$\text{Alk} = [Ca^{2+}] + [Mg^{2+}] + [K^+] + [Na^+] + [NH_4^+] - [SO_4^{2-}] - [NO_3^-] - [Cl^-] \tag{1-9}$$

二、H^+的来源与去向

H^+是所有元素循环中最复杂的,从本质上讲,受地球生物化学反应的影响(van Breemen et al,1984)。在讨论H^+循环时往往会陷入生物化学过程之中,如生物的生成产物、CO_2的溶解、硝化作用等(Stams et al,1990),这些过程常常被认为是自然土壤酸化的主要原因。土壤的酸化是生态系统中元素的开放循环引起的(Ulrich,1989),自然因素与人为(如酸沉降)因素引起的土壤酸化涉及降雨的化学成分、土壤中的化学过程(Rechcigl et al,1985)、土壤中的水分运移的特点(Gaskin et al,1989)、土体内生物化学过程(Johnson et al,1990),以及矿物的风化(Brown et al,1991;Fernandez et al,1998)等主要因素,这些因素是引起土壤酸化的作用力。

土壤酸化过程是H^+不可逆地进入土壤,H^+的来源包括七个部分

(van Breemen et al,1984):① 由于人类的活动,酸性或潜在酸性物质的输入,如N和S进入生态系统,加速了土壤和地表水的酸化;②阳离子被植物吸收同化后释放出 H^+;③有机质中的N和S净矿质化释放出 H^+;④弱酸的去质子化过程;⑤氧化反应;⑥阳离子的吸附交换反应;⑦阴离子的解吸(如 SO_4^{2-})。H^+ 的去向相应地也包括七个部分:①随水排出;②有机质中的阳离子的释放;③阴离子被植物吸收;④阴离子的质子化;⑤还原反应;⑥H^+ 交换被胶体吸附的阳离子;⑦阴离子被土壤胶体吸附。

在我国南方热带、亚热带地区高温多雨的气候条件下,土壤在自然形成和发育过程中,矿物的风化强烈,红壤中基本不存在较易分解的原生矿物,普遍存在着盐基离子的淋失,土壤表面的交换点位被 H^+ 和 Al^{3+} 占据,这一类土壤属典型的可变电荷土壤,发生酸化的基本原因是土壤中产生 H^+,继而破坏了原来的化学平衡,溶液中的 H^+ 代换盐基离子后被土壤胶体吸附,吸附性的 H^+ 是不稳定的,它进一步与土壤固相发生反应,并释放出金属离子,主要是铝离子;铝离子容易发生水解,同时产生 H^+,使土壤的 H^+ 浓度增加;这种周而复始的反应再次加速土壤的酸化(于天仁,1996)。事实上,南方红壤交换性酸以 Al^{3+} 占绝大部分,交换性 H^+ 占交换酸量不到10%,且与土壤有机质的含量有关,土壤酸性主要是 Al^{3+} 所引起。Al^{3+} 和羟基铝离子是矿质土壤中酸性交换性阳离子,永久负电荷交换点位对 Al^{3+} 离子的选择大于 H^+,对于高度风化的土壤,铝的释放与吸附可能受沉淀溶解过程的制约,而不是受阳离子交换作用制约(Mulder et al,1989)。

外源质子的输入在土壤中会发生一系列化学反应,土壤表面质子化和铝的溶解都要消耗部分 H^+(Foster et al,1989;朱茂旭等,2002a,2002b)。质子(H^+)进入可变电荷土壤与恒电荷土壤后的作用机理明显不同,在可变电荷土壤中质子的去向是转化为表面正电荷、转化为可溶性铝、转化为可交换性酸。质子化会改变土壤胶体表面电化学特征,铝的溶解会提高土壤溶液和自然水体中铝离子的浓度,增加可溶性铝离子的毒性;质子化及铝的溶解都是很活跃的过程,特别是在研究红壤的酸化机制和酸缓冲能力时,一般把初期盐基离子的淋失及随后铁铝氧化物、铝硅酸盐的化学风化等缓冲机制作为考虑的重点，而质子化在酸缓冲中的作用和影响往往被忽略（朱茂旭，2002a）。实际上，我国南方红壤中游离氧化铁含量普遍较高，酸性条件下红壤表面质子化是酸缓冲的重要机制，Fe－OH 是最主要的质子受体，游离氧化铁含量是决定质子化程度的主要因素；游离氧化铁含量越高，质子化过程快速消耗 H^+ 的量越大，对酸的缓冲作用也就越大；同时因 H^+ 的快速消耗及氧化铁对铝溶解反应位的掩被作用，铝的溶解受到很大抑制。当红壤中氧化铁含量低时，铝的溶解量明显增加。必须指出的是，质子化是 H^+ 缓冲的一种短期有效的途径（朱茂旭，2001a，2001b）。

第二节　酸沉降的化学组成对土壤酸化的影响

随着现代工业的迅速发展，向空气中排放的污染物也急剧增加，大气污染导致的酸雨和酸性沉降已成为许多地区引起生态破坏和土壤酸化主要的环境问题（Zhao et al，1994；Rodhe et al，1995）。大气酸沉降化学组成（主要是硫和氮的氧化物）对土壤化学性质、植物的生长、水域生态系统产生不利影响。土壤酸沉降加速了养分的淋失（Johnson et al，1990），特别是森林植被下土壤养分的输出是造成森林退化的主要原因。

一、CO_2 和有机酸对土壤酸化的影响

钙质土壤上（pH 值较高）CO_2 的溶解是重要的 H^+ 源（Reuss et al，1987）；在非钙质土壤上（pH 值 >5），CO_2 的溶解仍然是重要的 H^+ 源；然而在酸性土壤上（pH 值 <5），CO_2 酸化作用的影响可以忽略。森林表层土壤的进一步酸化是来自有机酸的作用（Billet et al，1990），特别是在不利条件下，如冷湿气候、养分贫瘠，低分子量有机酸的矿质化与腐质化受阻，有机酸在土壤酸化中起重要作用（Eriksson，1998；James et al，1987）。在排水良好的土壤上，有机酸与铁、铝氧化物形成的铁、铝有机络合物在土体内发生迁移，铝迁移的另一种机制是以离子的形态或无机态铝硅酸盐络合物迁移（Mulder et al，1989；Berggren et al，

1995;Franken et al,1995)。铁、铝的淋出导致淋溶层的酸化(ANC 的下降)(David et al,1989)和淀积层的碱化作用。从整个土壤剖面来看,只有当金属－有机络合物进入地下水后才可能引起土壤的净酸化作用(De Vries et al,1987)。

根据弱酸(碳酸、有机酸)在一年内相应致酸阴离子(HCO_3^-/$RCOO^-$)输入与输出的平衡关系计算碳循环引起的实际酸化速率:

$$H^+_{产生} = (HCO_3^- + RCOO^-)_{输入} - (HCO_3^- + RCOO^-)_{输出} \qquad (1\text{-}10)$$

上式中,$(HCO_3^- + RCOO^-)_{输入}$可以忽略,$(HCO_3^- + RCOO^-)_{输出}$可通过水流通量及其浓度计算得到。在钙质土壤上,通过平衡关系计算的土壤实际酸化速率在 7～13 kmol/(hm^2·a)范围内,表明土壤处于脱钙过程;在非钙质土壤上,酸化速率范围 1～4 kmol/(hm^2·a);酸性灰化土壤,酸化速率 0.1～0.7 kmol/(hm^2·a)(van Breemen et al,1984)。

二、大气 N 沉降对土壤酸化的影响

N 的转化过程在控制 H^+ 循环中极其重要,通常认为土壤酸化主要是由 C、N 循环不平衡引起的(De Vries et al,1987),N 的转化与 NO_3^- 的淋失是土壤酸化的原因(Gundersen et al,1990;Gilliam et al,1996;Baba,1998)。在 N 转化过程中产生的 H^+ 加速土壤酸化和阳离子的淋失(De Vries et al,1987)。由于 N 在生物体内的积累并不伴随着质子(H^+)的净增加,其主要原因是氮素本身来自大气,通过植物的生物固氮转化成有机态氮(Galloway,1995;Rennenberg et al,1999)。土壤中的有机态氮转移到植物体中不会导致质子的净增加。有机态氮矿化成 NH_4^+ 消耗 H^+,而 NH_4^+ 被植物吸收释放出质子,H^+ 的净增加是零;如果 NH_4^+ 因硝化作用产生 NO_3^- 时释放出 2 个 H^+,净增加 1 个质子(H^+)。当 NO_3^- 被植物吸收时要消耗 1 个 H^+,因而 H^+ 的净平衡仍然是零。

大量研究表明:在未受污染的地区,N 循环并不产生 H^+ 负荷的净增加。一个例外是红赤扬地区 N 的固定,因为 NO_3^- 的数量超过生物

体的需要量，N 循环不平衡产生的自然酸化速率高达 4 kmol/(hm^2·a)；可见大气 N 化合物的排放增加，森林生态系统处于 N 饱和状态时也会加速土壤酸化(Krug et al,1983)。另一方面，当植被消失后，自然条件下 N 的循环受到破坏，N 的循环可能控制极其重要的 H^+ 循环(Stark et al,1997;Rennenberg et al,1999)。有机态 N 的矿质化过程和硝化过程产生 NO_3^- 积累在土体内(Tang et al,2000)。尽管在酸性土壤中硝化作用受到抑制，有机物分解释放的 NH_4^+ 很容易被植物吸收，这也会导致土体内的 H^+ 增加；植被消失后，NO_3^- 在淋失过程中也伴随着阳离子的淋失(Johnson et al,1990)。N 的循环受酸雨影响极其强烈，大气中的 N 化合物(NH_3、NO_x)通过干、湿沉降在森林冠层和进入土壤中，进入森林土壤中的 N 化合物主要是通过 NH_4^+、NO_3^-。NH_4^+ 在土壤中的去向主要是：①被植物根系和土壤微生物吸收；②硝化作用。这些过程产生 NO_3^- 和来自大气沉降的 NO_3^- 在土体内移动性强，很容易进入地下水。NO_3^- 在土壤中的去向有两个重要过程：①被植物根系和土壤微生物的吸收；②反硝化作用。这两个过程都会降低 NO_3^- 的淋失。

大气 N 化合物的输入引起土壤酸化的同时，其他元素的平衡也会受到影响(Likens et al,1996)。过量的 NO_3^- 进入土壤可能导致土壤 K^+、Na^+、Ca^{2+}、Mg^{2+} 的淋失和磷的循环减缓，阳离子和磷的有效性降低可能会引起植物体内营养元素的不平衡。特别是磷、钾的亏缺会阻碍根系吸收氮素，增加 NO_3^- 淋失至地下水中的数量。可根据 NH_4^+ 和 NO_3^- 在一年内的输入与输出关系，计算土壤的实际酸化速率：

$$H^+_{产生} = ([NH_4^+]_{输入} - [NH_4^+]_{输出}) - ([NO_3^-]_{输入} - [NO_3^-]_{输出}) \tag{1-11}$$

N 化合物的输入通过测定森林冠层之上湿沉降的数据进行估计。尽管穿透流的测定得出 NH_4^+ 和 NO_3^- 的总沉降，其结果可能不准确，因为这些化合物与冠层之间发生相互作用，对于估计质子(H^+)的负荷不必测定 NH_3 和 NO_x 的干沉降。至于土壤有机质中 N 的积累是潜在酸化的来源，可以通过在一定时间内(几十年)土壤有机质数量的增加进行估算。

三、大气硫沉降对土壤酸化的影响

硫循环与氮循环相似，硫循环的自然发生过程几乎对生态系统中的质子（H^+）产生没有影响，有机硫的矿质化过程和硫的氧化过程中产生的 H^+，由植物吸收 SO_4^{2-} 消耗质子（H^+）来平衡（David et al，1989）。与 N 循环相比，S 循环产生的影响是通过 SO_4^{2-} 的淋失且伴随阳离子的淋失导致土壤酸化（Cole et al，1977），与 N 不同的是土壤中本身就存在含硫的矿物，植物吸收硫以后，土壤中的硫的含量就下降（De Vries et al，1987）。然而，随着 SO_2 的工业排放，森林土壤吸附 SO_4^{2-} 的数量增加（Galloway，1995；Hao et al，2001）。在欧洲与北美，酸性降雨属 HNO_3 和 H_2SO_4 型，自从 20 世纪 40 年代、50 年代和 60 年代以来，SO_2 排放急剧下降（Rodhe，1995），而在发展中国家 SO_2 的工业排放急剧上升（Larssen et al，1999；Kuylenstierna et al，2001），人为因素引起的 SO_2 的排放远远多于 NO_x 的排放（Rennenberg et al，1999；Rodhe et al，1995）。1990 年，全球人为排放进入大气中的 SO_2 数量约为75 TgS/a，自然过程中产生的硫 25 TgS/a；全球 NO_x 的排放约 20 TgS/a 来自矿质燃料的燃烧，自然产生的 N 约为 8 TgS/a（3 TgS/a 来自闪电，3 TgS/a 来自生物燃料，2 TgS/a 来自微生物过程）（Galloway，1995）。只有 SO_2 被植物吸收就不会产生质子（H^+）的净增加。与 N 相比，植物吸收硫的数量相对较低，SO_2 产生的酸化效果非常明显。

SO_4^{2-} 与 NO_3^- 另一重要区别是 SO_4^{2-} 的移动性受土壤吸附（或生成沉淀）的影响（Nissinen et al，2000）。富含铁铝氧化物的土壤对 SO_4^{2-} 的吸附存在专性吸附和非专性吸附（Alewell et al，1993），其中专性吸附产生 OH^- 消耗 H^+，对酸有一定缓冲能力，同时使盐基离子保持在土壤溶液中不至于被淋失掉（Cole et al，1977）。SO_4^{2-} 的吸附量与土壤中铁、铝氧化物的含量呈正相关，在富含三氧化物、二氧化物的灰化土 B 层，SO_4^{2-} 被土壤吸附是一重要的缓冲机制，这是恒电荷土壤与可变电荷土壤吸持 SO_4^{2-} 的重要区别（章钢娅，1987），另一机制 SO_4^{2-} 生成可能是碱性硫酸铝的沉淀(Nissinen et al,2000)。因此,可根据一年内 SO_4^{2-} 的输入与输出关系,计算土壤的实际酸化速率(De Vries et al,1987):

$$H^+_{产生} = -[SO_4^{2-}]_{输入} - [SO_4^{2-}]_{输出} \quad (1\text{-}12)$$

四、阳离子的循环对土壤酸化的影响

土壤对酸沉降的敏感性通常总是和离子的淋溶导致盐基离子的消耗相联系(Johnson et al,1990;Liao et al,1997),土壤酸度主要涉及盐基离子(Ca^{2+}、Mg^{2+}、K^+、Na^+和NH_4^+)被 H^+交换。在交换反应过程中,用盐基饱和度(BS)表示盐基离子浓度,它代表中和 H^+的容量。所有交换性阳离子的总数用 CEC 表示。当土壤 CEC 和 BS 下降时,土壤中和酸的能力下降,土壤更易酸化(王敬华,1984)。随外源质子的进入,伴随土壤 pH 值的下降,土壤中交换性的阳离子,特别是 Ca 、Mg 的数量显著下降;当土壤 pH 值小于 4.5 时,土壤接近铝的缓冲范围,铝的活性增加,溶解的铝在溶液中水解反过来又产生大量的质子(Galloway,1995);当土壤 pH 值小于 4.2 时,土壤中的 Al 被迅速地释放到土壤溶液中,如福建赤红土(冯宗炜等,1999),pH2 时淋滤液中铝的浓度为 9.42 mg/L,pH3 时为 2.52 mg/L,pH5 时为 0.46 mg/L,随铝的生物有效性增加,会对铝敏感的植物产生铝毒危害(Nambu et al,1994)。在正常自然状况下,阳离子的循环过程:①被植物吸收;②积累在土壤有机质中或有机质的矿质化过程释放出阳离子;③在土壤胶体表面发生的离子吸附与解吸、矿物的风化、沉淀与溶解过程;④发生淋溶。受人为因素的影响,大气中的阳离子沉降在森林冠层或进入土壤后,阳离子的迁移与 C、N、S 循环密切相关(Rodhe et al,1995),因为 HCO_3^-、$RCOO^-$、SO_4^{2-} 和 NO_3^- 的迁移控制阳离子的淋失(De Vries et al,1987)。在盐基饱和度较低的酸性土壤中,由于盐基离子的淋溶,SO_4^{2-} 和 NO_3^- 因酸沉降进入土壤溶液,溶液中需要更多的铝离子与 SO_4^{2-} 和 NO_3^- 产生电荷平衡,土壤对酸沉降表现为更敏感(Reuss et al,1987)。在 H^+的负荷平衡中,有机质的矿质化过程、土壤矿物的风化过程及阳离子的交换反应过程要消耗 H^+，随着阳离子从土壤中淋失，ANC_S 下降。

自然土壤的酸化过程中，土壤中的阳离子与 CO_3^-、$RCOO^-$ 一起发生淋溶，如果森林植被消失后，阳离子的释放未受到植物吸收平衡的控制很容易发生淋溶，导致土壤的 ANC_S 下降；当植物吸收阳离子后将进一步降低 ANC_S。因土壤矿物的风化作用、阳离子的交换作用要消耗一部分 H^+，可根据一年内降雨中阳离子的输入与植物的净吸收、阳离子的淋失计算质子的消耗速率（De Vries et al，1987）：

$$H^+_{消耗} = M^+_{输出} - M^+_{输入} + M^+_{吸收} \qquad (1\text{-}13)$$

五、酸沉降引起的土壤酸化速率的计算

阴离子的迁移性影响这些阳离子的迁移（Likens et al，1996），这些阴离子主要是 SO_4^{2-}、NO_3^- 和有机阴离子。在植物生长季节 NO_3^- 被作物同化，对营养物质或其他养分的淋溶影响不大。然而，在秋季、冬季、春季，植物的生产力低时，NO_3^- 在植物营养成分淋溶方面起显著作用；另一方面，在温带地区，SO_4^{2-} 作为森林生长的养分在供给中是不受限制的，一年之中，可加速养分和阳离子的淋洗，但土壤中阳离子的淋失速率在很大程度上受阴离子被黏土吸附强度和容量的影响（Galloway，1995），如在我国红黄壤地区，由于可变电荷土壤对 SO_4^{2-} 的吸附存在专性吸附和非专性吸附，增加土壤胶体表面的负电荷量，使盐基离子保持在土壤溶液中不至于被淋失掉。

自然土壤的酸化过程中，净 H^+ 的产生来自弱酸（碳酸和有机酸）的溶解，HCO_3^-、$RCOO^-$ 在土壤剖面中淋失的同时伴随着阳离子的迁移，通过测定 CO_3^-、$RCOO^-$ 的输出计算土壤的实际酸化速率（见式（1-10））（这些阴离子的输入可以忽略不计）。

植被消失后引起土壤的酸化，一方面是因为阳离子不断地排出土体，这些阳离子是植物所需的营养成分；另一方面是来自大气沉降的阴离子源源不断地进入土壤。当植被消失后，土壤有机质的矿质化过程产生的 SO_4^{2-} 和 NO_3^- 未被植物吸收，这是潜在酸度对土壤酸化的威胁（BNC_s 上升），这种威胁是因为日益增加的大气排放（N 和 S）和森林植被遭到破坏引起的。大气潜在的酸性物质 SO_2、NO_x、NH_3 的沉降会进

一步导致土壤酸化，其酸化过程主要是 SO_4^{2-} 和 NO_3^- 的淋失，并伴随阳离子的淋溶而引起的（见式（1-11）、式（1-12））。在酸性土壤中，主要表现在 Al^{3+} 的溶解（见式（1-6））、盐基离子的淋失（见式（1-2）、式（1-9））。因酸雨引起的实际酸化速率由实际 H^+ 与潜在 H^+ 负荷计算得到，潜在 H^+ 负荷通过 SO_4^{2-}、NO_3^-、NH_4^+ 的输入和输出平衡计算（见式（1-11）、式（1-12））。

$$H^+_{产生} = ([H^+]_{输入} - [H^+]_{输出}) + ([NH_4^+]_{输入} - [NH_4^+]_{输出}) - ([NO_3^-]_{输入} - [NO_3^-]_{输出}) - ([SO_4^{2-}]_{输入} - [SO_4^{2-}]_{输出}) \tag{1-14}$$

式（1-14）计算不同生态系统中 H^+ 负荷，反映了土壤实际酸化速率，即每年每公顷产生的质子数量（kmol/（hm^2 · a））（De Vries et al，1987）。

第三节 酸沉降下重金属离子的活化

土壤重金属的活化通常有两种不同的活化方式（Bergkvist et al，1989）：一是可溶性有机酸（主要是腐殖质）起关键作用，Pb、Cu、Cr 等与有机酸形成稳定络合物并以络合物形态在土壤中迁移；二是土壤酸度起关键作用，土壤酸度增大，重金属溶解度增加（Bergkvist，1989）。

土壤金属释放速率与 pH 值密切相关，Bergkvist（1989）的模拟试验证实了这些金属对土壤酸度的变化很敏感，淋溶液 pH 降低 0.2 个单位，则 Cd 的浓度将增加 3 ~5 倍。Scokart（1983）发现用 pH4.2 的淋溶液，V 最易从污染土壤中滤出，其次是 Zn、Ni、Cd；在 pH6 时仅有 1% ~2% Cu 和 Cd 从土壤释放出来，而 Pb 几乎不滤出；当 pH 降到 3.5 时才观察到明显的 Pb 滤出；pH 低于 6 时 Cd 的移动性最强。

受酸雨淋溶的土壤中 Fe、Cu、Zn、Pb 等重金属元素的活化度均有提高，可能达到对植物生长有害的水平。文湘华等（1996）对江西乐安江沉积物中重金属释放特性的研究发现，Cu、Pb、Zn、Cd 的最大释放量都出现在最低 pH 值条件下，4 种元素的释放顺序是 Zn > Cu > Cd > Pb。降尘经模拟酸雨淋洗，Cu、Cr 的溶出量随酸雨酸度的增加而提高；

Pb、Zn 则分别在酸雨 pH 值降至 3.5 和 4.5 时溶出量最大。土壤中重金属的存在形态有可交换态、有机质结合态、碳酸盐结合态、铁锰氧化物结合态,以及包含于矿物晶格中的残渣态等。可交换态就是不稳定态,是土壤中活动性最强的部分,对环境 pH 值的微小变化非常敏感,也是农作物最容易吸收的部分;其他形态中除了残渣态以外,都属次稳定态,一定的 pH 值变化能够改变它们的移动性和生物活性。据研究,在模拟酸雨条件下,Cu 的优势形态由有机络合态向可交换态、碳酸盐结合态和锰氧化物结合态转化; Pb、Zn、Cr 则由原来的铁锰氧化物结合态向可交换态转化。这些形态变化的结果,一是增加了重金属元素的可利用程度,而在植物体内积累至高浓度,因为交换态是最易为植物吸收的重金属形态;二是提高了重金属元素的迁移性,因此经长期酸雨淋洗后土壤中的植物必需元素(如 Cu、Zn、Mn 等)会缺乏。据报道,近几十年的酸沉降已使瑞典南部森林土壤中可交换态 Zn 含量降低至 50 年前的一半,同时造成地表水、地下水的严重污染,危及水生生物的生存。很多研究表明,陆地汞富集往往伴随酸沉降物,全球性的汞污染源公认为主要是燃煤造成的。煤汞随酸沉降物进入土壤,并危害整个陆生生态系统。酸沉降污染严重的地区,Pb、Zn、Cu、Cd 等重金属在土壤中有积累的趋势。由于大多数重金属在土壤中的移动性较小,因此酸雨对土壤重金属的淋失作用也很弱;相反,酸雨使土壤重金属的活性增加,并增加了对植物的毒性这一土壤化学的变化过程,却有更多的人去研究(汪各雅,1988)。近年对酸雨影响重金属的活性及形态的研究发现,模拟酸雨对 Cu、Cd 形态的影响较为明显。在不同降雨酸度影响下,Cd 和 Cu 虽然在土壤中优势形态没有变,但各形态组分有着明显的改变。在黄棕壤和黑土中,随着酸度的增加,Cu、Cd 形态向交换态方向转移;而红壤中的部分 Cd、Cu 形态则向着水溶态转移。蒋建清等(1995)通过室内模拟试验,研究了沈阳地区酸雨对当地草甸棕壤中 Cd、Pb、Cu、Zn 和 As 垂直迁移的影响,酸雨能促进 Cd、Pb、Cu 和 Zn 的迁移,随酸雨酸度增加其促进作用也加强,而且酸雨对 Cd、Zn 的影响大于 Cu、Pb; As 的迁移只有在弱酸性酸雨条件下才有增加,在强酸性酸雨条件下,As 的迁移受到抑制。成杰民(2001)以太湖地区三种典型的水稻土(黄泥土、白土、乌泥土)为例,着重研究模拟酸雨对土壤的铜吸附解吸能力的影响。研究结果表明:与未淋溶土壤相比,经模拟酸雨淋溶的三种土壤对铜的吸附量有所增加,易解吸态铜的解吸量则随淋溶液 pH 值的降低而增大。土壤经模拟酸雨淋溶后,由于土壤铁锰氧化物的活化,产生新的吸附表面,土壤对外源铜的吸附量与未淋溶土壤相比有所增加,但是实际上是增加了非专性吸附量。由于这部分对植物有较高的有效性,因此土壤在模拟酸雨影响下对重金属冲击的缓冲能力下降。徐明岗等在研究 pH 对黄棕壤 Cu 吸附等温线的影响发现,随 pH 值由 5.9 降低到 2.2,土壤对 Cu 的最大吸附量从 374.5 mg/kg 降低至 37.8 mg/kg。

由于酸雨引起土壤离子淋溶,必然会对土壤中的重金属含量、形态、组成及生物有效性等产生影响,这种影响在许多农业土壤已受到重金属污染的国家如捷克等尤为突出。模拟酸雨对土壤 Cu、Cd 的淋溶表明,随着酸度的增加,Cu、Cd 淋溶程度增加,交换态和水溶态比例明显增加,同时对其生物毒性影响也较大,但这些影响又同时受到重金属种类尤其是土壤类型的影响。而土壤及合成黏土矿物的模拟试验则表明,土壤吸持 Pb 的能力与黏土缓冲能力密切相关,只要土壤 pH 值未下降到 Pb 的沉淀点之下,则土壤 Pb 的吸持量不会明显减少。Kaupenjohann(1994)通过固定 pH 条件淋溶技术研究认为,蛇纹岩土壤 Cr、Ni 含量较高,酸化作用可使与硅酸盐结构相连的金属转变为生物可利用的形态,可交换性 Fe、Pb、Al 含量也明显增加,土壤在缓冲外源 H^+ 的过程中必然会导致矿物(绿泥石)的分解而使重金属组成发生变化。

尽管 pH 值降低对重金属活化的影响是毋庸置疑的事实,重金属与酸沉降之间的相互作用机理尚未能进行系统研究,但由于酸沉降会导致土壤重金属临界容量下降,这一问题在许多污染土壤用于农业生产的国家尤较重要和紧迫。

第二章 酸沉降下土壤酸化过程的化学控制机制

土壤 pH 值是土壤溶液 H 离子活度的负对数的测定(Ruess et al,1989)。尽管强调 pH 测定的实际值,实际值反映控制土壤反应的指示值。土壤酸度或碱度的程度常常用 pH 表达,土壤中发生的反应与 pH 的缓冲机制(Ulrich,1989;Reuss et al,1989)如表 2-1 所示。

表 2-1 土壤缓冲机制

土壤酸碱性	pH 范围	缓冲机制
超强酸	<4.5	铁缓冲范围(pH2.4~3.8)
极强酸	4.5~5.0	Al/Fe 范围(pH3.0~4.8)
强酸	5.1~5.5	Al 范围(pH3.0~4.8)
中强酸	5.6~6.0	阳离子交换缓冲(pH4.2~5.0)
微酸、中性	6.1~7.3	硅酸盐缓冲(pH >5.0)
微碱	7.4~7.8	碳酸盐缓冲(pH6.5~8.3)

土壤缓冲机制不同于酸中和容量,它是定义土壤因 H^+ 的输入后抵抗 pH 值发生变化的化学反应过程,同时控制土壤溶液 H^+ 的活度。

第一节 铝的缓冲机制

一、$Al(OH)_3$ 的缓冲

铝的缓冲通常描述为三羟基铝与 H^+ 的反应:

$$3H^{+} + Al(OH)_3 \Longleftrightarrow Al^{3+} + H_2O \tag{2-1}$$

平衡表达式为：

$$\frac{(Al^{3+})}{(H^{+})^3} = K^0 \tag{2-2}$$

平衡常数 $\lg K^0$ 对三水铝石大约为 8.04，无定型铝为 9.66（Lindsay，1979），三水铝石对 H^+ 的缓冲作用接近 pH4.0，无定型铝接近 pH4.5，当土壤 pH 值处于 4.0～4.5 时，H^+ 的输入导致三羟基铝矿物的溶解，溶液中 Al^{3+} 的浓度急剧上升（Bloom et al，1985）。

二、铝硅酸盐的缓冲

尽管三水铝石和无定型铝的溶解性常常用来估计溶液中铝离子的活度，有报道认为土壤溶液中铝离子的活度并没达饱和状态（Bloom et al，1985；Driscoll et al，1990）。假定溶液中 $\lg(H_4SiO_4^0) = -4.0$（石英），$\lg(Mg^{2+}) = -4.0$，$\lg(K^+) = -4.5$，$\lg(Fe^{3+}) = 3.54 - 3pH$（无定型铁），伊利石溶解时溶液中铝离子的活度与 pH 值的关系接近无定型铝，但在酸性条件下这一机制并不认为是主要的控制机制，因伊利石层间钾离子迅速释放，矿物变的不稳定，在酸性土壤中钾离子的活度很低。次生矿物蒙脱石和高岭石比无定型铝能提供较低的 pH 缓冲区（van Breemen，1984；Lindsay，1979）。

大多数铝硅酸盐矿物含有盐基离子，矿物风化释放盐基离子对酸的缓冲起重要作用，如钙长石的风化：

$$CaAl_2Si_2O_8 + 8H^{+} \longrightarrow Ca^{2+} + 2Al^{3+} + 2H_2SiO_4 \tag{2-3}$$

$$CaAl_2Si_2O_8 + 2H^{+} \longrightarrow Ca^{2+} + 2Al(OH)_3 + 2H_2SiO_4^0 \tag{2-4}$$

$$CaAl_2Si_2O_8 + 2H^{+} \longrightarrow Ca^{2+} + Al_2Si_2O_5(OH)_4 \tag{2-5}$$

$$Al_2Si_2O_5(OH)_4 + 6H^{+} \longrightarrow 2Al^{3+} + 2H_4SiO_4^0 + H_2O \tag{2-6}$$

这些反应的发生取决于很多因素，特别是 $H_4SiO_4^0$ 在溶液中的浓度。

三、H^+—Al^{3+} 的关系

如果铝的缓冲受三羟基铝控制，铝离子的活度将是质子活度的三

次方幂，如果其他矿物也是由 Al^{3+} 的缓冲机制控制，与 H^+ 活度有关的指数或许有些不同（Sposito，1998），如伊利石与 H^+ 的反应（Lindsay，1979）：

$$K_{0.6}Mg_{0.25}Al_{2.3}Si_{3.5}O_{10}(OH)_2 + 8H^+ + 2H_2O \longrightarrow 0.6K^+ + 0.25Mg^{2+} + 2.3Al^{3+} + 3.5H_4SiO_4^0 \quad (2\text{-}7)$$

当溶液中 K^+、Mg^{2+}、$H_4SiO_4^0$ 保持恒定时，Al^{3+} 的活度将是 H^+ 活度的3.5次方幂。实际上，在缺少平衡与动力学研究的情况下会模糊 H^+—Al^{3+} 活度之间的精确关系，“三羟基铝”模型可能适合描述森林土壤B、C层，而有些学者找到不同的 H^+—Al^{3+} 关系描述表层土壤，Bloom et al（1985）对 Minnesota 森林土壤的 Al^{3+} 与 pH 的关系：

$$\lg(Al^{3+}) = 2.60 - 1.66\text{pH} \quad (2\text{-}8)$$

这表明方程（2-8）中质子活度的指数应为1.66。

铝的缓冲机制为矿质土壤提供了相当大的缓冲容量。如果这一机制是主要的土壤缓冲机制，酸沉降对土壤溶液 pH 的影响可能会很小，然而，其他的缓冲机制不起作用且铝的缓冲机制发挥显著作用时，Al^{3+} 毒害效应就会发生。Al^{3+} 的迁移导致土壤溶液的 ANC 减少，排出水中富含 Al^{3+}（Reuss et al，1985），Al^{3+} 迁移是决定酸沉降对陆地和水生生态系统危害的重要因素。

第二节　阳离子的缓冲机制

森林土壤矿质土层在 pH4～7 范围内的 pH 值与滴加酸碱的数量是S型曲线关系（Federer et al，1985），S型曲线表明矿质土壤在 pH 值7.0以上和低于4.0有很好的缓冲性，在 pH5.0～5.6 范围的缓冲性弱，这与土壤的三种缓冲范围相一致：碳酸盐，pH5.5～7.0；阳离子交换缓冲范围，pH4.6～5.6；铝的释放，pH3.5～4.5。阳离子交换缓冲范围和铝的释放缓冲范围是相互关联的，两者都取决于土壤表面的交换特性，这种交换特性与土壤溶液离子组成一起控制土壤溶液中铝离子和盐基离子的浓度（Reuss et al，1989）。Robarge et al（1992）研究表明，矿质土壤的盐基饱和度（BS）可作为土壤溶液 pH 值函数，盐基饱和度(BS)上升接近大约20%，pH 值上升相当快;BS 在20%～65%，土壤 pH 的变化受到缓冲;BS 超过 65%，直到 pH 值为 7.0,土壤 pH 受到的缓冲最小。

Ulrich (1983)提出的阳离子交换缓冲范围的 pH 值在较低的范围(pH4.2～5.0),这一指标是指盐溶液提取的土壤溶液 pH 值,通常低于水提取的土壤溶液 pH 值。Clark et al (1964)用来自加拿大东部的48 个表层土壤样品绘制出 pH 与(Ca + Mg)饱和度的关系证实阳离子交换缓冲范围的存在,且与给定的 pH 范围相一致。在 pH7.0 测定土壤阳离子的交换量,计算出(Ca + Mg)饱和度,这种缓冲机制可以被清楚地描述。如果考虑到土壤的可变电荷,用标准的方法测定的 CEC 有可能模糊其中的关系。阳离子交换的缓冲机制是复杂的,涉及不同的阳离子,在考虑酸沉降的影响时,总的原则是简化土壤体系,仅仅考虑 H^+、Al^{3+}、Ca^{2+}。

一、阳离子交换平衡方程

假定交换性阳离子 A^{a+} 和 B^{b+} 与交换剂 X 反应:

$$bA^{a+} + BX \Longleftrightarrow aB^{b+} + AX \tag{2-9}$$

描述离子交换的常用平衡方程:

$$K_s \frac{(A^{a+})^b}{(B^{b+})^a} = \frac{(AX)^b}{(BX)^a} \tag{2-10}$$

式中(　)代表活度,AX 和 BX 是吸附离子的分数,K_s 是选择系数,如果吸附离子的分数表达为摩尔分数,这个方程就是 Vanselow (1932)方程;如果表达为电荷摩尔分数,这个方程就是 Gaines 和 Thomas (1953) 方程。描述离子交换过程的另一方程是 Gapon 方程:

$$K_{gp} \frac{(A^{a+})^{1/b}}{(B^{b+})^{1/a}} = \frac{(AX)}{(BX)} \tag{2-11}$$

二、Ca^{2+}—H^+交换

Schofield et al (1995) 注意到随 $CaCl_2$ 溶液的稀释导致 $CaCl_2$ 盐溶液测定的酸性土壤 pH 值上升,但 ($pH - \frac{1}{2}pCa$)值仍然是一个常数,

pCa 是 Ca^{2+} 活度的负对数，通常把这个常数称为石灰位。尽管有许多方式解释这个常数，最简单的一种方式是根据方程(2-12)解释 Ca—H 的交换：

$$\frac{(Ca^{2+})}{(H^{+})^{2}}=\frac{(CaX)}{K(HX)} \tag{2-12}$$

如果在吸附剂表面每种离子的数量大于在溶液中的数量，(CaX)和(HX)随离子强度的变化保持相对恒定，方程式(2-12)右边也是一个常数，通过变换则：

$$pH-\frac{1}{2}pCa=\frac{1}{2}\lg\left\{\frac{(CaX)}{K(HX)^{2}}\right\} \tag{2-13}$$

石灰位是选择系数和交换剂表面 H^{+} 和 Ca^{2+} 的相对数量的函数。这个关系在阳离子交换缓冲机制方面的重要意义表现在溶液中 H^{+} 的活度增加 1 倍，Ca^{2+} 的活度要增加 4 倍。

三、Ca^{2+}—Al^{3+} 交换

尽管 H^{+}—Ca^{2+} 交换模型有助于理解离子交换缓冲机制，但土壤中大多数交换酸度被认为是铝离子的各种形态，特别是 Al^{3+}(Coleman，1983)。离子交换缓冲作用与铝离子的缓冲作用是同时进行的。化学模型在预测酸沉降对酸性森林土壤矿质土层的影响时必须考虑阳离子的交换反应和铝离子的溶解反应，多数矿质土壤的交换表面主要是 Ca^{2+}、Mg^{2+}、Al^{3+} 离子，离子交换反应可以用热力学和动力学平衡常数描述(Bolt，1976；Sposito，1998)。通过交换过程被带入溶液中的铝离子可以用溶解与沉淀机制解释，对于 Ca^{2+}—Al^{3+} 交换可用下式描述：

$$K_{s}\frac{(Al^{3+})^{2}}{(Ca^{2+})^{3}}=\frac{(AlX)^{2}}{(CaX)^{3}} \tag{2-14}$$

对于简单的体系，阳离子是 Ca^{2+}、Al^{3+}，阴离子是 SO_4^{2-}、NO_3^{-}，电荷平衡要求：

$$2[Ca^{2+}]+3[Al^{3+}]=2[SO_4^{2-}]+[NO_3^{-}] \tag{2-15}$$

式中[　]代表摩尔浓度，体系中 CaX = (1 − AlX)。如果阴离子浓度和交换系数已知，就可以求解 Ca 和 Al 的摩尔浓度(Reuss，1985)。Reuss et al(1987)研究表明,随盐基离子的耗竭,(Ca + Mg)的饱和度为10% ~25%时,溶液中 Al 离子会突然占优势。

Ca^{2+}—Al^{3+}交换模型与 Ca^{2+}—H^+ 交换模型并不矛盾,重排方程(2-2):

$$(Al^{3+}) = K^0 (H^+)^3 \qquad (2\text{-}16)$$

将 Al^{3+} 浓度代入方程(2-14),且转化成对数形式:

$$pH - \frac{1}{2}pCa = \frac{1}{2}\lg K^0 + \frac{1}{6}\lg K_s + \frac{1}{6}\lg \frac{(CaX)^3}{(AlX)^2} \qquad (2\text{-}17)$$

表达式(2-17)与 Turner (1967) 提出的关系式相似,对于给定的 Ca + Mg 和 Al 的饱和度,$(pH - \frac{1}{2}pCa)$是一个常数,石灰位是体系中铝的溶解度、Ca^{2+}—Al^{3+}交换系数、Ca + Mg 和 Al 的相对饱和度的函数。

四、盐基淋溶

酸雨对土壤最基本的影响表现在土壤盐基离子的组成及盐基饱和度的变化。一般来说,中性、碱性土的盐基饱和度较高,阳离子组成中以 K、Na、Ca、Mg 为主,例如褐土的盐基饱和度高达 100%;而酸性土壤阳离子组成中以 H、Al 为主,如红壤的盐基饱和度只有 20% ~30%;不同土壤类型由于发育程度及化学组成的差异,盐基释放量和土壤酸度的变化也不尽相同;不同酸度模拟酸雨作用下,各土壤盐基离子的淋溶表现出相同的规律,随模拟酸雨 pH 值降低,盐基释放累积量增加。刘春生等(1998)对棕壤表层土壤 10 年的模拟淋洗试验,对酸雨敏感的顺序为 $Ca^{2+} > Mg^{2+} > K^+ > Na^+$;樊后保等(2002)对福建山地红壤、黄壤、山地草甸土和紫色土的酸雨模拟试验表明,盐基离子淋失量大小也为 $Ca^{2+} > Mg^{2+} > K^+ > Na^+$,这与原土壤中交换性盐基含量一致。仇荣亮等(1997)对我国南方主要土壤类型的模拟酸雨研究表明,土壤各种盐基的释放量与交换性盐基组成表现出一定的相关性,相对于 Ca^{2+}、Mg^{2+} 而言,K^+、Na^+ 释放量受模拟酸雨 pH 值影响不大,一价离子的交换淋溶易于进行;而 Ca^{2+}、Mg^{2+} 等离子交换过程则在很大程度上受制于 H^+ 的浓度,pH 值小于 3.5,Ca^{2+}、Mg^{2+} 淋溶量均明显增加;不同模拟酸雨淋溶条件下盐基淋溶量大小顺序基本表现为:红壤>赤红壤>砖红壤>黄壤,这个特点与其盐基离子交换量大小基本一致。萧月芳等(1997)用模拟酸雨对山东省棕壤、褐土、潮土、砂姜黑土、盐渍土等5种土壤进行相当于10年降雨量的淋洗试验,盐基淋失总量的顺序是褐土>砂姜黑土>盐渍土>潮土>棕壤;相同pH模拟酸雨淋溶条件下,紫色土盐基离子释放量远远高于红壤、赤红壤、山地黄壤。酸性土壤抗酸化能力弱,酸雨pH值愈低,土壤酸化愈严重。

邵宗臣等(1997)用pH3.5酸雨淋洗红壤后,土壤pH值稍低于原土pH值,对土壤酸化稍有影响;用pH4.5酸雨淋洗对红壤酸化的影响不显著;若酸雨pH值降至2.5,可引起严重的土壤酸化现象,土壤pH值低于原土约1个ΔpH。Ervio(1991)则根据对芬兰土壤田间状态下23年的试验结果认为,pH4.5的酸雨在几十年内不可能造成可耕地产生可以测量到的pH值的变化,这反映模拟试验与田间状态存在一定的差异,更准确的评价尚需取决于对不同土壤组成盐基的风化释放速率做出精确的测定。

酸雨的酸度影响土壤释放盐基离子的能力,酸度越大,盐基离子淋溶强度越大,尤其当pH低于3时,各盐基离子的淋失量增大。研究者普遍认为酸沉降会加速盐基离子的淋溶,这种长期的离子淋溶肯定导致土壤的养分缺乏(Johnson et al,1987;Liu et al,1990;Liao et al,1998)。模拟酸雨对盐基离子的长期淋溶损失将造成森林土壤的营养不平衡,尤其是Ca^{2+}、Mg^{2+}的缺乏。酸雨的pH值越低,营养元素的释放量则越大。Ervio(1991)认为Ca、Mg、K等元素的淋溶只是pH3.5的模拟酸雨影响下,淋溶才会加速,在对棕壤的酸雨淋溶试验中,Mg对酸雨最为敏感,经pH值为2模拟酸雨淋洗10年,Mg淋失量分别为pH3、pH4处理的4.8倍和11倍(萧月芳,1997)。自20世纪80年代中期起,东欧及加拿大等分别建立了质子临界负荷计算模型,在酸沉降严重地区来自酸沉降的质子数占土壤年输入质子总量的比例很高,这被认为是土壤酸化和离子淋溶的主要原因,准确估计土壤矿物的风化速率是评价土壤离子淋溶影响的关键(Vance et al,1990)。

五、铝的溶出

铝是地壳和土壤中最丰富的金属元素，占地壳重量的7.1%，土壤中的铝主要存在于层状铝硅酸盐矿物的晶格中，如长石、云母、蒙脱石等；其余的铝以各种化学形态存在，如水溶性铝、交换态铝、有机配合态铝等。在较低的pH值范围内，铝离子与氢离子成为可移动的离子，铝离子随土壤pH值的下降，其移动性也随之增强。

酸性土壤经酸雨淋洗后，土壤中上述各种形态的铝会发生溶解，成为可溶性铝进入土壤溶液，淋出液中铝的含量与土壤pH值和酸雨pH值有关。随着酸雨pH值的降低，酸性土壤中铝的溶出量逐渐增多，并在一定pH值之后出现较大程度的上升。戎秋涛等(1997)用相当于10年的降雨量，pH值分别为5.6和3.5的酸雨溶液淋溶浙江上虞红壤，淋出液中铝浓度均很低，最大浓度分别为0.1 mg/L和0.3 mg/L；但用相当于5.5年的降雨量，pH值为2.5的酸雨淋洗后，淋出液中铝的浓度高达34 mg/L，淋出液中铝的含量在淋出液pH值小于4.0时，才有较高浓度的铝淋出。刘春生等(1998)用pH≥3的酸雨淋洗棕壤，用10年的降雨量淋洗，未测定出活性铝；pH2的酸雨淋洗则检测出活性铝含量为130.0 mg/kg。博柳松等(1994)用模拟酸雨静态浸提酸化浙江省红壤、黄红壤和水稻土，酸雨对强酸性土壤活性铝的释出有一定促进作用，酸化土壤中的活性铝主要是由土壤中固相的$Al(OH)_3$转化而来，活性铝以Al^{3+}离子为主，只有当酸性土壤pH降至4.3时，才会导致活性铝迅速大量释放；当土壤酸化后的pH值大于5时，土壤中单聚羟基铝离子的含量大于Al^{3+}离子；当土壤pH值降至5.0以下时，Al^{3+}离子的含量则高于单聚羟基铝离子，其含量随着土壤pH值的下降而逐渐增加；对单聚羟基铝离子，当土壤pH值在5.5以下时，随土壤pH值的降低而逐渐减少；当pH值大于5.5时，则随土壤pH值的升高也逐渐减少，土壤中单聚羟基铝离子含量在pH5.5时达到最大值。随酸雨pH值降低，土壤溶液中毒性大的Al^{3+}占单核无机铝的比例增加，而毒性小的Al—OH所占比例较小，变化不大。仇荣亮等(1997)也指出，铝淋溶释放量随淋出液pH值的不同可明显分为两个区域，其突变pH值为4.0～4.5，这一突变pH值正是土壤的缓冲体系转入铝缓冲范围的pH值。俞元春(1994)等研究了我国南方酸沉降区主要土壤类型中铝形态转化的特点，酸雨淋洗造成土壤中铝形态发生变化，酸雨pH值越低，则土壤中羟基态铝和腐殖质铝含量越低，交换态铝含量越高。邵宗臣等(1997)用动态淋洗试验，研究了不同pH值的模拟酸雨对红壤中铝形态和性质的影响，酸雨淋洗使红壤中交换态铝上升，吸附态羟基铝有所下降，尤其是用pH3.5酸雨溶液淋洗时，羟基铝溶解转化为交换态铝和引起铝的溶出，铝的溶出量随酸雨溶液pH值和土壤pH值的降低而增加，使铝进入环境。

交换态铝、羟基铝、有机配合态铝虽在量上不大，不到全铝量的2%，却是各级铝形态中较活跃的部分，在生态环境和铝形态转化上具有重要意义。交换态铝或羟基铝都能与有机配体配合形成有机配合态铝，有机配合态铝的形成使对生物有毒性的铝形态(交换态铝和吸附态羟基铝等)转化为无毒或少毒的形态。无论土壤中有机铝含量的高低，在酸性条件下红壤中有机络合态铝都较无机态铝相易活化。当有机铝含量较低时，初期以有机铝的活化为主，在持续酸性条件下有机络合态铝活化量逐步减小，出现明显的亏损趋势。红壤因强烈风化，有机质大量氧化和淋失，含量相对较少，无机铝的活化的重要性显现出来了，后期因有有机铝亏损程度增大，无机铝活化的相对比例增大(朱茂旭等，2002a，2002b)。Mulder et al(1989)和Berggren et al(1998)研究了酸化的森林土壤，地表土壤以有机络合态铝活化占绝对优势；当有机络合态铝含量较高时，在持续酸性条件下有机铝的亏损将会得到缓解。有机态铝的亏损有着重要的生态环境意义，一旦有机态铝库亏损，铝的活化能力将大幅度下降，土壤溶液中的可溶性铝浓度也将下降，随之而来的是土壤的酸缓冲能力下降，H^+不能得到及时缓冲而导致浓度升高。

第三节　碳酸盐的缓冲机制

碳酸既是质子的受体，也是质子的供体，不同的CO_2分压会影响土壤溶液的pH值。随CO_2的分压升高，土壤溶液的pH值会下降，可以用下式表达：

$$pH = 7.8 + \lg(HCO_3^-) - \lg pCO_2 \tag{2-18}$$

式中，pCO_2 是 CO_2 的分压，(HCO_3^-) 是溶液中重碳酸盐离子的活度，7.8 是常数（Reuss et al，1989；Sposite，1996）。森林土壤 CO_2 的分压（0.3% ~0.8% pCO_2）通常超过大气中的 CO_2 分压（0.03% pCO_2）几个数量级（Fernandez et al，1986；Castelle et al，1990）。碳酸的溶解对土壤溶液的 pH 值有潜在的巨大作用。这种潜在的作用仅仅是在土壤溶液 pH 值高于 4.5 时才有意义，并且取决于 CO_2 分压（Reuss et al，1989）。此外，土壤的缓冲范围很可能超过碳酸的缓冲范围，除了通过优势流与土壤溶液快速接触外，在湿温带地区的森林土壤上，碳酸不可能是控制土壤溶液 pH 的最初来源（Reuss et al，1989）。

CO_2 分压的上升提高土壤溶液中 HCO_3^- 的浓度，从而提高了土壤溶液的 ANC 并加强了土壤阳离子的淋溶的潜在可能性，这甚至发生在 $pH < 5.0$ 的酸性土壤上（David et al，1989），如果是碳酸溶解的话，这是唯一的可能机制（Stumm et al，1989）。随 CO_2 分压的上升，实验室研究表明土壤溶液的 pH 值基本上是一常数（David et al，1989），ANC 的上升是由于碳酸供给的 H^+ 被优先吸附。土壤溶液不再与土壤空气中升高的 CO_2 分压相接触时，土壤溶液运移到水域环境或迁移到其他土层。在这一过程中，土壤溶液将释放出 CO_2，消耗 H^+ 离子，导致 ANC 下降，土壤溶液 pH 值上升（David et al，1989）。溶液中总的阴离子浓度下降，这意味着陪补 HCO_3^- 离子的阳离子也要从溶液中减少。

第四节 SO_4^{2-} 固定的作用

可变电荷土壤含有大量的无定型铁铝氧化物，SO_4^{2-} 离子与土壤表面羟基的配位交换引起土壤 pH 值的上升。

值得注意的是，SO_4^{2-} 离子的吸附过程与离子浓度有关系，吸附容量随 SO_4^{2-} 离子浓度而变化，在特定的土壤中没有固定的吸附容量。因酸沉降 SO_4^{2-} 离子输入量增加，吸附容量的增加取决于吸附等温线。

SO_4^{2-} 吸附释放 OH^- 基本上是一种延缓机制。吸附容量与土壤性质有关,不同类型的土壤对 SO_4^{2-} 的吸附能力差异显著,红壤类土壤吸附 SO_4^{2-} 的能力最强,江西地区红壤吸附 SO_4^{2-} 的量高于湖南和湖北地区红壤(况琪军,1995)。

有些研究者认为,来自酸沉降中的 SO_4^{2-} 与土壤中铝发生反应生成沉淀,形成铝硫酸盐矿物(Nordstrom, 1982),如 Alunite ($KAl_3(OH)_6(SO_4)_2$)、Basaluminite ($Al_4(OH)_{10}SO_4$) 和 Jurbanite ($Al(OH)SO_4$)。在一些高沉降地区,可以观测到地下水和土壤溶液中 SO_4^{2-} 浓度超过 100 μmol/L,土壤 pH 值低于 4.5,Alunite 比 Gibbsite 更稳定(Johnson et al,1989)。Weaver et al(1985)报道 Jurbanite 控制溶液中 SO_4^{2-},Jurbanite 的生成在控制溶液中铝离子活度具有特别重要的作用。

第五节 有机质的缓冲作用

有机质与土壤酸度有多种作用方式,对于温湿地区的酸性森林土壤,实际土壤溶液 pH 与土壤有机质的关系表达为:

$$pH = pK + \lg \frac{[A^-]}{[HA]} \tag{2-19}$$

假定土壤有机质的功能团的行为类似弱酸(Bolt et al,1976),$[A^-]$、$[HA]$ 代表每 1 g 土壤有机质功能团的浓度,pK 代表有机质离解常数的负对数(Sposite,1996),森林土壤有机质层的酸碱滴定曲线表明 pH 值与加入的酸碱数量是线性关系(Federer et al,1985;Magdoff et al,1985),本体溶液中 H^+ 优先吸附到有机质上(Bolt et al,1976)。含有机质很高的土层土壤溶液 pH 是$[HA]$的函数(Federer et al,1985;Sposito,1996),不能用简单的离子交换模型描述(James et al,1986),这种解释部分原因是森林土壤有机质层土壤溶液 pH 与盐基饱和度不相关(Magdoff et al,1985)。酸沉降经冠状流和径干流引起土壤溶液 NO_3^- 和 SO_4^{2-} 浓度的增加改变了土壤溶液的离子强度,有机质表面反离子层电位降低和土壤固相表面官能团之间的相互作用影响 H^+ 的释放与吸附(Bolt et al,1976)。改变官能团之间的相互作用,能有效地改变结合－溶解常数的数值，会导致 H^+ 的释放或吸附；提高溶液的离子强度通常会有利于 H^+ 的释放，降低土壤溶液的 pH 值。土壤有机质部分来源于森林覆盖层的残落物，残落物酸度或碱度的变化将影响土壤溶液 pH 值的变化，土壤有效养分的变化和森林物种的多样性都会影响残落物的化学组成（Howard et al，1990），这些变化都会影响有机酸［HA］数量的变化。

从电中性原理看，H^+ 的优先吸附会导致等电荷的其他金属离子的释放。美国东北部森林土壤有机质层随 H^+ 输入，优先释放的离子是 Ca^{2+}，也有少量的 Mg、K、Mn、Fe、Zn、Al、Cu（James et al，1986，1987），这些反应相当迅速，仅仅只有钙离子与质子的输入呈现线性关系，Al 的释放保持恒定且不依赖固液比。甚至进一步研究发现，加入的质子有 40%～80% 吸附在土壤中而没有等电荷量的金属离子释放，这主要是土壤有机质中氨基酸官能团的质子化（James et al，1986），伴随阴离子的吸附和土壤有机质的溶解维持土壤溶液的电中性（Krug et al，1984；James et al，1986）。这些研究结果进一步论证了在有机质含量高的森林土壤表层不能简单地用离子交换反应模拟因酸的输入后土壤化学反应控制机制。

第六节　土壤酸化过程的化学控制机制与酸化模型

土壤酸化的研究领域大致可分为 3 个方面：①从宏观角度研究土壤酸化程度及土壤对酸敏感性的空间和时间变化规律，如划分主要的土壤酸化区及酸化等级，揭示土壤酸敏感区及土壤酸化趋势（Alcamo et al，1987；De Vries et al，1994；Hao et al，2001）。②从微观角度研究土壤酸缓冲容量，土壤酸化机理、过程及后果，如氢离子的消耗、盐基离子的释放、黏土矿物的溶解、铝的活化及溶解度控制等过程（Reuss，1983；Ulrich，1983；Bloom et al，1985）。③以宏观和微观研究结果为基础建立土壤酸化模型，评价土壤酸化程度及调控能力、预测土壤酸化趋势。目前在国际上已开发出许多成功的酸化模型（Cosby et al，1985；Gherini et al，1989；Eriksson，1998；Foell et al，1995；An et al，1999），如以酸中和容量(碱度)和钙饱和指数为代表的指标评价模型、MAGIC 模型、ILWAS 模型和 RAINS 模型、Birkenes 模型、SMART 模型、RESAM 模型、SAFE 模型等,是定量研究生态系统受酸沉降影响的重要工具,用其预测酸沉降对土壤、地表水、地下水和湖泊的长期影响。开展研究较多的是北欧和北美的重酸雨区。我国在这个领域投入主要有"七五"环保科技攻关项目"酸雨研究",包括了酸雨对水环境的影响和"小集水区环境酸化的化学过程","酸沉降临界负荷在中国酸雨控制中的应用"。现简要介绍主要的酸化模型的组成,以便了解土壤中发生的一些化学过程。

Henriksen 模型是基于离子平衡原理和酸中和容量(ANC)的概念,应用 ANC 作为地表水敏感性指示生物的化学指标。ANC 定义为不含海盐的碱基阳离子(BC)与强酸根阴离子(AN)之间的差。该模型结构简单,所需数据量少,可用于确定水体是否已酸化并预测未来的酸度变化。

土壤酸中和容量(ANC)是一经验模型,将一个酸碱体系的 pH 降低到一个参比 pH 时所需要强酸量,是土壤酸化的一个基本参数。ANC 减少表示土壤酸化,ANC 的变化是预测土壤酸化的最优指标。土壤酸中和容量的组分包括酸性和碱性两部分,碱性组分包括 CaO、Al_2O_3、MgO、K_2O、Na_2O、MnO、Fe_2O_3、FeO 等,酸性组分包括 SO_3、HCl、P_2O_5 等。H^+ 输入土壤后,ANC 中碱性组分减少,减少量随淋溶时间及酸度而增加。酸性组分的变化较为复杂。土壤是复杂的生态系统,影响酸度的因素有许多是未知的变量,可以把土壤作为一个灰色系统来处理,应用灰色系统控制理论对土壤酸化趋势进行定量的预测是比较适宜的。

PROFILE 模型是由土壤溶液平衡、风化速率和离子交换子模型组成的。土壤溶液平衡包括水的质子自递反应、碳酸盐平衡反应、一元有机酸的酸碱反应、铝的形态与控制机制,基于这些反应导出了土壤溶液 ANC 的表达式;根据试验确定土壤矿物和土壤溶液组分之间有助于硅酸盐矿物风化的几个反应,得到常温下风化速率的总表达式。PROFILE 对每一个化学均质的土壤层,导出一个关于 ANC 的质量平衡。ANC 变化必须等于进出土壤层溶液的 ANC 和由不同源产生 ANC 速率间的净差值,考虑的过程包括 H、Al、碱基阳离子的阳离子交换反应,硅酸盐风化，以及可以作为 ANC 的汇和源的生物过程。

MAGIC 模型：MAGIC 模型是一个集总参数的土壤过程定向模型，包括有机酸、硫酸盐吸附、铝的无机络合物、风化速率和元素摄取等过程。其结构由两部分组成：①土壤－土壤溶液化学平衡定量描述土壤平衡过程和土壤水进入河流时发生的化学变化、土壤和土壤溶液之间的化学平衡的移动导致地表水的化学变化。考虑了硫酸盐的吸附、阳离子交换、铝的溶解和沉积、有机酸及碳酸盐的溶解、无机碳的分解。溶液中的主要离子由这些平衡反应同时确定。②质量平衡或质量概算假设大气沉降和化学风化的输入、碱基阳离子的净吸收和离子迁移到径流水等过程。控制进出土壤中的主要离子通量。该模型适用于评估陆地和地表水体系对酸沉降的长期反应能力。MAGIC 模型在我国应用最为广泛，主要应用于土壤和地表水酸化的酸沉降临界负荷的确定。

上述模型包括 CO_2 溶解、硅酸盐风化、$Al(OH)_3$ 风化和阳离子交换的作用。除 ILWAS 外，用零级反应和水铝矿的平衡反应描述硅酸盐和 $Al(OH)_3$ 的风化，阳离子交换用 Gaines－Thomas 或 Gapon 方程描述。SMART、RESAM 应用与土壤中碱基阳离子含量的相关关系计算风化速率，SAEF 以土壤矿物学和质地为输入数据计算风化速率，而其他模型均是以整个土壤剖面的风化速率为输入参数。这些模型大多以较简单的土壤酸缓冲机制如氢离子与盐基离子的交换，以及氢离子与 $Al(OH)_3$的反应等为基础建立起来的，不具普遍的适用性。

第七节　土壤表面的化学性质与双电层理论

一、土壤表面的质子化与表面化学性质

外源质子的输入在土壤中会发生一系列化学反应，土壤表面质子化和铝的溶解都要消耗部分 H^+。质子化会改变土壤胶体表面电化学特征，铝的溶解会提高土壤溶液和自然水体中铝离子的浓度，增加可溶性铝离子的毒性。红壤是我国南方广泛分布的可变电荷土壤，质子化及铝的溶解都是很活跃的过程。特别是在研究红壤的酸化机制和酸缓

冲能力时，一般把初期盐基离子的淋失及随后铁铝氧化物、铝硅酸盐的化学风化等缓冲机制作为考虑的重点，而质子化在酸缓冲中的作用和影响往往被忽略。实际上，我国南方红壤中游离氧化铁含量普遍较高，通过红壤中质子化及铝的溶解与质子缓冲之间关系的研究表明：酸性条件下红壤表面质子化是酸缓冲的重要机制，Fe—OH 是最主要的质子受体，游离氧化铁含量是决定质子化程度的主要因素。游离氧化铁含量越高，质子化过程快速消耗 H^+ 的量越大，对酸的缓冲作用也就越大；同时因 H^+ 的快速消耗及氧化铁对铝溶解反应位的掩被作用，铝的溶解受到很大抑制。当红壤中氧化铁含量低时，铝的溶解量明显增加，但 H^+ 的消耗及酸缓冲效率却明显减小。必须指出的是，质子化是 H^+ 缓冲的一种短期有效的途径。因土壤本身的调节能力，随时间延长氧化铁表面将发生去质子化作用，释放的 H^+ 将为其他缓冲机制所消耗。

为深入研究有助于更好地了解土壤酸化和酸缓冲机理，不同的土壤类型对酸有不同的缓冲能力，其中 H^+ 在酸性土壤中的转化动力学是考察土壤对酸缓冲能力的一个重要内容之一，可主要探讨 H^+ 离子输入土壤后土壤表面电荷和水溶性铝随时间的变化，以便为阐明不同类型土壤酸化过程和特点提供科学依据。

因氧化铁含量不同，H^+ 加入后土壤表面正电荷变化存在明显差异；土壤表面正电荷的增加是质子化作用的直接结果，而质子化作用的程度与—OH 基团的性质及数量密切相关。

土壤溶液和天然水体中的可溶性铝绝大多数来自于土壤固相铝的活化。铝的溶解度又反过来决定着土壤溶液及水体中铝离子浓度，其中无机单核铝离子浓度的提高会对许多陆地植物和水生生物产生严重的毒害作用。在酸性条件下，不同“固相铝库”的活性和释放动力学特征对酸缓冲能力及可溶性铝浓度具有重要影响。可以说，固相铝活化过程是联系固相铝和溶液中 Al^{3+} 浓度的桥梁。土壤中固相结合态铝存在多种形态，其活性铝除少量以交换态铝存在外，其余部分可大致分为无机态铝和有机态铝两大类，这些不同形态的固相铝相当于不同的“铝库”。“铝库”中的铝与土壤固相结合的牢固程度不同，对酸缓冲作用的能力也不同；不同固相结合态铝的活化机制及动力学也直接影响着土壤对酸缓冲的效率及土壤溶液和自然水体中可溶性铝浓度。

二、土壤表面络合物模型

普通吸附等温线没有考虑溶液中离子与带电荷土壤表面的静电作用，当处理黏土矿物和金属离子水合物等溶液中离子吸附时，就会遇到这种情况。在吸附点位离子的竞争吸附，仅仅用 pH 和离子强度的函数描述吸附现象，没有考虑离子的电荷及胶体表面的带电性质。

表面络合原理的实质是将固体表面作为一种聚合酸，其大量的表面羟基可以发生质子迁移，有相应的酸度常数；表面羟基脱去质子后可以作为 Lewis 碱，表面上的金属离子可以作为 Lewis 酸，与溶液中的金属离子或配体发生表面络合反应，有相应的络合常数。这种表面反应与溶液中的反应类似，区别主要在于前者要考虑固液界面电荷的作用，表观常数 K^s 一般表示为表面固有常数与一个静电项的乘积：

$$K^s = K^{\text{int}} \exp(-F\psi/RT) \tag{2-20}$$

各研究者对界面双电层结构有不同的假设，因而表面络合模式又有恒定容量模式、扩散层模式（即双层模式）和三层模式等。各种模式也建立了多种图解法和应用计算机程序，求定静电项的校正值和表面络合常数。研究工作证明，几种模式的计算结果都在允许误差范围内。但各模式在理论上的和应用上的优劣仍是研究争论的焦点，至今并无定论。

表面络合模式的共同基本原则是：①表面由特殊的官能团组成，它们与溶质反应形成表面络合物（配位络合物或离子对），反应的方式类似于均匀溶液中的络合反应；②表面络合和离子化反应平衡可用质量定律方程描述；③表面电荷和表面电位被认为是表面官能团化学反应（质子化反应和配位络合物或离子对形成反应）的必然结果；④质量定律方程的表观结合常数是实验性参数，借助表面化合态的理论活度系数与热力学常数相关联。

不同模式之间的区别在于各自的分子假说。每一种模式都假定一种特殊的界面结构，因此要考虑各种不同的表面反应和质量定律方程的静电校正因子。尽管各个模式所考虑的界面结构不同，但所有模式都推导出一组有数值解的联立方程。这些方程包括:①所有考虑到的表面反应的质量定律方程;②表面位的摩尔平衡方程;③表面电荷计算方程;④一组表达界面结构模式要求的约束条件的方程。在所有这些模式中,应用最广的 3 种模式是:恒电容模式(CCM)、双层模式(DLM)和三层模式(TLM)。

三、土壤和矿物表面电荷和恒电荷

在天然过程中,矿物表面最常接触的介质是水。当矿物与水接触时,其表面会产生羟基化反应,如石英:

$$>Si + OH = SiOH \tag{2-21}$$

$$>SiO + H = SiOH \tag{2-22}$$

这里 >SiOH 就是石英的表面位,常写成 >SOH 。

Koret sky et al 的研究表明,不同矿物以及它们的不同表面有不同表面位类型。石英总共有两种,即 >SOH 和 >$S(OH)_2$;金红石有三种,即 >Ti_2OH、>TiOH 和 >$Ti(OH)_2$;赤铁矿和针铁矿有五种,即 >Fe_3OH >Fe_2OH、>FeOH、>$Fe(OH)_2$ 和 >$Fe(OH)_3$;等等。在水溶液中,这些表面位如化学物质基团一样,可发生质子化反应,或称表面离子化反应:

$$>SOH + H^+ = SOH_2^+$$

$$>SO^- + H^+ = SOH$$

离子化了的表面可与介质中其他无机离子发生配位反应,或与有机络离子发生配合反应,因此它被称为羟基型功能基。它是矿物表面最基本的基团,存在于所有氧化物矿物和硅酸盐矿物的表面。

羟基型功能基离子化反应的结果是矿物表面荷电,其电荷称为质子电荷 σ_H,并在矿物与水之间的界面形成质子电位(φ_0)。显然,通过控制溶液的 pH 值,可使表面位[SOH_2^+]、[SO^-]浓度相等,此时的 pH 值称为矿物零质子原点(pH_{PZNPC})。离子化表面可与溶液中阴阳离子发生配位反应,产生表面配位电荷 σ_{CC}。

就一般情况而言(即不包含电荷失配、空位和超结构等),氧化物、氢氧化物和常见硅酸盐矿物,如岭石和长石等,表面仅含羟基型表面功能基，相应地其表面也仅有质子电荷。云母、蒙脱石、沸石和大多数锰的氧化物等矿物，除羟基型功能基外，还包括具有离子交换功能的恒电荷（σ_P），它来自其骨架结构中原子不等价交换，如硅氧四面体中 Si 原子为 Al 交换，或八面体中 Al 为 Mg 替换。这样矿物表面电荷是上述三种电荷之和：

$$\sigma_S = \sigma_H + \sigma_{CC} + \sigma_P \tag{2-23}$$

矿物表面功能基就像化学物质基团一样，可与介质中溶质和溶剂分子或离子发生反应，反应的能力和类型由矿物表面基团数量、类型以及反应物的化学性质所决定。矿物表面基团的多样性决定了它与外来物质作用的多样性。如矿物表面的极性控制着它与水和其他极性溶剂的相互作用，并决定矿物表面的亲水性和可湿润性。而矿物表面的极性主要由表面过量电荷决定，后者又由表面金属原子的电负性控制，如表面位 > FeOH 和 > MgOH 的极性就大于 > AlOH 和 > SiOH 。

离子化的矿物表面可与溶液中无机阴阳离子通过静电作用发生配位反应。同样，矿物表面羟基型功能基可与有机阴、阳离子发生配合反应。矿物表面 Lewis 酸位在溶液或潮湿的气氛中很容易与水分子（典型的 Lewis 碱）反应转变成 Bronsted 酸位，或与有机化合物基团（电子对施主）形成配合物。由于矿物表面 Lewis 酸位的电子受主能力和 Bronsted 酸位的质子施主能力可使某些反应物质活化，降低反应阈值，被广泛用于石油化工的催化，这就是异位催化反应。

另外，一些矿物表面存在可变价态原子，在表面反应中可被氧化或还原，这就是表面氧化还原，而硫化物矿物和盐类矿物还存在表面离子交换反应。这样，矿物表面的主要反应有表面配位、表面配合、表面离子交换、表面氧化还原和表面异位催化等。

不同矿物，由于结构不同，其表面功能基类型与数量不同，而与介质中离子或分子的作用力也不同。Lewis 酸与 Lewis 碱的相互作用形成强共价键；离子与离子或离子与偶极子之间的作用力稍弱些，而最弱的是 vander Waals 力。同时，同一种矿物不同的面，由于表面结构、表面化学成分和微形貌不同，表面位密度和类型也不同，因此其表面反应类型和作用强度也是不同的。吸附是天然矿物表面化学过程中十分常

见的现象,化学吸附实际上包含表面配合、表面配位和表面离子交换等多种表面反应。固体表面上产生电荷的原因主要有:

(1)固体表面上的化学反应。许多固体表面上带有可电离的功能基:

$$\equiv Si—OH_2^+ \Leftrightarrow \equiv Si—OH \Leftrightarrow \equiv Si—O^- \tag{2-24}$$

因此,在不同的 pH 值下,其表面可以带正电荷,也可带负电荷,呈两性性质。其他氧化物均可发生类似的反应,写成普通式为:

$$\equiv Si—OH + H^+ \Leftrightarrow \equiv Si—OH_2^+ \tag{2-25}$$

$$\equiv S—OH + OH^- \Leftrightarrow \equiv SO^- + H_2O \tag{2-26}$$

上式分别为质子化与去质子反应。

(2)固体表面的晶格缺陷及晶格内的同晶取代。固体表面的晶格缺陷可使其带电荷。当晶格内的 SiO_2 四面体中的 Si 原子被 Al 取代后,整个晶体带负电荷。

(3)离子吸附。通过范氏力、氢键及其他化学作用使离子吸附在固体表面上,也是固体带电荷的原因。最典型的例子是黏土表面上表面活性剂的吸附,氧化硅表面上腐殖酸的吸附等。

四、双电层理论

表面络合模型,它们大多利用质量作用定律、物料衡算和表面过剩浓度,其差别主要是对双电层有不同的描述。双电层的假定如下:

(1)固体具有均质的无限大的平面,电荷密度为 σ_0,电势为 ψ_0。

(2)反离子作为具有一定大小的实体存在,由静电势 ψ 和化学相互作用势 Φ 而被吸向表面,形成内 Helmholtz 平面(IHP)。

(3)由于热扩散运动,使反离子趋向溶液,形成扩散层,扩散层的最里面的平面称为外 Helmholtz 平面(OHP)。

(4)双电层内离子的分布服从 Boltzman 定律。

(5)将固体表面与 IHP,以及 IHP 与 OHP 之间的区域看成两个电容分别为 C_1 及 C_2 的平板电容器(见图 2-1)。这两个串联的电容器的总电容 C_T 具有以下关系式:

$$1/C_T = 1/C_1 + 1/C_2 \tag{2-27}$$

如果 ψ_0 很高，$C_2 \gg C_1$，则 $C_T \approx C_1$；反之，ψ_0 很高，$C_1 \gg C_2$，则 $C_T \approx C_2$。

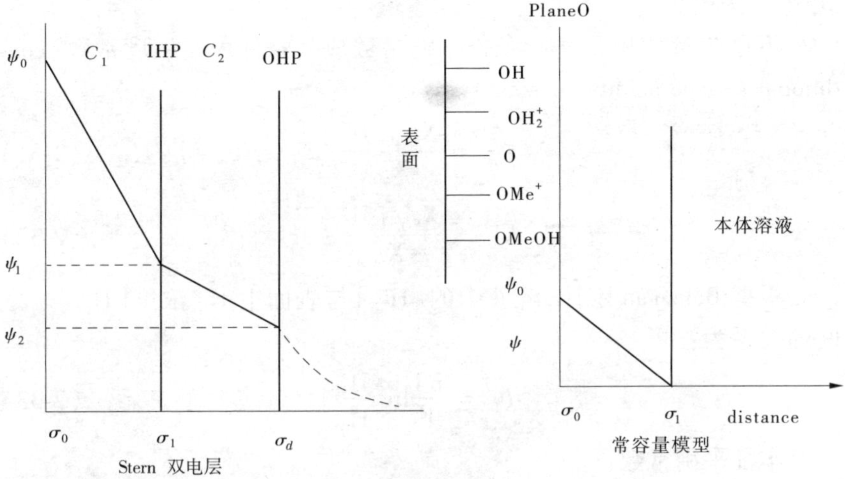

图 2-1　双电层和常容量模型(CCM)示意图

(一)恒定电容模型(Constant Capacitance Model)

Stumm（1976）、Schindler(1968,1972）提出恒容量模型，含有两个平行平面的双层模型，一个平面的表面电荷为 σ_0，另一个为 σ_1，该模型有如下假设：

(1)所有的表面络合物的形成是通过专性吸附内圈络合物(inner sphere surface complxs)。

(2)表面络合作用可写成普遍化学反应式：

$$a(\equiv SOH) + pM^{m+}_{(aq)} + qL^{-1}_{(aq)} + H^{+}_{(aq)} + OH^{-}_{(aq)} \Longleftrightarrow$$

$$(\equiv SO)_a M_p (OH)_y HL^{b}_{q(s)} + aH^{+}_{aq} \qquad (2\text{-}28)$$

$$b(\equiv SOH) + qL^{-}_{(aq)} + xH^{+}_{(aq)} \Longleftrightarrow \equiv S_b H_x L^{r}_{q} + bOH^{-} \qquad (2\text{-}29)$$

(3)用对称强电解质维持恒定的离子强度，当水溶液中 $[C] = [M^{m+}]^p [L^-]^q [H^+]^x [OH]^y$ 和 $[H^+]$ 比强电解质的浓度小得多的情况，可认为液相中各组分的活度系数为 1。

(4)假定 IHP 和 OHP 合二为一，表面电荷密度 σ_0 与双电层内电

势 ψ_0 之间有线性关系：

$$\sigma_0 = C\ \psi_0 \tag{2-30}$$

式中，C 为电容。

不存在 M^{m+} 和 L^{-1} 时，条件平衡常数成为条件表面酸度常数（conditional surface acidity constant）。

$$K_{a1}^{s} = \frac{X_{SOH}[H^+]}{X_{SOH_2^+}} \tag{2-31}$$

$$K_{a2}^{s} = \frac{X_{SO^-}[H^+]}{X_{SOH}} \tag{2-32}$$

根据 Boltzman 定律，溶液中的 $[H^+]$ 与表面上 H^+ 浓度 $[H^+]_{(s)}$ 之间的关系为：

$$\Phi_0 = \frac{RT}{F}\ln[\frac{H^+}{H_0^+}] \tag{2-33}$$

本征平衡常数：

$$K_{a1}^{s}(\text{int}) = K_{a1}^{s}\exp(-F\psi_0/RT) \tag{2-34}$$

$$K_{a2}^{s}(\text{int}) = K_{a2}^{s}\exp(-F\psi_0/RT) \tag{2-35}$$

$$pK_{a1}^{s} = -\lg(\frac{X_{SOH}}{X_{SOH_2^+}}) - \lg[H^+] = pK_{a1}^{s}(\text{int}) - \frac{0.43F\sigma_0}{C_+\ RT} \tag{2-36}$$

$$pK_{a2}^{s} = -\lg(\frac{X_{SO^-}}{X_{SOH}}) - \lg[H^+] = pK_{a2}^{s}(\text{int}) - \frac{0.43F\sigma_0}{C_-\ RT} \tag{2-37}$$

（二）三层模型

三层模型是由 Yates 提出来的，后来被 Davis 等应用。它的物理图像如图 2-2 所示。它是由 SOH/IHP、IHP/OHP 两个电容分别为 C_1 及 C_2 的电容器，以及一个扩散层构成，其主要假定如下：

（1）只有 H^+ 和 OH^- 进入表面，提供电荷密度 σ_0，形成电势 ψ_0，反离子处于 IHP 和 OHP 上，IHP 及 OHP 上电势分别为 ψ_1 及 ψ_2，扩散层电荷密度为 σ_d，所有被吸附的阳离子或阴离子只能与表面生成外表面络合物（Outer Sphere Surface Complex）。

（2）如表面功能基为 OH，则金属 M^+ 的表面络合作用生成外表面络合物 $(SO)_aM_p(OH)_yH_xL_q^b$，水分子将 $(SO)_a$ 与 M_p 相隔开，吸附阴离

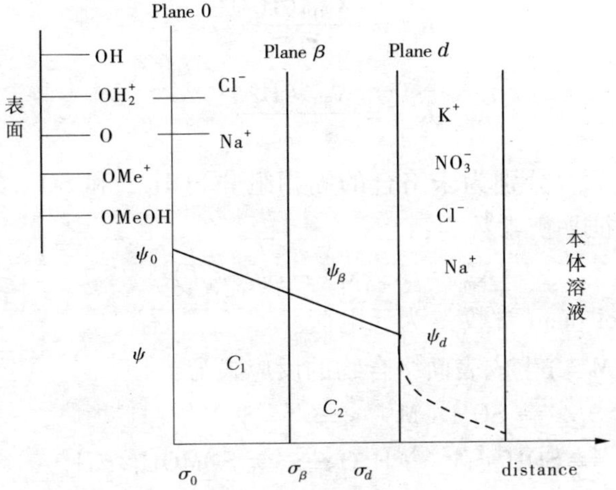

图 2-2　三层模型(TLM)

子时也一样,有水分子将它与质子化的$(SO)_a$分隔开。

(3)对水溶液中各组分的活度系数,用无限稀释的水溶液作参考状态。

1. 作为维持离子强度的对称电解质 BY

可参加反应式(2-28)和式(2-29),条件平衡常数为:

$$K^* = \frac{X_{SOC}(H^+)^a}{X_{SOH}^a(C)} \tag{2-38}$$

式中,( )表示活度,$(C) = (M^{m+})^p(L^{-1})^q(H^+)^x(OH)^y$。表面电荷密度与电势间的关系为:

$$\sigma_0 = C_1(\psi_0 - \psi_\beta) \tag{2-39}$$

$$\sigma_d = -C_2(\psi_\beta - \psi_d) = C_2(\psi_d - \psi_\beta) \tag{2-40}$$

表面电荷为电中性:

$$\sigma_0 + \sigma_\beta + \sigma_d = 0 \tag{2-41}$$

扩散层的电荷密度(σ_d)由 Gouy – Chapman 方程导出:

$$\sigma_d = \sqrt{8\varepsilon\varepsilon_0 RTI10^3}\sinh\left(\frac{zF\psi_d}{2RT}\right) \tag{2-42}$$

在 TLM 模型中,式(2-25)、式(2-26)的条件平衡常数:

$$K_{a1}^{e} = \frac{X_{SOH}(H^{+})}{X_{SOH^{2+}}} \tag{2-43}$$

$$K_{a2}^{e} = \frac{X_{SO^{-}}(H^{+})}{X_{SOH_2^{+}}} \tag{2-44}$$

$X_{SOH_2^+}$ 和 X_{SO^-} 分别为未络合的固相组分 $SOH_{2(s)}^{+}$ 和 $SO_{(s)}^{-}$ 的摩尔分数，相应的本征平衡常数为：

$$K_{ai}^{int} = K_{ai}^{e}\exp(-e\psi_0/k_bT)$$

式中，k_b 是 Boltzman 常数；e 为元电荷。

阳离子(M^{2+})生成表面络合物的反应式为：

$$\equiv SOH + M^{2+} \Longleftrightarrow \equiv SOM^{+} + H^{+} \tag{2-45}$$

$$\equiv SOH + M^{2+} + H_2O \Longleftrightarrow \equiv SOMOH + 2H^{+} \tag{2-46}$$

其条件平衡常数：

$$^{*}K_{M^{2+}} = \frac{X_{SOM}(H^{+})}{X_{SOH}(M^{2+})} \tag{2-47}$$

$$^{*}K_{MOH^{+}} = \frac{X_{SOMOH}(H^{+})^{2}}{X_{SOH}(M^{2+})} \tag{2-48}$$

它们的本征平衡常数为：

$$^{*}K_{a}^{int} = {}^{*}K_{a}\exp[e(\psi_0 - \psi_\beta)/k_bT] \qquad a = M^{2+} \text{ 或 } MOH^{+} \tag{2-49}$$

阴离子 L^{-1} 的表面络合反应为：

$$\equiv SOH + L^{-1} + H^{+} \Longleftrightarrow \equiv SOH_2L \tag{2-50}$$

它的条件及本征平衡常数分别为：

$$^{*}K_{HL} = \frac{X_{SOH_2L}}{X_{SOH}(H^{+})L^{-}} \tag{2-51}$$

$$^{*}K_{HL}^{int} = {}^{*}K_{HL}\exp[-e\psi_0/k_bT] \tag{2-52}$$

在支持电解质浓度非常低的条件下：

$$\sigma_0 = B([SOH_2^{+}] - [SO^{-}]) \tag{2-53}$$

$B = 10^6 F/A$，A 为表面积(cm^2/dm^3)

$\mu C/cm^2$ 表示表面位置的总数。

$$N_S = B([SOH_2^+] + [SOH] + [SO^-]) \tag{2-54}$$

在表面带负电荷时

$$[SO^-] = -\sigma_0/B$$

在带正电荷时

$$[SOH_2{}^+] = \sigma_0/B$$

定义表面电荷分数：

$$a_- = -\sigma_0/N_S; a_+ = \sigma_0/N_S$$

可得：

$$\lg K_{a1(\text{int})}^* = -\text{pH} - \lg\frac{a_+}{1-a_+} - 2.3F\psi_0/RT \tag{2-55}$$

$$\lg K_{a2(\text{int})}^* = -\text{pH} + \lg\frac{a_-}{1-a_-} - 2.3F\psi_0/RT \tag{2-56}$$

2. 支持电解质阳离子(Ct^+)和阴离子(An^-)的表面络合物稳定常数

$$\text{S—OH} + Ct^+ \Longleftrightarrow \text{S—OCt} + H^+ \tag{2-57}$$

$$\text{S—OH} + An^- \Longleftrightarrow \text{S—An} + OH^- \tag{2-58}$$

表面带负电荷时，近似地：

$$-\sigma_0 = B([\text{S—OCt}] + [SO^-]) \tag{2-59}$$

$$\sigma_\beta = B[\text{S—OCt}] \tag{2-60}$$

表面带正电荷时，近似地

$$\sigma_0 = B([SOH_2^+] + [\text{S—An}]) \tag{2-61}$$

$$-\sigma_\beta = B[\text{S—An}] \tag{2-62}$$

式(2-60)和式(2-62)表示，Ct^+ 和 An^- 处于内 Helmholtz 的平面上，表面络合物本征稳定常数：

$$^*K_{M(\text{int})}^s = \frac{[\text{S—OCt}][H^+]}{[\text{S—OH}][Ct^+]}\exp\left[\frac{F\psi_\beta - F\psi_0}{RT}\right] \tag{2-63}$$

$$1/^*K_{A(\text{int})}^s = \frac{[\text{S—An}][OH^-]}{[\text{S—OH}][An^-]}\exp\left[\frac{F\psi_\beta - F\psi_0}{RT}\right] \tag{2-64}$$

$$\lg K_{M(\text{int})}^s = -\text{pH} - \lg\frac{a_+}{1-a_+} - \lg[Ct^+] + 2.3\left[\frac{F\psi_\beta - F\psi_0}{RT}\right] \tag{2-65}$$

$$\lg K_{A(\text{int})}^{*} = -\text{pH} + \lg\frac{a_{-}}{1-a_{-}} - \lg[\text{An}] + 2.3\left[\frac{F\psi_{\beta} - F\psi_{0}}{RT}\right] \tag{2-66}$$

3. 金属离子 M^{2+} 的表面络合物稳定常数

表面络合物本征稳定常数

$$^{*}K_{1(\text{int})}^{s} = \frac{[\text{S—OM}^{+}][\text{H}^{+}]}{[\text{S—OH}][\text{M}^{2+}]}\exp\left[\frac{z^{+}F\psi_{\beta} - F\psi_{0}}{RT}\right] \tag{2-67}$$

$$^{*}\beta_{A(\text{int})}^{s} = \frac{[\text{S—OM}][\text{H}^{+}]^{2}}{[\text{S—OH}]^{2}[\text{M}^{2+}]}\exp\left[\frac{z^{+}F\psi_{\beta} - F\psi_{0}}{RT}\right] \tag{2-68}$$

$$\sigma_{0} = B([\text{S—OH}_{2}^{+}] + [\text{S—An}] - [\text{S—O}^{-}] - [\text{S—OCt}] - [\text{S—OM}^{+}] - 2[\text{S—OM}]) \tag{2-69}$$

$$\sigma_{1} = B([\text{S—OCt}] + z^{+}[\text{S—OM}^{+}] + z^{+}[\text{S—OM}] - [\text{S—An}]) \tag{2-70}$$

通过金属离子 M^{+} 在氧化物上的吸附试验来得到上述本征稳定常数，即在不同离子强度、不同 pH 值、不同的金属离子起始浓度以及不同的两相比例的条件下，测定金属的吸附百分数随 pH 值变化的曲线，利用上述公式以及其他电中性条件，物料恒算，电容和电势间的关系式，经非线性拟合吸附百分数曲线而求得本征稳定常数。

五、有机酸与土壤和矿物表面的相互作用

有机酸主要包括大分子腐殖酸和低分子量有机酸两部分。腐殖酸结构复杂，性质相对较稳定。低分子量有机酸主要来源于动植物残体的分解、微生物代谢、植物根系的分泌和施入土壤有机物的转化。低分子量有机酸结构简单，其取代酸有羟基酸、羰基酸和氨基酸。它们在农业和森林土壤系统中含量虽低（一般情况下为 $10^{-2} \sim 10^{2}\ \mu\text{mol/L}$），但广泛存在。这些低分子量有机酸在土壤矿物的风化与形成、根际环境变化与营养转化、土壤生物活性等一系列物质循环中起着重要作用。

有机酸分子常常有多个羟基、羧基、氨基等配位基，可在矿物表面形成多种配合物。阴离子配体与矿物表面的羟基型功能基作用称配合反应。有机酸与金属氧化物、黏土等矿物之间的键合机制至少存在下

面几种模式(Shen,1999):阴离子交换、配体交换表面配位、疏水性作用、熵效应、氢键作用和阳离子键桥。低分子量有机酸和高分子量腐殖酸与矿物表面作用时都存在上述反应特性,但由于有机酸的活性基团类型与含量分布、分子量大小及疏水性等因素的差异而有所不同(吴大清,2000)。有机质(酸)—重金属—矿物三元配合物的可能结构特征(Liu,1999),Stumm(1985)提出两种配合模型,即表面配合物根据金属离子与有机基团(L)相对位置而分为Ⅰ型S—M—L和Ⅱ型S—L—M,其中S代表吸附位,M代表金属离子。Liu et al对蒙脱石—腐殖酸—重金属离子体系的研究表明,矿物表面形成的三元配合物最可能的结构为Ⅰ型(Liu,1999);Benyahya et al有关氧化硅、氢氧化铝和高岭石等矿物对水杨酸吸附性的研究则认为,矿物表面形成的三元配合物的结构为Ⅱ型(Benyahya,1999)。从模式上进行深入研究,Evanko et al(1999)采用表面配合模式对针铁矿吸附有机酸进行的研究表明,有机酸的疏水性影响其在矿物表面的吸附,这在疏水性强的含脂肪链的有机酸较之含单环或双环的有机酸表现得更明显。Geffroy et al(1999)采用表面配位模式对方解石吸附有机羧酸进行的研究表明,方解石表面基团与有机酸功能团相互作用形成表面螯合物,五元环最稳定,其次是六元环,再是七元环。表面螯合物的形成不仅与有机酸功能的结构有关,而且还与方解石的表面位形态有关。

有机酸对土壤和矿物吸附重金属的影响有较多的工作。张桂银等(2002)研究表明,当体系pH为5.5左右时,针铁矿和三羟铝石对Cd^{2+}的吸附量随加入草酸和柠檬酸浓度的由低到高增加,对Cd^{2+}的吸附量增加,当有机酸达到一定浓度(称为峰值浓度),Cd^{2+}吸附量开始降低。低于峰值浓度的有机酸对矿物吸附Cd^{2+}有促进作用,高于峰值浓度时,会抑制Cd^{2+}的吸附。矿物对Cd^{2+}的吸附量与有机酸的浓度密切相关,浓度低时,加入的有机酸几乎全被矿物吸附,使矿物的负电荷量增加,电荷零点降低,以及矿物表面吸附的有机酸还可产生新的吸附点位;当加入高浓度有机酸时,溶液中有机酸的含量增加,将与Cd^{2+}形成配合物,使Cd^{2+}保持在液相中,甚至会将矿物吸附的一部分Cd^{2+}再解吸到溶液中,导致Cd^{2+}吸附量降低。草酸、柠檬酸对土壤胶体吸

附 Cd^{2+} 的影响与有机酸的加入浓度、土壤胶体表面电荷性质变化、有机酸与 Cd^{2+} 的配合和竞争作用有关。加入的有机酸浓度低时,有机酸几乎全被吸附,液相中残留量少;随有机酸加入浓度的提高,液相中残留量增加,促进有机酸与 Cd^{2+} 的配合作用,使 Cd^{2+} 保留在液相中的能力增强,导致 Cd^{2+} 吸附量减少。土壤胶体吸附有机酸(柠檬酸或酒石酸)后表面负电荷量增加,这也有利于 Cd^{2+} 及其配合物的静电吸附(张桂银,2004)。

谢晓梅(2003)研究有机酸浓度对镉在高岭石上吸附的影响,对低分子量有机酸(草酸、乙酸、柠檬酸)在浓度较低(<1 mmol/L)时,镉的吸附量随着有机酸浓度的增加有所增大,但随着浓度的增加,镉的吸附量逐渐降低,特别是柠檬酸,在浓度达到 3 mmol/L 时,吸附量几乎为零;对镉在针铁矿和三羟基铝石上的吸附,在浓度较低(1 ~ 2 mmol/L)时,镉的吸附量随着有机酸浓度的增加而增大,但随着浓度的增加,镉的吸附量逐渐降低,特别是在柠檬酸存在时镉的吸附量一直高于草酸或乙酸存在时的吸附量。造成上述现象的原因可能是:供试矿物表面性质的改变;溶液中有机酸对矿物吸附镉的竞争作用。有机酸所引起的矿物表面性质的改变及对镉竞争作用的强弱,与有机酸浓度关系极大。对低分子量有机酸而言,低浓度时,有机酸被矿物吸附,使矿物表面负电荷量增加,电荷零点 ZPC 下降,促进了矿物对 Cd^{2+} 的静电吸附(Huang,1986);有机酸浓度较高时,有机酸的吸附达到饱和,使有机酸残留在溶液中的浓度较高,而有机酸在固相中的分配比例下降,增强了溶液中有机酸对 Cd^{2+} 的络合作用,使溶液中 Cd^{2+} 的浓度降低,双电层之间的电势差也随之降低,并抑制了 Cd^{2+} 的水解,甚至使部分吸附态的镉因络合作用而解吸到溶液中,因此导致了 Cd^{2+} 的吸附量减少。柠檬酸在高岭石表面的吸附作用可能远比草酸、乙酸弱,溶液中柠檬酸的浓度较高。柠檬酸具有较多的官能团,易与针铁矿发生反应,而吸附到针铁矿的表面上产生较多的吸附点位,镉的吸附量一直高于草酸或乙酸存在下的吸附量,这与柠檬酸对镉在高岭石上吸附的影响不同。对低分子量有机酸,低 pH 值下,矿物表面吸附的有机酸会使表面的负电荷增加,促进 Cd^{2+} 的静电吸附作用;随着 pH 值的升高,Cd^{2+} 的水解作

用增强，使生成的 $CdOH^+$ 更易被矿物吸附（Benjamin，1981），另外，随着 pH 值的升高，矿物表面的羟基基团解离度增大使表面的负电荷增加，促进了 Cd^{2+} 的静电吸附作用；矿物对有机酸的吸附量随 pH 值升高而降低（Cornell et al，1980），液相中的有机酸浓度增大，且有机酸的解离度增大，促进了有机酸与 Cd^{2+} 络合作用，因而抑制了镉的吸附。柠檬酸在高岭石表面的吸附作用可能远比草酸、乙酸弱，导致溶液中柠檬酸的浓度较高，由于络合作用使得镉保留在溶液中，造成了它们之间的差异。

高彦征等（2003）研究在低有机酸浓度下，有机酸的存在抑制了土壤中 Cd^{2+} 的解吸而有利于 Cd^{2+} 在土壤上的吸附；高浓度时有机酸对土壤 Cd^{2+} 的解吸有明显的促进作用而抑制了 Cd^{2+} 在土壤上的吸附。有机酸影响土壤吸附—解吸重金属离子的机制有电性效应、桥键合效应和竞争效应等（王果，1994）。有机酸浓度和类型对土壤上吸附态重金属解吸的影响是几种效应综合作用的结果，加入到土壤中的有机酸一部分为壤固相表面吸持（S），一部分进入液相（L），土壤表面所吸附 Cd 的解吸，将决定于液相中有机配体的配合作用、S/L 比、有机配体与重金属的配合强度等。在有机酸浓度低时，S/L 比高，少量加入到土壤中的有机配体主要为土壤不同固相组分所吸附，并在吸附后键合重金属离子，使低浓度有机酸抑制了 Cd 的解吸。随有机酸浓度的增加，S/L 减小，液相中有机配体对土壤上吸附 Cd 的竞争配合解吸作用增强，解吸率增加。显然，有机酸对土壤或矿物吸附重金属的影响具有双重性，一方面在有机酸浓度低时，其促进了重金属在土壤上的吸附，从而降低了重金属的生物有效性或毒性；另一方面在有机酸浓度较高时，有机酸的存在也可促进土壤吸附态重金属的解吸，从而提高重金属的毒害性。因此，土壤重金属的毒害性取决于有机酸和重金属的种类与浓度、土壤类型及相互作用的环境条件（Huang，1995）。

McBride et al（1989）研究发现，柠檬酸、氨基酸等对氧化物和黏土矿物吸附 Cu^{2+}、Cd^{2+}、Zn^{2+}、Pb^{2+} 等有明显的抑制效应，Chubin et al（1981）的研究也表明柠檬酸抑制了 Cd^{2+} 离子在铁铝氧化物、蒙脱石和高岭石表面的吸附；而 Elloit et al（1980）的研究则得出柠檬酸和氨基酸

能促进 Cu^{2+}、Zn^{2+}、Pb^{2+} 在氧化物和黏土矿物表面的吸附。各有机配体对土壤吸附铜的影响,随加入有机配体浓度的增加,铜吸附量明显增加,在达到一峰值后,随有机配体浓度的继续增加,铜吸附量开始下降,表现为峰型曲线,它揭示了有机配体从促进土壤对 Cu^{2+} 的吸附过渡到抑制吸附的过程(罗洪亮,2002)。因而,有机配体的存在可以促进土壤对铜的吸附;也可抑制土壤对铜的吸附;甚至还不会影响土壤对铜的吸附。这取决于吸附在土壤表面的有机配体与保留在溶液中的有机配体竞争溶液中 Cu^{2+} 的能力,在有机配体浓度较低时,加入的有机酸基本上被土壤表面吸附,在土壤表面形成一"有机膜"的新点位;同时土壤氧化物表面发生了电荷性质正电荷减少,负电荷增加,从而增强了对铜的吸附。但随着有机配体浓度的进一步增加,有机配体络合 Cu^{2+} 的能力将大于土壤吸附 Cu^{2+} 的能力,使 Cu^{2+} 保留在溶液中,甚至将土壤表面吸附的部分 Cu^{2+} 解吸,表现为 Cu^{2+} 的吸附量开始下降。

周代华等(1995)研究了谷氨酸对可变电荷土壤吸附 Cu^{2+} 的影响,均表明有机酸通过与金属离子形成可溶性的络合物来增加金属离子活动性,其实质就是金属离子从土壤表面的解吸,这一过程直接影响着重金属。在金属离子浓度较高时,小分子有机酸的加入可降低土壤胶体对 Pb^{2+} 的吸附,柠檬酸的影响大于草酸的影响,取决于胶体表面对 Pb^{2+} 的静电引力与有机配体对 Pb^{2+} 的络合能力之间竞争的结果。在有机酸作用下,随着 Pb^{2+} 浓度增加,络合作用增强,Pb^{2+} 吸附量降低,吸附主要在高能位点,则吸附强度增加。吸附态 Pb^{2+} 在草酸体系的解吸等温线与吸附等温线不相重合,而在柠檬酸体系中的解吸等温线趋于与吸附等温线重合,这种现象说明吸附—解吸之间存在可逆性,表明柠檬酸显著增强 Pb^{2+} 的解吸(杨亚提,2003)。

第三章　酸沉降对生态环境的影响

第一节　我国酸沉降的状况

R. A. Smith (1872 年)在《大气和雨的气象化学的开端》首次使用"acid rain"一词,最近常用的表达词有"acid deposition "、"acid precipitation"、"wet deposition"、"dry deposition"。酸雨是酸性沉降物的总称,是指 pH 值低于 5.6 的降雨,包括酸性雨 、酸性雪、酸性雾、酸性露、酸性霜等,还包括气态的酸性污染物(主要为 SO_2 及酸性颗粒物)。现有研究数据表明,全球降雨点 pH 值在 4.80 ~ 5.00,这些数据均小于 5.6。20 世纪 70 年代,大多数科学家认为自然界未被污染的降水 pH 值为 5.6 ,这是蒸馏水在 1 个大气压下被 CO_2 饱和时的 pH 值。70 年代中期,酸雨仅在西北欧和北美的局部地区发生,后来西北欧的大部分地区降水的年平均 pH 值已降低至 4 ~4.5,美国东北部降水的年平均 pH 值为 4.3(Reisinger et al,1989);降水中最重要的离子是 SO_4^{2-}、NO_3^-、Cl^- 和 NH_4^+、Ca^{2+}、H^+,这些离子参与了生态系统物质循环的平衡转化;污染源排放的 SO_2 和 NO_x 经氧化后溶于水形成硫酸、硝酸和亚硝酸,这是造成降水 pH 值降低的主要原因。美国东北部降雨的酸度有 60% ~70% 归因于硝酸根,30% ~40% 归因于硫酸根,降水的阴离子组成中,硝酸根多于硫酸根,且 20 世纪 80 年代后期"硝酸根的比例更有增大的趋向"。根据大部分雨水和云水样品的化学成分分析,我国酸雨组成中 SO_4^{2-} 所占比例最高,达 70% ~90% ,其浓度比美国、日本降水平均高 2 ~6 倍,NO_3^- 则略低,NH_4^+、Ca^{2+}、Mg^{2+} 浓度也比美国酸雨区高出 5 ~10 倍,我国酸性降水中硫酸根与硝酸根的当量浓度之比为(13 ~ 4):1 ,这表明 SO_2 大量排放是降水呈酸性的主要原因之一,降水类型属硫酸型酸雨(丁国安等,1997),这与我国能源的消费特点有关。

20世纪60年代末，瑞典科学家首先提出酸雨及其生态危害的报告；1972年，联合国人类环境会议也讨论了酸雨问题；20世纪70年代末80年代初，大气污染的加重导致森林的严重衰退，使得酸沉降成了全球关注的环境问题（Smith，1989；Johnson et al，1989）。70年代末，中国科学院环境化学研究所开始了酸雨的监测；全国首次酸雨问题研讨会于1981年11月召开；1982年，国家环保总署（NEPA）组织和发起了全国酸雨调查，在第一次全国普查的基础上，第二次全国酸雨调查于1985年展开并持续了两年；第三次全国酸雨调查从1986年持续到1990年（第七个五年计划）；而第四次全国酸雨调查则从1991年进行到1995年。前两次普查重点在于SO_2的排放、分布和酸雨的沉降，而随后的两次包括了对其影响的研究（单远峰，1994；陈志远，1997；冯宗炜等，1993，1999）。

我国降水酸性污染物仍以城市周围最为严重，其中重庆、贵阳、长沙等城市的降水平均pH值低于4.5，与北美、西北欧及日本重酸雨区的pH值相近，酸雨污染已达相当严重程度（Wang et al，1995）。我国能源消费组成为煤、石油、水电和天然气，能源消耗量在1980~1991年间以每年5.3%的速度递增，近15年来，煤占全部能源消费75%以上，高硫煤主要集中在受酸雨污染严重的西南和中南地区，1995年该地区SO_2排放量为1 400万t。1994年在中国88个城市监测SO_2的年均浓度为2~472 $\mu g/m^3$，北方城市的平均浓度是89 $\mu g/m^3$，而南方城市为83 $\mu g/m^3$；88个城市中有48个城市的SO_2浓度超过中国国家空气质量二级标准（60 $\mu g/m^3$）。高浓度的空气污染物尤其是城市上空和附近的空气污染物对人类的健康和建筑物、植物的影响越来越严重（刘炳江，1998；谢绍东等，1998）。

大气污染物排放之后，在输送中要经历一系列大气物理和化学过程，我国严重酸雨地区的分布也与重大污染源的分布密切相关（王文兴，1994）。在华东地区，构成硫沉降量大值区的中心在山东境内，为24.6 mgS/m^2；另外几个大值中心分别位于四川、银川附近和我国东北，这些大值区分别与源的分布相对应，硫沉降量为1.6~16 mgS/m^2，这种分布形式受降雨的影响非常明显（王文兴等，1997）。近年来，湖南、江西、浙江都有严重的酸雨报道，长江以南酸雨区已联成一片，以广东、广西、四川盆地和贵州的大部分地区形成了中国西南华南酸雨区，以长沙为中心的华中酸雨区，以上海为中心的华东沿海酸雨区，以青岛为中心的北方酸雨区。酸雨控制区涉及长江以南14个省、自治区和直辖市，总面积约为80.6万km^2，占国土面积的8.4%，占已形成的酸雨污染区域面积1/5左右。

第二节　酸沉降对森林生态系统的影响

20世纪80年代初期，欧洲出现大面积的欧洲冷杉(*Abiesalba* Mill)和欧洲云杉(*Piceaabies* Karst)死亡现象，其后迅速波及到欧洲赤松(*Pinussylvestris* L)和山毛榉(*Fagussylvatica* L)，北美虽少有大面积森林死亡的报道，但小范围云杉、冷杉、硬木或针叶林衰亡现象则频繁出现(Smith，1989；Johnson et al，1989)。1985年，德国开展的第三次国家森林健康状况调查表明，33%的森林轻度受害，19%的中度受害，35%的重度受害(Huettl，1990)。1998年欧洲环境署发表了第二次欧洲环境评价报告，德国森林受害程度有了明显的降低。过去几十年中，荷兰研究人员发现酸沉降几乎毫无例外地都会引起叶片组成成分、土壤溶液和林下地被物的改变，1950～1990年荷兰森林林下植被发生了巨大的变化，主要表现是陆地地衣和草类的增加。1999年，芬兰的调查结果表明，自1986年以来，芬兰的森林有16%的叶片严重损失，20%的叶片中度损失。森林退化原因有两种观点，一是酸雨伤害叶片进而影响光合作用器官，最终导致森林的衰败；二是认为酸性沉降物通过冠状流和径干流进入土壤后，造成盐基阳离子逐渐淋失，土壤加速酸化，导致某些对植物有害的金属元素活化(主要是Al^{3+})，伤害植物根系(Parker et al，1989；Wright，1989；Liken et al，1996)。

直到20世纪50～60年代，我国西南地区的贵阳、重庆等地出现了pH＜4.5的严重的酸雨，在我国东南部的一些大中城市周围也陆续出现了高频率的酸雨。20世纪80年代以来，酸雨危害日趋严重，我国有些学者开始研究酸雨对树木的影响，关注的焦点主要集中在光合器官部分。对森林破坏的直接原因是酸雨形成物 SO_2 和 NO_x 的作用，间接原因包括土壤的酸化和有毒金属，例如铝被活化（Lewis，1989；Raynal，1990）。中国直到现在也没有关于大面积森林衰退的报道，然而小面积的森林衰退，特别是靠近城市和工业区的地方非常明显（Bian et al，1992）。20 世纪 80 年代早期，在重庆市郊的南山严重的森林破坏比较明显，1 800 hm^2 的松树中，超过 50% 的死亡（Wang et al，1996）。一些学者讨论了森林衰退的原因（Liu et al，1991；Bian et al，1992；Alewell，2000），高浓度的 SO_2 和 HF、酸雨、昆虫和真菌的侵害被认为是重要的原因，树木表现出一些不同的症状，例如针叶坏死、针叶长度缩短、果实早熟、树冠变薄、枝叶枯萎和光合作用减弱。Bian et al（1992）调查了南山三个不同浓度负荷的地区，发现空气中 SO_2 的浓度和针叶的硫含量与程度之间有密切相关；通过比较重庆郊外重污染和较轻污染区马尾松与樟树的生长情况，在实验室条件下区分 SO_2 的浓度和土壤酸化的相互作用对树木生长的影响，在 SO_2 的高浓度下和酸性土壤上树木的生长慢，但并没有归纳出 SO_2 的浓度和土壤酸化之间的关系。针叶氟的含量和森林破坏之间的关系更加密切，由于没有测量空气中 HF 的浓度，监测点的土壤性质与马尾松健康之间的差异并未调查，Bian et al（1992）在此基础上得出结论，认为来自大气的污染物直接影响森林的衰退，而其他科学家认为土壤的酸化更为重要，树木最后死亡主要是由害虫引起的（Bian et al，1992）。Wang et al（1995）讨论酸性沉降物和峨眉山高海拔地区杉树衰退的关系，并指出酸雨和酸雾可能是直接与间接的影响因素。对广西柳州地区森林损害估算，调查 436 种树木，84 种受到侵害，而其中 30 种较严重，马尾松和桂花树是遭伤害最严重的树种，但 Wang et al（1996）并没有讨论侵害与污染物类型及水平间的关系。四川省（包括重庆）32% 的森林（280 000 hm^2）遭到了空气污染物和酸雨的破坏（Wang et al，1995），而在贵州省则有 15 000 hm^2 的森林遭到了破坏。在酸雨严重的地区，马尾松年生长率相对于农村地区减少 40% ~50%（Wang et al，1995）。

研究大气酸沉降对森林的影响最重要的还是应了解酸性沉降物对土壤的影响，这一机制包括酸性沉降物向地面的输入、进入土壤后的迁移转化和对土壤中盐基离子与其他金属阳离子的淋溶，以及酸性沉降物使土壤酸化并影响土壤中微生物的活动状况等一系列过程(Caspary,1990;Brand et al,1986)。铝毒假说的根据是德国 Solling 地区强酸性土壤溶液中 Al^{3+} 浓度上升与细根数量减少，红云杉、欧洲山毛榉及糖槭对 Al 最为敏感，当 Al 浓度在 200 ~ 800 μmol/L 时即可形成危害。多数研究者认为，Al 可与 Ca 竞争根系吸收点位，从而影响能量转移和 C 平衡、细胞分裂、细胞膜迁移、营养积累等一系列生物活动，形成 Al 毒和 Al 协迫作用(Hutchinson,1986)；然而，铝毒研究存在许多不确定性，目前尚难区分 Al 毒害与非 Al 毒症状，也无法准确区分不同形态 Al 的毒性及植物对抗不同形态 Al 毒性的能力。Miller et al 认为云杉、红云杉生产力的下降难以从 Al 与 Ca、Mg 的相互作用中得到解释，他们发现这些地区 Al 浓度低于毒性水平，叶中 Ca、Mg 含量也并未下降，在很多树木危害的地区，并未尽归于低 Ca/Al 比；铝毒理论似乎也不足以证实北美 Appalachian 地区高海拔云杉衰亡现象，这些地区随着海拔增加，云杉死亡率和细根 Ca/Al 比增加，而叶和细根中 Al 浓度却下降；土壤酸化 - 铝毒理论除红云杉外，也很难解释石灰土上生长的欧洲山毛榉死亡的原因。

德国南部高海拔酸性土壤上生长的多脂松叶中明显缺镁，通过施肥已成功地改善了叶的症状。Appalachian 山区高海拔的多脂松中 Ca、Mg 含量也较正常水平低得多。酸沉降与营养元素缺乏之间的关系还有待进一步的证实，尚需要对污染负荷、土壤养分储存及养分循环等方面进行进一步的研究以解释森林营养状况及其与森林生长和健康之间的关系(Bruck et al,1989)。

第三节 酸沉降对水生生态系统的影响

水生与陆地生态系统是紧密相联的，酸沉降对水生生态系统的危害也相当严重，可导致地表水体酸化，甚至水生生物的衰亡(Gorham et al,1998)。还有一种现象是水域酸度随大雨与春雪融化而波动：冬天，聚集在雪中的 H^+、SO_4^{2-}、NO_3^- 等离子随着春天的来临和春雪的融化进入水域生态系统，湖泊和河流不能吸附突然来临的这些离子，其pH 值急剧下降，水生生物体遭到不利影响，尽管几天之后，水域逐渐恢复到融雪前的 pH 值，可是生物体的数量和种群永久性地发生了改变。因此，应当特别关注水域酸度的波动对水生生物体的影响，即使 pH 值的改变是暂时的，但这种改变可能发生在种群特别敏感的阶段。例如，无脊椎幼虫可能死亡，小鱼发生骨骼变形或死亡，水生生物体成年种群的繁殖能力有可能永久地受到影响（Schindler，1988；Alewell et al，2000）。

酸度对生物体的总影响包括严重的死亡率、降低活性、改变种群结构、降低敏感生物体的繁殖率。酸敏感的浮游生物种类下降，无脊椎群体经历了种群组成的变化与分异，两栖动物的持续繁殖也受到严重损害，特别是大量分解微生物的数量下降，其分解能力也突然下降，从而影响生态系统内营养物质的内在循环。水域 pH 值下降，对酸敏感的鱼类数量下降，而耐酸种群大量繁殖，其趋势是鱼类的种群密度下降，种群的年龄结构和大小转向龄大体大的种群（Schindler，1988），大量的事实表明酸度在鱼类上的影响有：致酸离子直接作用的结果和有毒离子（Al^{3+}、Mn^{2+}）的毒害作用，延迟鱼卵的孵化，造成卵与幼鱼的死亡、成年鱼类的繁殖失败、骨骼变形，降低生长速率，组织体内重金属的积累（特别是汞），导致成年鱼类的死亡。铝对鱼类最初的影响是鱼鳃受损引起窒息死亡。

第四节　酸沉降对人类健康的影响

人们生活在 SO_2 和 NO_x 污染的空气中，长期直接呼吸有害气体会引起健康问题。然而，酸沉降对人类健康的直接影响显然未受到关注（Galloway et al，1995）。目前存在许多与酸沉降相关的健康效应。

酸沉降导致重金属元素的溶解性增加，有利于重金属污染物进入食物链，特别是汞和镉污染的食物链。随着已被汞污染的生物体消费量的增加，同时增加了人类健康的风险。镉在体内长期积累会造成人类的骨痛病。酸沉降导致在供给水中有毒金属元素铅的含量上升，进入人体后，铅会损伤儿童的神经系统。在水被铅污染的地区，高血压患者急增。

酸雨还与疾病有潜在的联系，土壤中 Al^{3+} 的溶解性增加来源于雨水酸度的上升。患痴呆症的病人，大脑组织中存在铝的聚集。饮用高浓度 Al^{3+} 含量水的地区，患痴呆症的病人数量增加。

酸沉降的间接影响还与人们在酸化的水域中如游泳等娱乐活动相联系。SO_4^{2-}、NO_3^- 造成眼睛的骚痒，从而影响视力。

区域性的光雾是另一种与酸沉降紧密相联系的空气污染问题。区域性的光雾是由 SO_4^{2-}、NO_3^- 的亚微细小颗粒组成的，SO_4^{2-}、NO_3^- 遇水可能形成 H_2SO_4 和 HNO_3，并且这些颗粒可悬浮在空气中，分散光源，损伤视力。

近 50 年酸沉降的研究集中在对生态系统的影响，以及化学与生物作用引起的酸化现象。在中国酸沉降被认为是严重的环境问题，相关的研究集中在 SO_2 的排放和降水的 pH 值。

在欧洲和北美地区，酸雨的化学组成中阴离子以硫酸根和硝酸根为主，阳离子的组成主要是 H^+ 和 NH_4^+ 及盐基离子；而在我国的酸性降雨中阴离子以硫酸根为主，可占 70% ~90%，阳离子的组成中，南方降雨中盐基离子的数量明显低于北方雨水中的数量，并且我国南方地带性红黄壤含有大量的铁铝氧化物，土壤不仅带有可变负电荷，而且还带有可变正电荷，吸附阳离子的同时，还吸附阴离子，对酸的输入敏感性明显不同于欧洲和北美温带地区的土壤，比其他土壤更为敏感。土壤酸度通常以氢离子的形式表现出来，但实际上，这些氢离子主要是由铝离子水解而形成的产物，外源 H^+ 的进入会加速铝离子水解。在酸雨淋溶下，土壤盐基离子淋失、盐基饱和度降低，铝离子的释放增加。酸性土壤铝的溶解是酸沉降引起的最显著土壤化学反应之一，且在较低的 pH 值范围内，铝离子与氢离子成为可移动的离子。土壤酸化是一个极为复杂的过程，酸中和容量（ANC）是反映土壤酸度因素的综合指标，可以确切地表示土壤的酸化状况。酸性沉降物的化学组成加速土壤进一步酸化，森林生态系统对大气强酸阴离子的持续输入极为敏感，通过计算酸沉降的主要化学成分进入土壤前后的质子负荷平衡，与酸中和容量（ANC）相结合，反映酸沉降加速土壤酸化的进程。

第四章　土壤 K^+ 离子反应动力学

随着现代工业的迅速发展,大气污染物排放导致酸雨和酸性沉降已成为全球性的环境问题之一。我国酸雨控制区涉及长江以南 14 个省、自治区和直辖市,总面积约为 80.6 万 km^2,占国土面积的 8.4%,占已形成的酸雨污染区域面积 1/5 左右。在酸沉降条件下,我国南方红黄壤地区养分淋失、肥力下降严重。

第一节　土壤 K^+ 离子反应动力学

有关土壤中钾的吸附行为研究、K^+ 在固液相间的转化速率与数量取决于 K^+ 与土壤固相表面的作用方式,并决定 K^+ 进入土壤后的去向和土壤固钾的能力。酸沉降下我国南方红黄壤地区养分淋失、肥力下降,缺钾问题尤为突出。

一、离子反应动力学试验装置

离子反应动力学试验装置由酸溶液、蠕动泵、恒温控温磁力搅拌器、恒温水浴池(控制温度 ±0.5 ℃)、反应池和数控计滴自动部分收集器组成(见图 4-1)。该反应池可使溶液与土壤完全反应,且溶液很容易从顶部流出,土壤颗粒也不堵塞滤纸。与反应池的接触处盖有一致密的砂芯片(有利于阻止微粒堵塞滤膜),面上是一层 0.45 μm(ϕ 50 mm)微孔滤膜,上盖内有一凹陷空间可保证溶液渗出后由乳胶管导入收集器。由蠕动泵将酸溶液很快泵入反应池,经磁力搅拌器作用与土壤充分反应,因内压作用从反应池顶部自动流出清液,待第一滴溶液流出时打开自动部分收集器,按设计时间收集溶液。

称取一定量江西红壤表土,采用流动搅动的动力学装置(见图 4-1),用蠕动泵快速将含有 0.25 mmol/L KCl 的不同 pH 酸溶液

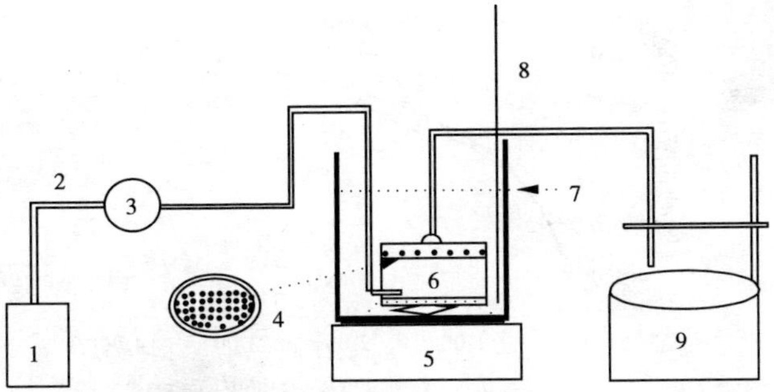

1—酸溶液;2—乳胶管;3—蠕动泵;4—滤片;5—磁力搅拌器;
6—反应池;7—恒温循环水水浴;8—温度计;9—收集器

图 4-1　连续流动法动力学测定装置

(SO_4: NO_3摩尔比为 4:1)泵入反应池,测定 K^+吸附反应动力学过程。

二、江西红壤钾的平衡等温吸附

处理 1:称取 4.00 g 土壤于 100 mL 离心管中,分别加入 K^+浓度为 0、0.25、0.50、1.00、2.00、3.00、4.00 mmol/L 的 KCl 溶液 40 mL,水土比 10:1,于 25 ℃下震荡 2 h 后静置,平衡 24 h 后离心,吸取上清液 20 mL,供测定溶液 K^+和 pH 值。

处理 2:为了保持溶液的体积不变,在上述离心管中加入 pH3.5 酸溶液(不含 KCl)20 mL,用微型旋涡混合仪震荡离心管,待土壤分散后加盖,于 25 ℃下震荡 2 h,静置,平衡 24 h 后离心,第二次取上清液 20 mL,供测定平衡溶液 K^+量和 pH 值。

K^+的平衡等温吸附曲线如图 4-2 所示,处理 1 和处理 2 的曲线几乎一致,当平衡溶液 K^+浓度处于 1.00 mmol/L 时,处理 2 的 K^+的平衡吸附量开始下降,但并不显著,说明加入 20 mL pH3.5 的酸溶液对 K^+的平衡吸附略有影响。

钾的等温交换吸附反应数据经过 Langmuir 方程拟合,相关系数(r)为 0.992。加入酸溶液后 K^+的最大吸附容量下降了 1.23 mmol/kg,但键合常数(k)上升 0.55 L/mmol,这表明土壤表面对 K^+的吸

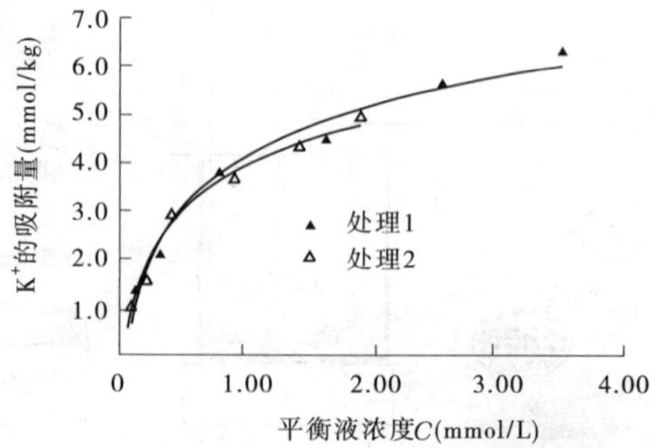

图 4-2　土壤 K^+ 的平衡等温吸附曲线

附能位是存在差别的，易解吸的 K^+ 首先进入溶液与表面吸附的 K^+ 达到平衡。

当加入 KCl 溶液时，K^+ 平衡吸附过程中，土壤表面有 H^+ 的释放（见表 4-1），吸附 K^+ 与净释放 H^+ 有很好的线性关系，r 为 0.999；吸附 K^+/净释放 H^+（K^+/H^+，下同）也有很好的线性关系，r 为 0.956。K^+/H^+ 并不是 1∶1 的关系，在 K^+ 平衡吸附浓度范围内，K^+/H^+ 为 8.6～13.4，大约为 10 倍的关系。H^+ 的释放是溶液中 K^+ 交换胶体表面吸附的 H^+ 和 Al^{3+}，Al^{3+} 的水解又产生 H^+；另外，土壤胶体表面还有空点位能吸附溶液中的 K^+。

表 4-1　平衡时土壤吸附 K^+ 与净释放 H^+ 量关系

加入 K^+ 量（mmol/L）	平衡时 pH	吸附钾（mmol/kg）	净释放 H^+（mmol/kg）	K^+/H^+
0	4.77			
0.25	4.49	1.31	0.15	8.6
0.50	4.44	2.08	0.20	10.5
1.00	4.33	3.54	0.30	11.8
2.00	4.29	4.49	0.35	13.0
3.00	4.23	5.67	0.43	13.4
4.00	4.20	6.31	0.46	13.6

在 K^+ 吸附过程中,平衡体系 pH 发生了明显的变化。加入 K^+ 量由 0 到 4.00 mmol/L 时,体系 pH 值从 4.77 下降到 4.20,下降了 0.57ΔpH。由此看来,在平衡吸附试验中,体系 pH 值并不保持一致,K^+ 的吸附是离子交换与离子吸附同时进行的过程。

加入酸溶液后 H^+ 的消耗。当加入 20 mL pH3.5 的酸溶液时,在体系平衡过程中出现 K^+ 离子的解吸和 H^+ 的消耗这一过程。K^+ 解吸事实上是原来的溶液受到稀释,K^+ 从胶体表面解吸下来进入溶液,再次达到平衡状态,这一点从 K^+ 的等温曲线可以看出。H^+ 的消耗基本上保持在 1.40 mmol/kg,但加入酸溶液后 pH 值比原溶液的 pH 值略微上升(见表 4-2),至少 pH 值未下降。

表 4-2 平衡时溶液酸度的变化

平衡时消耗 H^+ (mmol/kg)	加酸后平衡溶液 pH	未加酸时平衡溶液 pH	ΔpH
1.51	4.64	4.49	0.15
1.43	4.47	4.44	0.03
1.44	4.42	4.33	0.09
1.33	4.29	4.29	0.00
1.32	4.25	4.23	0.02
1.37	4.27	4.20	0.07

于天仁等的研究表明,对于可变电荷土壤,加入 H^+ 应有三个去向:①转化为土壤表面的正电荷;②消耗于水溶态铝的释放;③转化为交换性酸。事实上,土壤溶液是一个复杂的体系,江西红壤发育于第四纪红色黏土母质,属典型的可变电荷土壤,其铁铝氧化物的含量丰富。当加入含 SO_4^{2-} 的酸溶液后,SO_4^{2-} 在铁铝氧化物表面产生专性吸附,释放出 OH^-,中和溶液中部分的 H^+,其机理可能为:

$$[H_2O-Fe-OH]^0 + SO_4^{2-} \longrightarrow [H_2O-Fe-SO_4^{2-}]^- + OH^-$$

$$OH^- + H^+ \longrightarrow H_2O$$

三、酸沉降下 K^+ 的吸附动力学特征

从图 4-3 看出，不同酸处理，K^+ 吸附达到平衡的时间明显不同。pH 越低，K^+ 吸附达到平衡的时间越短。pH2.5 酸处理达到平衡为 21～24 min，pH3.5 和 pH4.5 的在 60～69 min 基本上达到平衡，pH5.6 酸处理在试验时间的范围内仍未达到平衡。

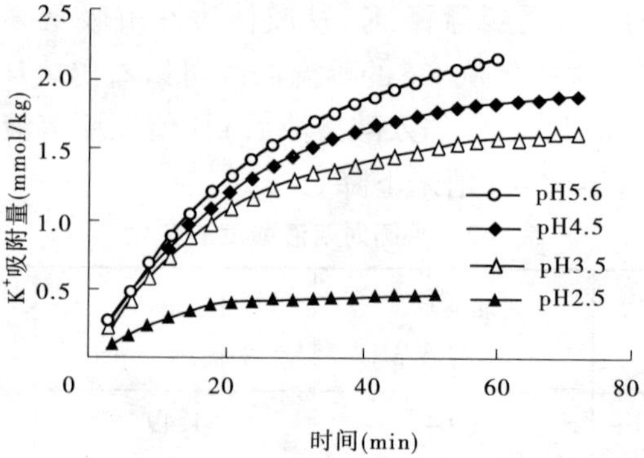

图 4-3　K^+ 吸附的反应动力学

从图 4-4 还可看出，吸附速率与 K^+ 的累积吸附量之间呈良好的线性关系，其相关系数为 0.991～0.997。与一级动力学方程微分式相比较，方程的斜率是表观反应速率常数，pH 值为 2.5、3.5、4.5、5.6 酸处

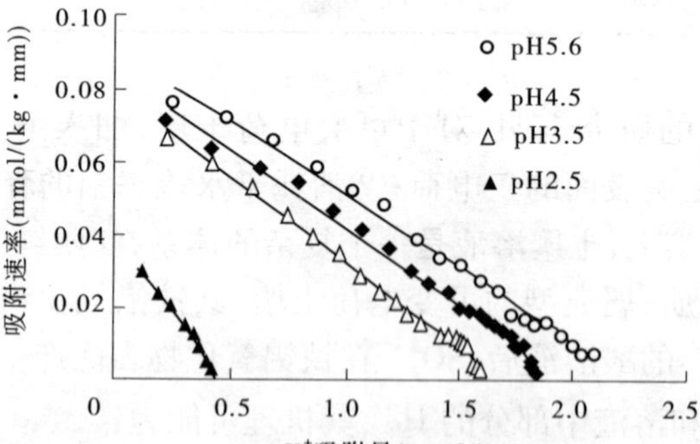

图 4-4　K^+ 吸附速率与吸附量关系

理的表观反应速率常数分别是 0.086、0.047、0.043、0.041 min^{-1},这表明 K^+ 吸附达到平衡时的速率快慢,pH2.5 酸处理很快达到吸附平衡,其他酸处理的表观速率常数接近,仅只有微小的差别,这基本上与 K^+ 等温平衡吸附的结果相一致,当溶液 pH > 3.5 时,土壤对 K^+ 仍然有很大的吸附容量。

由速率方程还可以求得反应平衡时的平衡吸附量,经一级反应动力学方程和反应速率对累积吸附量关系的计算,pH2.5、pH3.5、pH4.5 和 pH5.6 酸处理的表观平衡吸附量分别为 0.47、1.68、1.97、2.24 mmol/kg。

根据表观平衡吸附量,对数据进行一级动力学方程拟合,其结果见表 4-3,反映实际测定的结果与理论值能很好吻合。特别是一级动力学方程的表观反应速率常数与速率方程表达式中的反应速率常数也能很好地吻合。

表 4-3 其他动力学模型拟合参数

处理编号	一级动力学方程 $\ln(1-q_t/q_\infty)=-k't$		Elovich 方程 $q_t=a+b\ln t$		双常数方程 $q_t=at^b$		扩散方程 $q_t=a+bt^{1/2}$	
	r	Se	r	Se	r	Se	r	Se
pH2.5	0.993	0.012	0.979	0.02	0.948	0.04	0.928	0.04
pH3.5	0.999	0.017	0.995	0.04	0.971	0.15	0.971	0.10
pH4.5	0.997	0.011	0.994	0.05	0.973	0.16	0.976	0.11
pH5.6	0.997	0.029	0.993	0.07	0.984	0.32	0.991	0.08
平均	0.997		0.990		0.969		0.966	

注:q_t 为表观平衡吸附量,t 为时间,a、b 为常数,r 为相关系数,Se 为标准差。

就 K^+ 吸附速率与时间的曲线关系(见图 4-5)进行对数拟合:$v_t=a+b\ln t$,其斜率 b 表示吸附反应速率随时间延长下降快慢的量度,b 越小,反应速度下降越快。pH2.5 酸处理 K^+ 吸附的速度下降最快,达到平衡的时间最短;pH3.5、pH4.5、pH5.6 酸处理 K^+ 的吸附速率下降较慢,相对而言,达到平衡有一较长的过程。

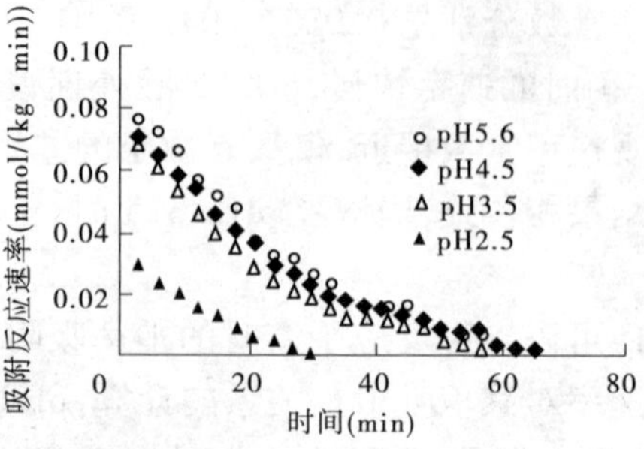

图 4-5　吸附反应速率与时间关系

用动力学过程的几种模型对不同酸处理进行拟合,结果见表 4-3。

在 K^+ 的吸附过程中,Elovich 方程的相关系数比双常数方程和扩散方程大,与一级动力学方程接近;从标准差的比较来看,一级动力学和 Elovich 方程的标准差(*Se*)最小。因此,钾的吸附动力学可以优先用一级动力学方程和 Elovich 方程来描述。联合一级动力学方程的微分式和 Elovich 方程也可求得反应速率与时间的关系。通过比较速率对时间关系的对数求解,可以发现,两种方法得到的斜率和截距极其吻合。

第二节　模拟酸雨对不同土层 K^+ 淋失规律的影响

在江西表土施用 KCl 肥料后,用室内模拟酸雨的土柱试验,研究酸雨对不同土层 K^+ 淋失的影响。供试土壤采集自江西鹰潭地区(中科院江西红壤生态站)的林地土壤,位于 116°56.23′E、28°12.58′ N,属发育于第四纪红色黏土母质的红壤,其黏土矿物组成以高岭石、铝蛭石为主,含一定量的水云母,极少量的三水铝石和云母。采样剖面分为 0 ~ 20 cm(A 表层土)、20 ~ 40 cm(B 层土)、40 ~ 60 cm(C 层土)。按照野外剖面的上下次序 A、AB、ABC 层,分别称取已制备的 A、B、C 层土样 0.45 kg,装入直径为 5 cm,柱长为 50 cm(A、AB)和 70 cm(ABC)玻璃淋溶柱内。用已配制的模拟酸雨作为淋溶液,实际淋溶雨量 2 000 mm,总计淋溶降雨约 3 960 mL。从柱的上端分别用 pH 值为 2.5 和

4.5 模拟酸雨开始持续淋溶，待第一滴淋出液流出时开始记时，分别于1、2、4、6、8、12、24、36、48、60、72 h 后收集淋出液，精确量取其体积后，分取 50 mL 作分析用，测定流出液的 pH 值、电导率和 K^+ 的浓度。淋溶结束后，用高压真空泵将土从柱中完整泵出，按照 0 ~ 2、4 ~ 6、8 ~ 10、13 ~ 15、18 ~ 20、23 ~ 25、28 ~ 30、33 ~ 35、38 ~ 40、43 ~ 45、48 ~ 50、53 ~ 55、58 ~ 60 cm 的长度段截取土柱，用高速离心机（SIGMA2 – 16K）在6 500 r/min 下离心各段土层，收集溶液，测定淋洗液中钾的含量。离心后各段土层风干、磨细、过 2 mm 筛，测定土壤 pH 值和交换性氢、铝、钾、钙。

一、不同土层 K^+ 淋出浓度的变化

从图 4-6 看出，表层土壤在酸雨淋溶量为 112 mm 时 K^+ 浓度达到峰的顶点，峰的形状为对称的窄峰，且 pH2.5 和 pH4.5 酸雨淋溶达到峰顶点时 K^+ 的流出量分别是 639.7 mg/L 和 467.7 mg/L，随后淋出液钾的浓度急剧下降，但 pH2.5 酸雨处理在淋溶量为 336 mm 时 K^+ 淋出浓度仍高达 100 mg/L，淋溶量为 2 000 mm 时 K^+ 淋出浓度为 30 mg/L，而 pH4.5 酸雨处理 K^+ 的流出量保持在 10 mg/L，这反映出强酸度和长时间的持续淋溶会导致养分 K^+ 的大量淋失。

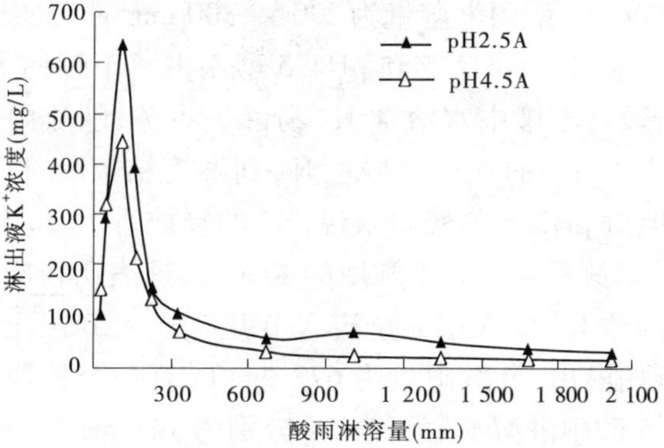

图 4-6　A 层土壤淋出液 K^+ 浓度变化

图 4-7 显示，酸雨淋溶量达到 300 ~ 700 mm 时，AB 层土壤 K^+ 离

子的浓度达到峰顶，K^+淋出液浓度为 50 ~ 85 mg/L，远低于 A 层土 K^+淋失浓度。酸雨量为 1 000 mm 时，pH4.5 酸雨处理的 K^+淋失浓度保持在 10 mg/L；但 pH2.5 酸雨淋溶在此处 K^+淋失又有一个上升的过程，当酸雨量为 2 000 mm 时，K^+淋出浓度上升到 70 mg/L，这一现象与酸雨的酸度有关，当 H^+进入 B 层土壤后，一方面引起土壤溶液的 pH 值下降，另一方面 H^+再次将土壤表面吸附的 K^+交换下来。这反映出强酸度的淋溶会加速 K^+离子向更深一层土体运移。

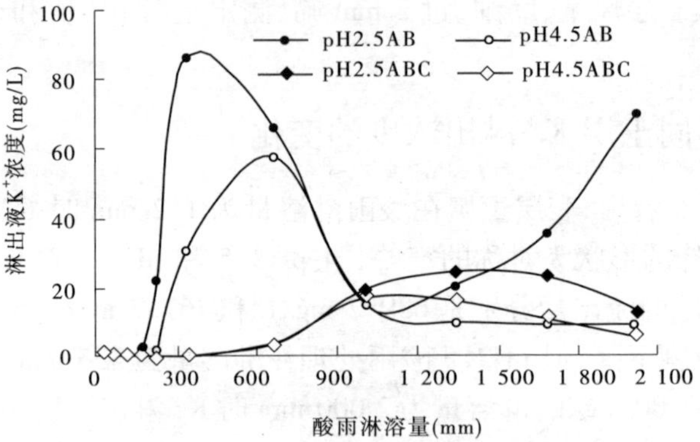

图 4-7　AB、ABC 层土壤淋出液 K^+浓度变化

从图 4-8 看出，酸雨淋溶量为 200 ~ 300 mm 时，表层土 K^+的释放是一个快速反应过程，pH2.5 和 pH4.5 酸雨淋溶下钾的释放量差异不显著，这一阶段与土壤中水溶性 K^+易淋失有关；随酸雨持续淋溶，对 pH4.5 酸雨来说，K^+的释放缓慢上升，到淋溶结束时，K^+的释放量为 432 mg/kg；但对 pH2.5 的酸雨来说，K^+的释放进入反应中速阶段，淋溶结束时 K^+释放量接近表土施用的 KCl 量，这表明在施肥情况下，强酸性降雨会导致 K^+从 A 层完全流入 B 层。进入 B 层土，在酸雨量为 224 mm 时开始淋出，至酸雨量为 672 mm 时有一个较快速释放阶段，pH2.5、pH4.5 酸雨淋溶 K^+的释放量分别为 143 mg/kg 和 100 mg/kg；酸雨淋溶结束时，K^+的释放量分别为 343 mg/kg 和 162 mg/kg；且 pH2.5 酸雨淋溶 K^+的释放量仍然很高。K^+进入 C 层，在酸雨量为 672 mm 时 K^+开始流出，至淋溶结束时，pH2.5、pH4.5 的酸雨淋溶释

放 K^+ 量分别为 112 mg/kg 和 87.3 mg/kg。

从施肥的角度看，表层 K^+ 的淋失量与降水量及其降雨酸度密切相关。表土施用钾肥料后，在高强度、高酸度的降雨下，K^+ 很快向下层土体迁移。pH2.5 酸雨淋溶下，K^+ 从表土几乎完全淋失，B 层土内 K^+ 也有一半被淋入 C 层，C 层 K^+ 淋失量是 A 层的 15% ~20%，K^+ 聚集在 C 层内。

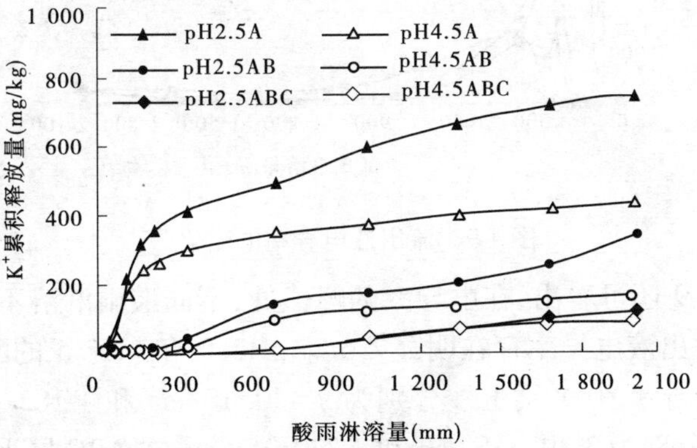

图 4-8　不同土层 K^+ 累积释放量

二、不同土层淋出液电导率的变化

土壤溶液电导率(EC)的测定用来估算离子的总量，其变化反映土壤胶体表面吸附各种阴、阳离子进入溶液的数量。土壤溶液中存在的阴离子主要是 Cl^-、SO_4^{2-}、NO_3^-，阳离子包括致酸离子和盐基离子；淋出液电导的变化实质上是溶质总浓度运移。从图 4-9 看出，不同层次土柱之间淋出液的电导率都有一个峰值，但峰的形状有明显的差别。酸雨淋溶 A 层土柱时，淋出液的电导率出现很窄的对称峰，峰的形状表明溶质的运移以对流为主；当淋溶 AB 层土柱时，淋出液的电导率出现偏态较窄的峰；当淋溶 ABC 层土柱时，淋出液的电导率出现不对称的宽峰，且有严重的拖尾现象。这是因为对于非均质不同层次的土壤，溶质的运移处于非理想状态，即处于物理非平衡或化学非平衡状态，溶质在 B 层和 C 层土壤运移受溶质扩散质量转移的速率限制，或是受土壤胶体表面反应点位的动力学反应速率限制。

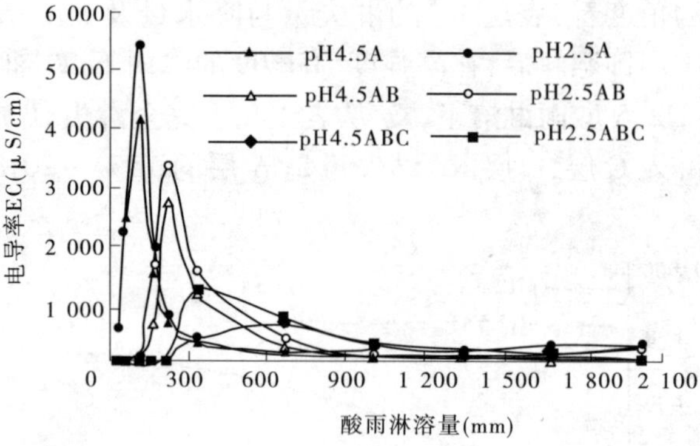

图 4-9 流出液电导率的变化

从图 4-9 还可看出，在电导率的峰值处，不同酸雨淋溶不同层次土体收集的淋出液电导率存在明显差异。pH2.5 和 pH4.5 的酸雨淋溶，淋出液的电导率在 A 层土柱分别为 5 440 μS/cm 和 4 182 μS/cm；在 AB 层土柱分别为 3 398 μS/cm 和 2 730 μS/cm；在 ABC 层土柱分别为 1 250 μS/cm 和 630 μS/cm；根据淋出液 pH 和 K^+ 的浓度，配制了 pH3.5 含 K^+ 400 mg/L(KCl) 的溶液，该溶液含有淋出液中主要阴离子和 K^+，其电导率为 1 600 μS/cm；通过比较淋出液和配制溶液的电导率，经 A 层土柱和 AB 层土柱的淋溶，不难发现，土壤溶液除 K^+ 外还有大量的其他阳离子向下迁移。从淋出液的 pH 值来看，电导率的峰值处对应的是淋出液 pH 值最低点 3.8，这也表明至少有 Al^{3+} 被 K^+ 代换下来进入溶液；外源 H^+ 进入土壤，主要涉及盐基离子被 H^+ 交换，且在低 pH 值范围内，Al^{3+} 和 H^+ 也成为可移动的离子，进一步代换更深层土体的交换性盐基离子。

淋出液电导率的大小也可以说是土壤肥力状况一个指标，养分离子的淋失强度表示土壤养分的损失程度。酸雨的酸性越强，离子的淋失量越大，pH2.5 酸雨在不同层次淋溶的离子淋失总量大于 pH4.5 酸雨的淋失总量。从不同土体深度看，淋溶初期表层土壤中离子在很短的时间内大量淋失，且上层土壤中的离子流经 C 层时电导率变的很小,这表明从 AB 层淋洗出来的离子大量聚集在 C 层(40 ~60 cm)内。

三、土壤酸化对 K^+ 离子迁移的影响

在 0 ~20 cm 深度范围内,由于表土均匀施用氯化钾后测定的水溶性钾含量为 12.18 mmol/kg,交换性钾含量为 19.23 mmol/kg。酸雨量淋溶后用离心的方法提取土壤溶液,测定溶液中 K^+ 的浓度分布(见图 4-10),结果表明,pH2.5 酸雨淋溶结束后残留在土壤中的水溶性钾仍然高于 pH4.5 的酸雨淋溶,这有利于 K^+ 向下迁移。

用醋酸铵法测定不同深度土壤交换性钾的变化如图 4-11 所示。pH2.5 的酸雨淋溶,在 0 ~ 20 cm 深度内引起土壤交换性钾的含量从 1 mmol/kg 上升到 3.5 mmol/kg;在 20 ~ 60 cm 内,交换性钾的含量上升到 14 mmol/kg 后又下降到 2.9 mmol/kg,出现一个对称的峰,峰值点在 40 cm 处,而在 35 ~ 40 cm 内,土壤交换性铝的含量低于原土,进一步证实土体内钾离子的大量聚集引起交换性铝向下迁移。pH4.5 的酸雨淋溶,在 0 ~ 40 cm 内土壤交换性钾含量从 2.5 mmol/kg 缓慢上升到 7.7 mmol/kg,随后又下降到 6.0 mmol/kg,出现一个宽峰,峰值出现在 20 ~ 25 cm 处;在 40 ~ 60 cm 内交换性钾降到 2.0 mmol/kg。土体

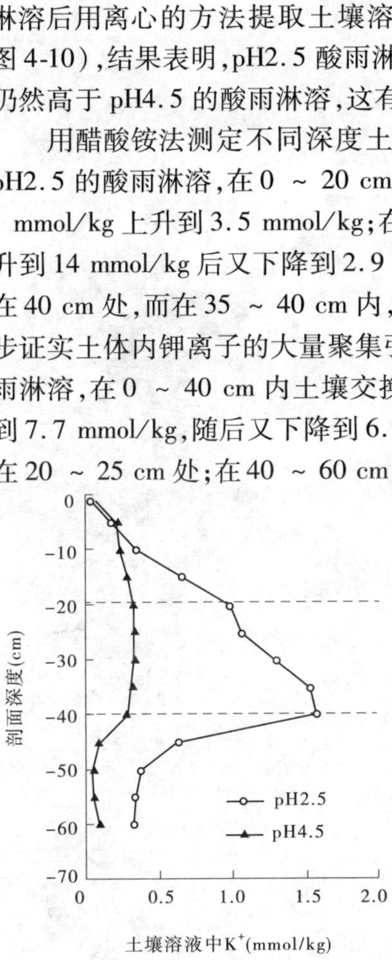

图 4-10 土壤溶液中 K^+ 随深度变化

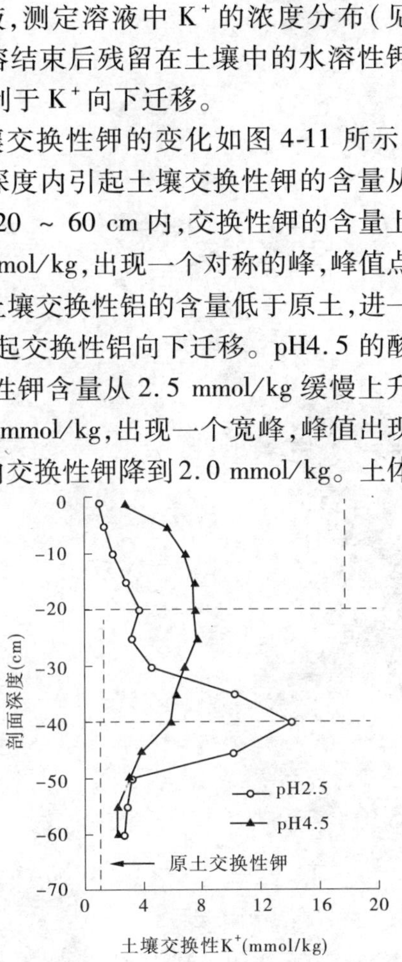

图 4-11 土壤交换性钾随深度变化

内钾离子的迁移受到降雨酸度的控制,降雨酸度越大,土体中溶液钾的含量越高,这表明强酸性的降雨加速钾离子的淋失。由于酸雨淋溶量偏小,钾从表土迁移后聚集在剖面深度 30 ~ 50 cm 处。

第五章　土壤 Ca^{2+} 离子反应动力学

从酸沉降主要化学组成看，我国大气中的酸性物质主要来自煤燃烧释放的硫和氮的氧化物，碱性物质主要是 Ca^{2+} 和 NH_4^+，大多来自土壤。我国北方的大气颗粒物对酸性降雨有很大的缓冲能力，而南方颗粒物具有一定的酸性（王文兴等，1994；冯宗炜，1999），且酸雨分布较严重的地区多为酸性与强酸性土壤，在我国南方高温多雨的气候条件下，土壤中基本不存在较易分解的原生矿物，普遍存在着盐基离子的淋失（仇荣亮等，1998；陶福禄，1999），Ca^{2+} 已高度贫瘠化，红壤缺钙尤为突出。酸沉降对土壤酸化过程的敏感性、土壤矿物的溶解、湖泊河流水域的酸化及酸化过程对土壤胶体的吸附与交换特性会产生直接影响。

第一节　酸沉降下 H^+—Ca^{2+} 在红壤表面的动力学特征

根据我国南方红黄壤地区大部分雨水和云水样品的化学成分分析（王文兴等，1994），采用 H_2SO_4 与 HNO_3 摩尔之比为 4:1的混合液，用去离子水稀释成 pH 值为 2.5、3.5、4.5 和 5.6 的酸溶液（均含 0.5 mmol/L $CaCl_2$）。称取 2.00 g 土壤放入反应池，用蠕动泵快速将酸溶液（含 0.5 mmol/L Ca^{2+}）泵入反应池，立即（ <1 s）调节到预先设计的流速，同时开启磁力搅拌器，使酸溶液以 1.0 mL/min 的恒定流速通过反应池，在 25 ℃下，液相中 Ca^{2+} 吸附到土壤胶体表面，待第一滴流出液流出时开始计时，以每 10 min 收集一个滤液样，连续自动收集 240 min，收集的滤液精确测定其体积。

一、Ca^{2+} 吸附动力学曲线

配制不同 pH 值的模拟酸雨中，含有 0.5 mmol/L Ca^{2+}，在 25 ℃时

通过反应池后,测定流出液中 Ca^{2+} 的含量,计算土壤对 Ca^{2+} 的累积吸附量。从图 5-1 看出,不同 pH 值酸处理情况下, Ca^{2+} 吸附达到平衡的时间明显不同。pH 值越低,Ca^{2+} 吸附达到平衡的时间越短。在 pH 值为 2.5 和 3.5 的酸雨下,Ca^{2+} 的吸附在 150 min 后趋向于平衡,且 Ca^{2+} 吸附量小于 2.5 mmol/kg;在 pH4.5 和 pH5.6 的酸雨下,Ca^{2+} 的吸附在试验的时间范围内仍未达到平衡,Ca^{2+} 吸附量在 5.0 ~ 7.5 mmol/kg。

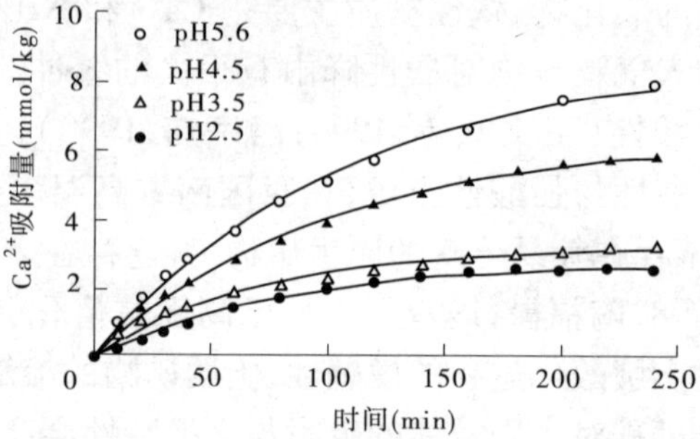

图 5-1　Ca^{2+} 吸附反应动力学曲线

Ca^{2+} 的累积吸附量与时间的关系表明:Ca^{2+} 吸附遵循一级动力学方程,酸度(或 H^+)对 Ca^2 吸附的最大吸附量有明显的影响,随流入液酸度的增加,最大吸附量显著降低,但对表观速率常数的影响很小(见表 5-1)。

表 5-1　动力学经验方程的拟合参数

处理	一级动力学方程 $\ln(1-q_t/q_\infty)=-k't$				Elovich 方程 $q_t=a+b\ln t$				扩散方程 $q_t=a+bt^{1/2}$			
	q_∞	k'	R^2	Se	a	b	R^2	Se	a	b	R^2	Se
pH5.6	8.77	0.009 2	0.996	0.17	-5.15	2.29	0.971	0.49	-0.505	0.554	0.992	0.14
pH4.5	6.45	0.009 8	0.995	0.203	-3.82	1.73	0.972	0.34	-0.299	0.414	0.993	0.07
pH3.5	3.25	0.014	0.984	0.123	-1.62	0.88	0.989	0.11	0.060	0.217	0.994	0.10
pH2.5	2.88	0.011	0.995	0.062	-2.02	0.86	0.981	0.14	-0.19	0.198	0.962	0.13
平均			0.993				0.979				0.985	

注:a、b 为常数,R^2 为相关系数,Se 为标准误差,t 为时间,q_t 为在 t(min)时的吸附量(mmol/kg),q_∞ 为最大吸附量(mmol/kg),k'为表观吸附速率常数。

Ca^{2+} 离子吸附反应有以下步骤:①Ca^{2+} 通过固相颗粒表面的液膜

扩散（膜扩散）；②Ca^{2+}通过矿物晶体的水化间层离子扩散到反应位（颗粒内扩散）；③Ca^{2+}与反应位的离子发生交换反应或吸附到空反应点位。Ca^{2+}吸附速率限制步取决于膜扩散速率、颗粒内扩散速率和化学反应速率中最小的速率。以往研究土壤动力学的方法大多采用间歇法和柱试验法，这两种方法从理论上讲不能消除膜扩散，但在搅动的情况下，影响水动力学膜的厚度，水膜厚度的降低，有利于Ca^{2+}通过固相颗粒表面的液膜（Sparks，1989）。尽管一级动力学方程能描述在反应点位上的离子交换吸附过程，但离子的交换过程通常是很快的，显然化学交换反应不是反应速率控制步。抛物线扩散方程常用来描述颗粒内的扩散，从其相关系数和标准误差看，可以推断离子在颗粒内的扩散是决定反应的速率限制步，b值是离子在颗粒内的扩散速率常数，随酸度的增加，离子在颗粒内的扩散速率降低。Elovich 方程也能很好地拟合Ca^{2+}的吸附动力学数据（$R^2>0.97$），但该方程不是描述唯一机制的模型，它能描述多种机制，Sparks（1989）认为 Elovich 方程能描述慢反应扩散机制。

二、Ca 吸附过程中流出液酸度的变化

流出液酸度的变化是不断接近流入液的 pH 值（见图 5-2）。当原液 pH 值为 4.5 和 5.6 时，流出液 pH 值低于原液及土壤 pH 值，表明有质子的释放过程，在一定时间后，质子的释放趋于平衡。当流入液 pH 值为 2.5 和 3.5 时，流出液 pH 值高于流入液 pH 值，pH3.5 酸处理一直到 80 min 后流

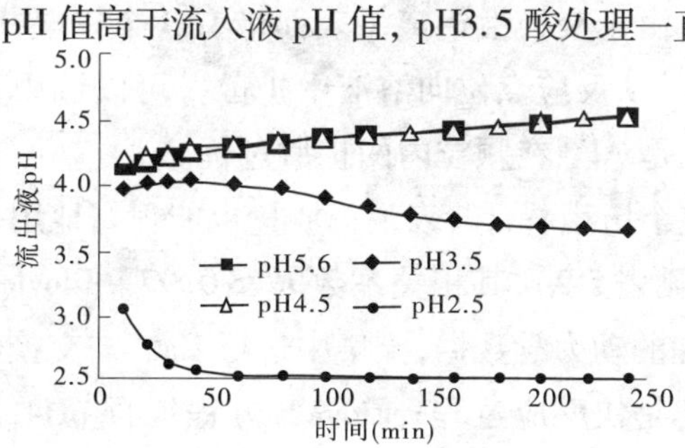

图 5-2 江西原土 Ca 吸附过程中 pH 的变化

出液 pH 值从 4.0 开始下降到 3.6 左右，pH2.5 酸雨处理在 50 min 后流出液接近流入液 pH 值，这表明土壤对强酸输入的缓冲作用强弱与程度存在较大的差异，这也是土壤因缓冲作用消耗 H^+ 的过程。

(一) Ca 吸附过程中释放 H^+ 过程

pH5.6 和 pH4.5 的原液流经反应池后，流出液的 pH 值的变化几乎一致，但 H^+ 的释放量却相差 2 ~4 倍。从 H^+ 释放的总量来看，大于土壤交换性氢的含量(1.9 mmol/kg)，可认为 H^+ 的来源是 Ca^{2+} 与土壤表面的 H^+ 和 Al^{3+} 交换，Al^{3+} 的水解又产生 H^+，引起流出液 pH 值降低。土壤表面交换性铝和氢的关系常用 Boltzmann 关系式表达：

$$\frac{(Al^{3+})_{exch}^{1/3}}{(H^+)_{exch}} = \frac{(Al^{3+})_{soln}^{1/3}}{(H^+)_{soln}}$$

$$\lg \frac{(Al^{3+})_{exch}^{1/3}}{(H^+)_{exch}} = pH - \frac{1}{3}pAl$$

这意味着土壤胶体表面交换性氢和铝的比例保持在固定值 pH -1/3pAl，这一关系已被 Lindsay (1959) 的试验证实。H^+ 释放是一复杂的动力学过程，从试验得出的 H^+ 释放量是表观释放量，涉及离子的交换反应和 Al^{3+} 的水解反应，整个反应的速率限制步取决于反应点位 Al^{3+} 被 Ca^{2+} 交换下来的速率、Al^{3+} 向溶液中扩散的速率及 Al^{3+} 水解的速率大小。Ca^{2+} 与 Al^{3+} 在反应点位的交换反应和 Al^{3+} 的水解是一很快的化学过程。由于交换性铝离子表面带有 3 个正电荷，从静电理论解释，不利于 Al^{3+} 从反应点位向溶液中扩散。可以认为整个交换反应的速率限制步应是 Al^{3+} 在颗粒内的扩散过程。

从试验的整个历程看，H^+ 表观释放量也能很好地用一级动力学和扩散方程描述(见表 5-2)，其相关系数 $R^2 > 0.97$。Elovich 方程不宜拟合 pH5.6 酸处理的动力学数据，土壤中进行 Ca^{2+} 与交换性氢和铝的交换及 Al^{3+} 的水解是快反应过程；Elovich 方程拟合 pH4.5 酸处理的动力学数据却得到较好的结果，原因可能是本体溶液中含有较低浓度的 H^+，这会抑制 Al^{3+} 的水解，降低 H^+ 的释放速率和释放量。

表 5-2　H^+ 表观释放动力学经验方程的拟合参数

处理	一级动力学方程 $\ln(1-q_t/q_\infty)=-k't$				Elovich 方程 $q_t=a+b\ln t$			扩散方程 $q_t=a+bt^{1/2}$		
	q_∞	k'	R^2	Se	B	R^2	Se	B	R^2	Se
pH5.6	9.187	0.003 4	0.999	0.04	1.517	0.901	0.531	0.397	0.991	0.165
pH4.5	1.421	0.011 3	0.998	0.018	0.410	0.981	0.057	0.099	0.974	0.068

注：a、b 为常数，R^2 为相关系数，Se 为标准误差，t 为时间，q_t 为在 t(min)时的释放量(mmol/kg)，q_∞ 为在最大释放量(mmol/kg)，k'为表观释放速率常数(min^{-1})。

(二) Ca 吸附过程中消耗 H^+ 的过程

在强酸性条件下，H^+ 和 Ca^{2+} 同时在土壤表面竞争交换点位，随酸度的增加，Ca^{2+} 的吸附量急骤下降；同样条件下 H^+ 消耗的数量比 Ca^{2+} 吸附的数量高 5～15 倍，可以说 H^+ 也占据一定数量的交换点位是短时间内 H^+ 消耗的途径之一。在长时间范围内，土壤对质子缓冲作用是黏土矿物表面铝的溶出，H^+ 去向可能是转化为水溶性铝或可交换性酸。H^+ 与土壤和矿物进行的反应主要有三个步骤控制反应速率：①H^+ 扩散到反应位；②在反应点上进行化学反应；③反应产物从反应点扩散到溶液(于天仁，1996)。在反应初期，H^+ 的消耗是一快速反应过程，在这一过程主要的反应包括土壤交换性阳离子的缓冲作用和土壤表面质子化，其中 Fe—OH 是最主要的质子受体，游离氧化铁含量是决定质子化程度的主要因素(朱茂旭等，2001a，2001b)。在以后的反应中，H^+ 对矿物的溶解是一缓慢的过程。

从反应历程看，H^+ 的消耗有多种途径，因而无法用一种机制解释 H^+ 的消耗。把 H^+ 消耗总量看做表观消耗量，用一级动力学方程、Elovich 方程和扩散方程进行拟合，比较相关系数和标准误差的大小，除 pH2.5 酸处理用扩散方程拟合结果较差外，这 3 种动力学模型进行拟合得到较满意的结果(见表 5-3)。

从试验结果来看，pH3.5 酸处理用扩散方程拟合 H^+ 的消耗过程，能得到很好的结果，但拟合 pH2.5 酸处理的效果较差，这表明 H^+ 浓度很高时，H^+ 的扩散不是速率控制步骤，若用修正的 Elovich 方程描述 H^+ 的消耗过程，在这种情况下，H^+ 对矿物的缓慢溶解及随后铝的溶出将成为速度控制步骤,也就是说,H^+在反应点位上进行的化学反应(矿物的缓慢溶蚀)是速率控制步骤。

表 5-3　H^+表观消耗动力学经验方程的拟合参数

处理	一级动力学方程 $\ln(1-q_t/q_\infty)=-k't$				Elovich 方程 $q_t=a+b\ln t$			扩散方程 $q_t=a+bt^{1/2}$		
	q_∞	k'	R^2	Se	b	R^2	Se	b	R^2	Se
pH3.5	28.05	0.005	0.998 4	0.26	6.23	0.996 7	0.38	1.56	0.995 9	0.42
pH2.5	44.69	0.032	0.977 3	1.57	10.13	0.982 1	1.64	2.34	0.887 8	3.50

注:a、b 为常数,R^2 为相关系数,Se 为标准误差,t 为时间,q_t 为在 t(min)时的释放量(mmol/kg),q_∞ 为最大释放量(mmol/kg),k'为表观释放速率常数(min^{-1})。

模拟酸雨对Ca^{2+}饱和度的影响如表5-4 所示。Ca^{2+}饱和度以土壤表面吸附Ca^{2+}的数量占阳离子交换量的百分数表示。当流入液 pH 值为5.6、4.5、3.5 和2.5 时,与原土相比,Ca^{2+}饱和度分别增加14.3%、10.5%、5.9%和4.6%。流入液 pH 值为5.6 和4.5 时,Ca 与Al^{3+}以交换作用为主,交换下来的铝离子再水解释放H^+,且铝离子的形态以$Al(OH)_2^+$和$Al(OH)^{2+}$为主;流入液 pH <4.5 时,钙离子饱和度变化较小,离子交换缓冲作用与铝离子的缓冲作用(铝释放的 pH 值为3.5 ~4.5)是同时进行的,这取决于土壤表面的交换特性,这种交换特性与土壤溶液的离子组成一起控制土壤溶液中铝离子和盐基离子的浓度(Reuss et al,1989)。Reuss et al(1985)的研究表明,随盐基离子的耗竭,(Ca + Mg)的饱和度为10% ~25%时,溶液中铝离子会突然占优势。庞叔薇(1986)等曾用 HCl 提取酸溶无机铝,其形态主要为可溶性

表 5-4　模拟酸雨对钙离子饱和度(%)的影响

时间(min)	pH5.6	pH4.5	pH3.5	pH2.5
0	29.0	29.0	29.0	29.0
80	37.1	35.0	32.8	32.1
160	40.9	38.2	34.2	33.4
240	43.3	39.5	34.9	33.6

及胶体 $Al(OH)_3$、三价铝离子及其他羟基铝离子模拟酸雨下矿物表面铝离子的缓慢溶出，成为土壤的交换性酸，其形态主要为 Al^{3+}，即 Al^{3+} 与 Ca^{2+} 竞争土壤表面的交换点位，导致 Ca^{2+} 吸附量降低，表明不同铝离子的形态影响 Ca^{2+} 的吸附。另外，江西省红壤发育于第四纪红色黏土母质，且含有大量的无定型铁铝氧化物，因酸沉降 SO_4^{2-} 离子输入量增加，SO_4^{2-} 与铁铝氧化物表面的羟基产生配位体交换，释放出 OH^-，对土壤酸化（或交换性酸 Al^{3+}）有明显的缓冲作用。

第二节　酸沉降下 H^+—Ca^{2+} 在红壤表面反应的能量特征

一、Ca 在不同温度下吸附动力学曲线

配制不同 pH 的模拟酸雨，其溶液中含 0.5 mmol/L Ca，分别于 298 K 和 313 K 下通过反应池，测定流出液的 Ca 量（王代长等，2003b，2004a），计算出不同时间土壤对 Ca 的累积吸附量与反应时间的关系。

如图 5-3 所示，Ca 吸附量随流入液 pH 升高而增大，对 pH3.5 的流入液时，Ca 的吸附在 50 ~ 100 min 达到平衡；对 pH4.5 的流入液，Ca 的吸附在 200 ~ 240 min 可达到平衡；对 pH5.6 的流入液时，在试验时间内 Ca 的吸附未达到平衡。温度由 298 K 上升到 313 K 时，相同 pH

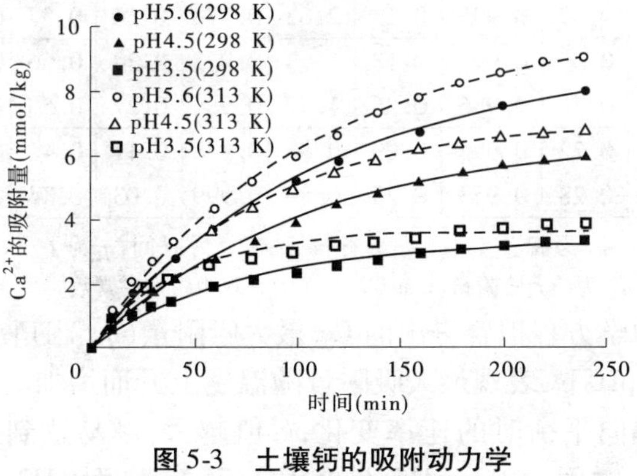

图 5-3　土壤钙的吸附动力学

流入液的 Ca 吸附量不同程度的增加。pH3.5 的 Ca 吸附提前达到平衡,pH4.5 的也有此趋势,即温度升高 Ca 吸附的快反应速率加快,吸附平衡提前。

从 Ca 吸附过程看,大致可分为快反应和慢反应两个阶段,用常见的几种动力学模型拟合 Ca 吸附与时间的关系,动力学经验方程的拟合参数如表 5-5 所示。

表 5-5 Ca 吸附动力学经验方程的拟合参数

处理	温度(K)	一级动力学方程 $\ln(1-q_t/q_\infty)=-k't$					零级方程 $q=a+bt$			
		q_∞	$k'\times10^3$	$t_{1/2}$	R^2	Se	a	$b\times10^2$	R^2	Se
pH5.6	298	8.77	9.25	74.9	0.996	0.17	1.26	3.21	0.935	0.69
	313	9.95	9.51	72.9	0.995	0.21	1.58	3.57	0.942	0.74
pH4.5	298	6.45	9.82	70.6	0.995	0.20	1.06	2.33	0.935	0.51
	313	7.03	12.6	55.1	0.997	0.12	1.50	2.62	0.897	0.74
pH3.5	298	3.25	14.1	49.2	0.984	0.12	0.81	1.19	0.899	0.33
	313	3.59	24.0	28.9	0.975	0.18	1.35	1.25	0.794	0.53

处理	温度(K)	抛物线扩散方程 $q_t=a+bt^{1/2}$			Elovich 方程 $q_t=a+b\ln t$			双常数方程 $q=at^b$		
		b	R^2	Se	b	R^2	Se	b	R^2	Se
pH5.6	298	0.51	0.992	0.25	2.29	0.971	0.49	0.59	0.994	0.19
	313	0.59	0.995	0.23	2.65	0.973	0.50	0.57	0.995	0.20
pH4.5	298	0.39	0.993	0.18	1.73	0.972	0.34	0.56	0.993	0.17
	313	0.46	0.986	0.26	1.97	0.986	0.27	0.50	0.985	0.27
pH3.5	298	0.22	0.994	0.09	0.88	0.988	0.11	0.46	0.995	0.07
	313	0.28	0.953	0.25	0.89	0.999	0.03	0.34	0.985	0.14

注:a、b 为常数,R^2 为相关系数,Se 为标准误差,t 为时间,q_t 为 t(min)时的吸附量(mmol/kg),q_∞ 为最大吸附量(mmol/kg),k'为表观吸附速率常数。

一级动力学方程拟合得出的 Ca 最大吸附量(q_∞)随酸度的增加显著下降;同一 pH 下,表观最大吸附量随温度上升而增加。表观速率常数(k')是指趋向平衡时的速率变化,k'值越大,越易达到平衡。从 k' 计算的半反应时间($t_{1/2}$),pH5.6 处理需 75 min,而 pH2.5 处理仅需

30 ~ 50 min。

常用抛物线扩散方程描述离子在颗粒内的扩散过程，用常数 b 值解释离子的表观扩散速率，b 值随 pH 降低而减少，即 Ca 在颗粒内的扩散速率降低；随温度的升高，其在颗粒内的扩散速率增加。

Sparks（1989）认为 Elovich 方程能描述慢反应扩散机制，如果试验数据与 Elovich 方程的拟合性较好，说明试验过程为非均相扩散过程。pH3.5 处理的 Ca 吸附很快达到平衡，慢反应持续的时间较长，相关系数比 pH5.6 和 pH4.5 处理的高，标准误差比后者的低，强酸性下 Ca 的吸附过程可用 Elovich 方程描述。

描述土壤表面能量分布的非均质性的双常数方程实际上是修正的 Frendlich 方程。速率常数 b 值随酸度的增加逐渐下降，H 与 Ca 离子一起竞争土壤表面交换点位，只有 Ca 活化能超过一定的能量才被土壤吸附，这表明 Ca 在土壤表面吸附的能量分布不均匀。速率常数 b 值受温度的升高变化不大或略有降低。

与其他动力学方程的拟合结果相比，零级方程的相关系数较低和标准误差较高，但其斜率 b 值的物理意义明确，可从表观上描述离子扩散速率的大小。

多相体系中动力学参数的确定和反应机理的探讨是一个复杂过程，现将 Arrhenius 公式和离子扩散公式结合，并用于离子的扩散过程，得到 Ca 吸附动力学的能量变化参数（见表 5-6）。

Ca 扩散活化能 Eb^* 表示扩散进行要克服能障的大小，活化能越大，扩散要克服的能障越大，扩散速率越低。扩散方程计算的活化能 Eb^* 值为 7 ~ 12 kJ/mol，表明 Ca 的扩散是一个物理过程，酸度增加，扩散要克服的能障越大，扩散速率越低，扩散速率常数 b 值也越小。

Ca 扩散中的活化焓变（ΔH^*）是参与反应的 Ca 在等压下扩散所需的总热能。正 ΔH^* 值表明扩散是吸热过程，值越大，扩散需要的热能越大，越不易进行。3 种 pH 的 ΔH^* 变化与 E_b^* 相同，说明溶液中 H 浓度增加会阻碍 Ca 的扩散。表 5-6 中 Ca 扩散活化焓值都为正，随反应温度的升高略有减小，这主要是因温度较高，Ca 的动能增大，扩散所需热能较小，促进 Ca 的扩散。

表 5-6　Ca 吸附动力学的能量变化特征

处理	温度(K)	抛物线扩散方程 $q_t = a + bt^{1/2}$			
		$E_b{}^*$(kJ/mol)	ΔH^*(kJ/mol)	ΔG^*(kJ/mol)	ΔS^*[kJ/(mol·K)]
pH5.6	298	7.78	5.30	84.77	-266.6
	313	7.78	5.18	88.77	-267.0
pH4.5	298	9.25	6.77	85.43	-264.0
	313	9.25	6.64	89.40	-264.4
pH3.5	298	11.50	9.02	86.81	-261.0
	313	11.50	8.90	90.72	-261.4

Ca 扩散活化自由能(ΔG^*)是自由态 Ca 转变为活化态时的自由能变,并决定着扩散的速率,其变化范围为 84 ~ 91 kJ/mol。受温度变化的影响,活化自由能(ΔG^*)随温度的上升呈增大的趋势。不同酸处理下 Ca 扩散活化自由能(ΔG^*)在同一温度下基本上随酸度的增加而上升。

Ca 扩散活化熵(ΔS^*)表明吸附前后体系有序度或混乱度的变化。其在不同酸处理下的活化熵均为负,是由于土壤表面的吸附点位对钙离子的作用力,Ca 扩散使体系有序度增加,即 Ca 被土壤吸附后比其在溶液中更有序,与土壤相互作用的构型更趋稳定;不同酸处理的 Ca 的负熵随酸度增加而下降,即 H 影响 Ca 的扩散。随温度上升,负熵略增,表明 Ca 的动能增加导致吸附点位对其的作用力相对减弱。

二、Ca 吸附过程中 H^+ 的变化

Ca 吸附过程中流出液 pH 值变化的动力学研究结果(见图 5-4)表明:原液 pH 值为 4.5 和 5.6 时,土壤吸附 Ca 时流出液的 pH 值急剧下降,有质子释放。质子释放动力学曲线随温度由 298 K 变化到 313 K,流出液 pH 值降低,钙离子吸附量增加,质子释放量显著增加。原液 pH 值为 3.5 时,流出液 pH 值高于流入液 pH 值,土壤对 H 的输入有缓冲作用,这是土壤缓冲作用消耗 H 的过程。

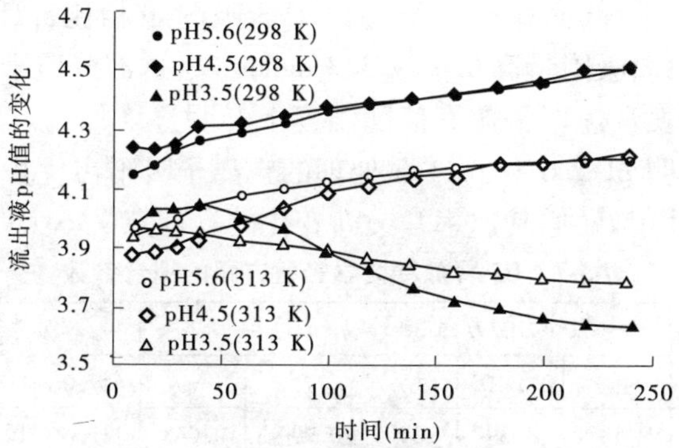

图 5-4 Ca 吸附过程中流出液 pH 值变化

(一) H^+ 释放的动力学及能量特征

试验得出的 H^+ 释放量可看做是表观释放量(见图 5-5),它涉及 Ca 与 H^+ 和 Al^{3+} 的交换及 Al^{3+} 的水解(Griffin et al, 1973),反应速率的限制步取决于反应点位的 H^+ 和 Al^{3+} 被 Ca 交换的速率、H^+ 和 Al^{3+} 向溶液扩散的速率及 Al^{3+} 水解速率的大小。交换反应和 Al^{3+} 的水解是很快的,整个交换反应的速率限制步是 H^+、Al^{3+} 的扩散过程。

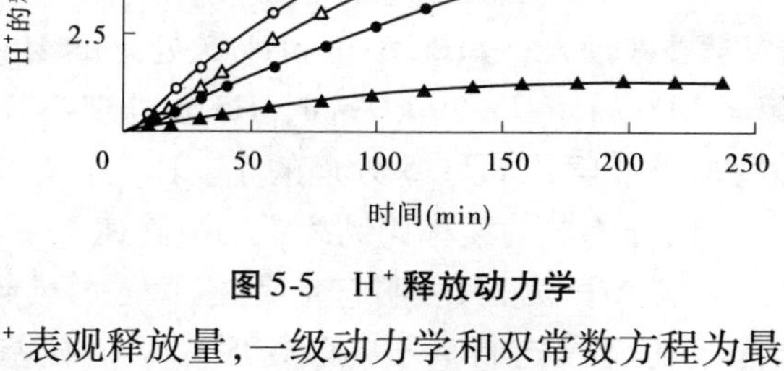

图 5-5 H^+ 释放动力学

拟合 H^+ 表观释放量,一级动力学和双常数方程为最佳模型($R^2 > 0.99$),其次是 Elovich 方程、扩散方程和零级方程,它们的相关系数($R^2 > 0.95$)都达极显著(见表 5-7)。H^+ 表观最大释放量随温度上升而增加，随 pH 降低而减少。与钙离子的吸附量相比，pH5.6 处理的 H^+ 释放量比 Ca 吸附量高 0.4 ~ 3.3 mmol/kg，这部分质子来自铝离子的水解。H^+ 表观速率常数 b 值随温度上升明显增加，但低于 Ca 扩散速率常数，表明 pH5.6 和 pH4.5 处理的钙离子吸附占优势。双常数方程尽管拟合性很好，但其速率常数 b 变化的物理意义不太明确。

表 5-7　H^+ 释放动力学经验方程的拟合参数

处理	温度(K)	一级动力学方程 $\ln(1-q_t/q_\infty)=-k't$					零级方程 $q=a+bt$		
		q_∞	$k'\times10^3$	$t_{1/2}$	R^2	Se	$b\times10^3$	R^2	Se
pH5.6	298	9.187	3.39	204.5	0.999 5	0.048	21.4	0.989 7	0.18
	313	13.23	4.10	169.1	0.999 5	0.077	34.4	0.986 5	0.15
pH4.5	298	1.421	11.27	61.5	0.998 7	0.027	5.34	0.896 4	0.34
	313	9.112	4.8	144.4	0.997 7	0.11	26.5	0.973 1	0.38

处理	温度(K)	抛物线扩散方程 $q_t=a+bt^{1/2}$			Elovich 方程 $q_t=a+b\ln t$			双常数方程 $q=at^b$		
		b	R^2	Se	b	R^2	Se	b	R^2	Se
pH5.6	298	0.35	0.962 6	0.34	1.517	0.918	0.50	0.805	0.999 4	0.043 1
	313	0.59	0.975 1	0.45	2.570	0.939	0.71	0.768	0.999 0	0.072 6
pH4.5	298	0.096	0.978 2	0.07	0.410 1	0.986	0.055	0.542	0.976 1	0.092 9
	313	0.461	0.975 3	0.35	2.044	0.963	0.43	0.757	0.990 1	0.214 8

注：a、b 为常数，R^2 为相关系数，Se 为标准误差，t 为时间，q_t 为在 t（min）时的吸附量（mmol/kg），q_∞ 为最大吸附量（mmol/kg），k' 为表观吸附速率常数。

用扩散方程和 Elovich 方程的速率常数，求得 H 扩散过程中的假热力学参数值如表 5-8 所示。pH5.6 和 pH4.5 处理的 H 扩散活化能 E_a^b 值分别为 27.6 kJ/mol 和 73.29 kJ/mol，pH5.6 处理被 Ca 交换的 H、Al 扩散到溶液克服的能障比 pH4.5 处理的小。H 的扩散活化能比 Ca 的高，它反映出 H 向外扩散的速率比钙离子的吸附速率小。

H 的扩散活化熵 ΔH^* 为正，表明它是吸热过程，ΔH^* 越大，扩散需要的热能越大，扩散越不易进行。不同酸处理 ΔH^* 值相差 55 kJ/mol，说明在微酸性环境下（pH4.5）质子的扩散需要的热能较大，温度升高 H 的扩散显著加速（见图 5-5）。ΔH^* 与温度一般呈负相关，这主要是因为温度较高时,H 的动能增大,与土壤的作用力减弱,扩散所需热能较小。

表 5-8 H 表观释放动力学的能量变化特征

处理	温度(K)	抛物线扩散方程 $q_t = a + bt^{1/2}$			
		E_b^*(kJ/mol)	ΔH^*(kJ/mol)	ΔG^*(kJ/mol)	ΔS^*(J/(mol·K))
pH5.6	298	26.35	23.88	85.65	-207.3
	313	26.35	23.75	88.77	-207.7
pH4.5	298	80.97	78.50	88.89	-34.9
	313	80.97	78.37	89.41	-35.3
处理	温度(K)	Elovich 方程 $q_t = a + b\ln t$			
		$E_b{}^*$(kJ/mol)	ΔH^*(kJ/mol)	ΔG^*(kJ/mol)	ΔS^*(J/(mol·K))
pH5.6	298	27.25	24.77	82.06	-192.2
	313	27.25	24.64	84.94	-192.6
pH4.5	298	83.02	80.54	85.29	-16.0
	313	83.02	80.41	85.54	-16.4

H 扩散活化自由能变(ΔG^*)的变化范围为 82 ~ 89 kJ/mol,它的大小决定着扩散速度,并因酸度和温度不同而异。温度越高,ΔG^* 越大,即升高温度,H 扩散速度加快。

H 扩散活化熵变(ΔS^*)反映着扩散空间因素的变化。ΔS^* 均为负值,说明扩散使该体系的有序度提高。熵的变化较大是离子水化引起的,比较图 5-4和图 5-5,pH5.6 和 pH4.5 处理流出液 pH 接近,从表观上计算质子的释放量,因 pH5.6 处理上 Ca 和 Al 的交换作用,被交换 Al 的水解使水分子趋向定向排列,并伴随着熵的降低,有利于 Ca 交换 Al 离子;而 pH4.5 的酸溶液含有一定量质子,H 在矿物表面的质子化作用,降低了 Ca 的交换吸附作用(见图 5-3),相对 pH4.5 酸溶液,从表观上计算质子的释放量较少。

(二) H^+ 消耗动力学及能量特征

反应中 H 的消耗有多种途径。H 与土壤和矿物的反应速率主要控制步骤有 3 个:①H 扩散到反应位;②反应点上的化学反应;③反应产物从反应点扩散到溶液(于天仁等,1996)。反应初期,H 的消耗是一快速反应,主要包括土壤交换阳离子的缓冲作用、土壤表面的质子化及硫酸根专性吸附释放的羟基中和 H;而以后反应中 H 对矿物的溶解是一缓慢过程(见图 5-6)。

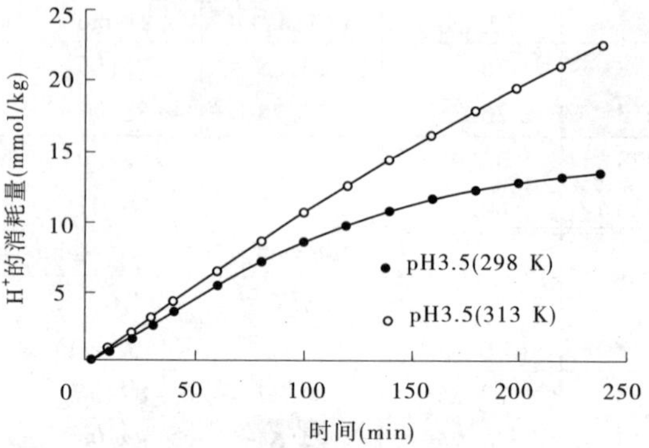

图 5-6　H 消耗动力学

5 种动力学模型进行拟合都得到较满意的结果(见表 5-9)。把 H 消耗总量看做表观消耗量,pH3.5 条件下, H 和 Ca 在土壤表面竞争交

表 5-9　H 表观消耗动力学经验方程的拟合参数

处理	温度(K)	一级动力学方程 $\ln(1-q_t/q_\infty)=-k't$					零级方程 $q=a+bt$		
		q_∞	$k'\times10^3$	$t_{1/2}$ (min)	R^2	Se	$b\times10^2$	R^2	Se
pH3.5	298	16.81	6.68	103.7	0.997	0.29	5.69	0.947	1.13
	313	62.76	1.84	337.8	0.999	0.08	9.40	0.996	0.47

处理	温度(K)	抛物线扩散方程 $q_t=a+bt^{1/2}$			Elovich 方程 $q_t=a+b\ln t$			双常数方程 $q=at^b$		
		b	R^2	Se	b	R^2	Se	b	R^2	Se
pH3.5	298	1.00	0.974	0.78	4.38	0.966	0.90	0.69	0.981	0.67
	313	1.59	0.956	1.65	6.99	0.914	2.30	0.89	0.999	0.22

注:a、b 为常数,R^2 为相关系数,Se 为标准误差,t 为时间,q_t 为在 t(min)时的吸附量(mmol/kg),q_∞ 为最大吸附量(mmol/kg),k' 为表观吸附速率常数。

换点位，H 的消耗量比 Ca 的吸附量高 5～20 倍，即 H 占据一定数量的交换点位是短时间内 H 消耗的途径之一。零级方程、扩散方程和 Elovich 方程中钙离子扩散、质子释放和质子消耗过程的速率常数的变化规律相同，即质子消耗速率 ＞ 钙离子吸附速率＞ 质子释放速率，这是可变电荷土壤表面的酸度性质的一种反应。

H 消耗活化能(E_a)为 24 kJ/mol，这一数值低于 H 释放活化能，即当溶液中 H 在超过一定数量后向颗粒表面的扩散数量比向外的释放数量大(见表 5-10)。H 消耗的焓变(ΔH)为正，是吸热反应，H 的消耗量随温度升高而增加。H 消耗时的 ΔH^* 值比 H 释放时的低，有利于 H 的消耗，会造成 H 对矿物的溶解。H 在反应点位对矿物的溶蚀过程缓慢，用扩散方程和 Elovich 方程描述，H 对矿物的溶蚀将成为速率控制步骤。由于 H 的消耗引起熵的降低，H 消耗活化熵 ΔS^* 值要小于 pH4.5 时 H 释放的熵值。

表 5-10　H 表观消耗动力学的能量变化特征

处理	温度(K)	抛物线扩散方程 $q_t = a + bt^{1/2}$			
		E_b^* (kJ/mol)	H^* (kJ/mol)	G^* (kJ/mol)	ΔS^* (J/(mol·K))
pH＝3.5	298	24.10	21.63	83.10	－206.3
	313	24.10	21.50	86.20	－206.7
处理	温度(K)	Elovich 方程 $q_t = a + b\ln t$			
		E_b^* (kJ/mol)	H^* (kJ/mol)	G^* (kJ/mol)	ΔS^* (J/(mol·K))
pH3.5	298	24.15	21.67	79.43	－193.8
	313	24.15	21.54	82.34	－194.2

第三节　模拟酸雨下 Ca 的解吸动力学

Ca 是植物生长的第五大必需元素，是形成木质部和细胞壁的基本成分。酸沉降下矿物的溶解，铝的活性增加且移动性增大，这就会减少钙离子的“库存”(Lawrence et al,1995)。酸雨引起土壤中 Ca 的迁移，根系区域钙离子的损耗会导致土壤与地表水的酸化，土壤酸化根系区钙离子的缺乏，会影响植物养分的吸收和根系的生长。酸沉降加剧营养元素的淋溶，土壤盐基饱和度下降，这一过程涉及土壤表面吸附的盐基离子与(氢)铝离子的交换反应。

一、Ca 的解吸动力学特征

江西红壤制备成钙饱和土后，在不同 pH 下，流入液含 Cd 和不含 Cd 时 Ca 解吸动力学结果，如图 5-7 所示。结果表明，Ca 解吸动力学曲线有 3 个特点：一是流入液含 Cd 时 Ca 的解吸量都大于不含 Cd 时的解吸量，以试验结束时解吸量为比较标准，两者 Ca 解吸量相差 2 ~ 3 mmol/kg；二是随酸度的增加，Ca 的解吸量增大，以 pH2.5(含 Cd)酸溶液的 Ca 解吸率为 100%，则 pH4.5 和 pH3.5 酸溶液的 Ca 解吸率分别为 12% ~30%、60% ~70%；三是 Ca 的解吸过程可分为快反应和慢反应，这一特征在流入液 pH 为 2.5 时表现最为明显，Ca 的解吸量在 60 ~80 min 后基本上达到平衡。

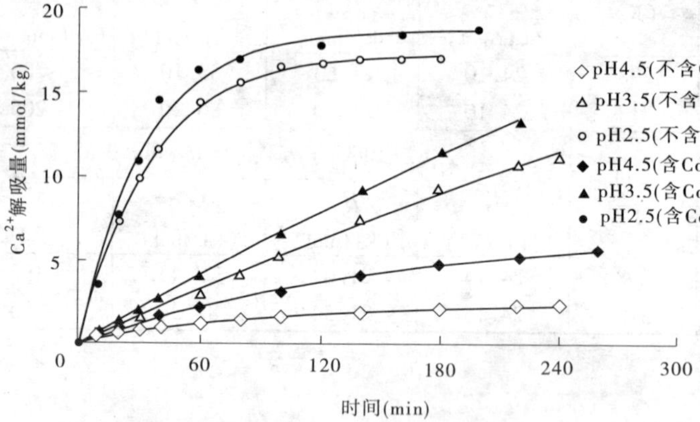

图 5-7 Ca 解吸动力学

用常见几种动力学方程拟合 Ca 的解吸动力学，有关动力学方程的参数见表 5-11。比较几种动力学方程的相关系数(R^2)和标准误差(Se)，表明 Ca 解吸以一级动力学方程为最佳模型，q_∞ 代表 Ca 的最大解吸量，无论流入液是否含有 Cd，从理论上说，pH3.5 的酸处理最大解吸量都不应大于 pH2.5 的酸处理，从另一角度看，这也表明 Ca 的解吸过程存在不同的动力学机制的影响，这一机制与溶液中 H^+ 浓度有关。

表 5-11　Ca 解吸动力学方程的拟合参数

酸处理	一级动力学方程 $\ln(1-q_t/q_\infty)=-k't$				扩散方程 $q_t=a+bt^{1/2}$		
	q_∞	$k'\times10^3$	R^2	*Se*	*b*	R^2	*Se*
pH4.5（含 Cd）	6.70	6.703	0.988	0.23	0.364	0.986	0.25
pH3.5（含 Cd）	42.2	1.721	0.998	0.17	0.952	0.941	1.20
pH2.5（含 Cd）	18.64	30.23	0.986	0.81	1.398	0.858	2.66
pH4.5（不含 Cd）	2.30	12.73	0.987	0.09	0.152	0.995	0.05
pH3.5（不含 Cd）	36.52	1.55	0.997	0.22	0.747	0.930	1.11
pH2.5（不含 Cd）	17.27	27.92	0.998	0.26	1.345	0.912	1.81

酸处理	Elovich 方程 $q_t=a+b\ln t$			双常数方程 $q=at^b$		
	b	R^2	*Se*	*b*	R^2	*Se*
pH4.5（含 Cd）	1.518	0.938	0.516 9	0.628	0.995	0.15
pH3.5（含 Cd）	4.047	0.899	1.567	0.908 6	0.998	0.21
pH2.5（含 Cd）	5.098	0.954	1.509	0.344 0	0.901	2.21
pH4.5（不含 Cd）	0.62	0.983	0.10	0.50	0.995	0.05
pH3.5（不含 Cd）	3.48	0.897	1.35	0.91	0.996	0.26
pH2.5（不含 Cd）	4.83	0.978	0.89	0.37	0.938	1.52

注： a、b 为常数，R^2 为相关系数（$a=0.01$，$R>0.798\sim0.735$，$n=9\sim11$），*Se* 为标准误差，t 为时间，q_t 为在 t（min）时的解吸量（mmol/kg），q_∞ 为最大解吸量（mmol/kg），k' 为表观解吸速率常数。

扩散方程不适宜描述流入液为 pH2.5 时 Ca 的解吸，但可以描述流入液为 pH3.5 和 pH4.5 时 Ca 的解吸，这表明当流入液 H^+ 在一定浓度范围内，H 离子很容易扩散到 Ca 的交换点位。土壤对 H^+ 亲和力大于 Ca，根据质量作用定律，Ca 容易被交换下来。Elovich 方程和双常数方程也能较好地描述 Ca 的解吸，其 R^2 都达到了极显著的水平。扩散方程、Elovich 方程的扩散速率常数 b 值随流入液 pH 值的降低而增大，这一结果表明 Ca 的释放是以扩散为主的反应机制。双常数方程反映土壤表面交换点位的能量分布的非均质性，b 值的差异表明 Ca 在土壤表面交换点位的能量分布不均匀。扩散方程和双常数方程描述 pH2.5 酸处理对 Ca 的解吸过程时，相关系数较低，标准误差较高，而 Elovich 方程却有较高的相关系数和较低的标准误差，这一现象反映了与其他酸处理相比存在不同的解吸机制。

二、Ca 的解吸动力学机制

土壤黏粒一般带有净负电荷，这些负电荷通常为 Ca、Mg、K、Na、H、Al 等阳离子所补偿，并保持在扩散双电层的外层中。当土壤制备成钙饱和土后，土壤表面的负电荷为 Ca 所补偿。这一过程用下式表达：

$$X-M+Ca^{2+} \longleftrightarrow X-Ca+M^{2+} \tag{5-1}$$

式中，M^{2+} 为土壤原先所补偿的阳离子，这一过程通常称为交换吸附，即为非专性吸附，离子的交换过程在双电层的外层进行。事实上，当流入液含有 Cd 时，Ca 的解吸量增加，pH2.5、pH3.5 和 pH4.5 流入液 Ca 的解吸量分别增加了约 10.5%、18% 和 141.7%。从 Cd 吸附动力学曲线来看，对 pH4.5 流入液，Ca 解吸量增加了 141.7%，原因是 Cd 的吸附量增加。通过比较 Cd 对 Ca 的解吸量变化的影响，特别是 pH2.5 流入液，说明土壤吸附的这一部分 Ca 被解吸下来，可以认为这部分 Ca 是以专性吸附的形式被土壤吸附。

江西红壤属典型可变电荷土壤，从矿物学组成看，主要是以高岭土为主，富含有大量的铁铝氧化物及水合物，属水合氧化物型表面，可以写成 S－OH，其中 S－ 表示 Fe、Al、Mn、Si 等离子，在其表面发生的化学反应可能为

$$SOH \longleftrightarrow SO^- + H^+ \tag{5-2}$$

$$SOH + H^+ \longleftrightarrow SOH_2^+ \tag{5-3}$$

用 1 mol/L $CaCl_2$ 溶液处理江西红壤时，Ca 的吸附机制可能为

$$SOH + Ca^{2+} \longleftrightarrow SO^- - Ca^+ + H^+ \tag{5-4}$$

$$SOH + Ca^{2+} \longleftrightarrow SOCa^+ + H^+ \tag{5-5}$$

当用酸溶液和含 Cd 的酸溶液流经反应池时，Ca 的解吸机制可能为

$$SO^- - Ca^+ + H^+ \longleftrightarrow SOH + Ca^{2+} \quad (5\text{-}6)$$

$$SOCa^+ + H^+ \longleftrightarrow SOH + Ca^{2+} \quad (5\text{-}7)$$

$$SO^- - Ca^+ + Cd^{2+} \longleftrightarrow SO - Cd^+ + Ca^{2+} \quad (5\text{-}8)$$

$$SO - Ca^+ + Cd^{2+} \longleftrightarrow SOCd^+ + Ca^{2+} \quad (5\text{-}9)$$

上述反应式(5-2)和式(5-3)代表可变电荷土壤表面 H^+ 的化学行为,反应式(5-2)是表面质子的解离,这种解离现象发生在扩散双电层的外层,反应式(5-3)是矿物表面接受质子,即质子化过程,这一过程发生在扩散双电层的内层,形成内圈络合物。反应式(5-4)和式(5-8)代表 Ca 在矿物表面的吸附行为,Ca 既可与水合氧化物表面(OH)解离的质子交换形成外圈络合物,也可在扩散双电层的内层置换 H 形成内圈络合物。反应式(5-6)、式(5-7)、式(5-8)、式(5-9)分别代表 Ca 的解吸过程,由于流入液中 H 和 Cd 的含量保持恒定,土壤表面吸附的 Ca 不断地被解吸下来。因重金属 Cd 是典型的专性吸附离子,可以置换专性吸附的 Ca,由此推断 Ca 在可变电荷土壤表面存在专性吸附,其吸附量占总吸附量的 10% ~20% 。

Ca 的解吸动力学能用一级动力学方程描述。双常数方程、扩散方程和 Elovich 方程对不同 pH 酸处理的拟合性有所差异,pH4. 5 和 pH3. 5 处理下 Ca 的解吸能较好地用扩散方程描述,而 Elovich 方程能拟合 pH2. 5 处理下 Ca 的解吸动力学数据。从 Cd 对 Ca 解吸影响看,可变电荷土壤表面存在 Ca 的专性吸附,这占 Ca 总吸附量的 10% ~20% 。pH4. 5 酸处理 Ca 解吸率仅为最大解吸量的 12% ,而 pH 3. 5 酸处理下 Ca 的解吸率为最大解吸量的 60% 。据统计,中国东南部 8 省中降水 pH 的平均值为 4. 74,可以说降雨酸性在 pH4. 5 时,土壤 Ca 的淋失是一个缓慢的过程,当强酸性降雨如 pH3. 5 和 pH2. 5 会加速 Ca 的淋失。

第六章 土壤 H^+ 和 Al^{3+} 离子释放动力学

土壤溶液和天然水体中的可溶性铝绝大多数来自于土壤固相铝的活化。不同固相结合态铝的活化机制及动力学直接影响着土壤对酸缓冲的效率及土壤溶液和自然水体中可溶性铝的浓度。

第一节 酸雨淋溶对土层酸度的影响

按照野外剖面的上下次序 A(20 cm)、AB(20 cm +20 cm)、ABC 层(20 cm +20 cm +20 cm),分别称取已制备的 A、B、C 层土样 0.45 kg,装入直径为 5 cm 的玻璃淋溶柱内,其中,A 层土壤按 1 kg 土加入 1.5 g KCl 均匀混合。用已配制的模拟酸雨作为淋溶液,淋溶量根据江西鹰潭地区年降水量,计算 2 年的实际淋溶雨量为 2 000 mm。

一、土壤淋出液 pH 值变化

江西红壤经模拟酸雨连续淋溶约 2 000 mm,其 pH 值的变化如图 6-1 所示。结果表明,不同酸雨淋溶流经不同层次的土体时,淋出液起始 pH 值的变化存在明显差异。A 层土壤淋出液 pH 值为 4.0 ~ 4.5,而在 AB 和 ABC 层土壤其 pH 值为 6.0 ~ 6.5,这是由于 A 层表土施用了 800 mg/kg KCl,在淋溶前土壤被水分饱和平衡 24 h,K^+将代换土壤胶体表面吸附的交换性 H^+ 和交换性 Al^{3+},进入土壤溶液中的 Al^{3+} 水解产生 H^+,导致淋出液的 pH 值逐渐下降;而 AB 和 ABC 层土柱淋出液的起始 pH 值保持在中性,原因是在淋溶的起始阶段,表土施用的钾肥可能未影响底土的溶液组成,且底土盐基离子的释放量均较高。

不同层次土体淋出液 pH 值变化是先下降后上升,存在一个最低的转折点。对 A 层、AB 层和 ABC 层土柱淋溶时,转折点处的淋溶量分别为 112、224、336 mm,但都出现在第一个单位孔隙体积($P = V/V_0$)处,即

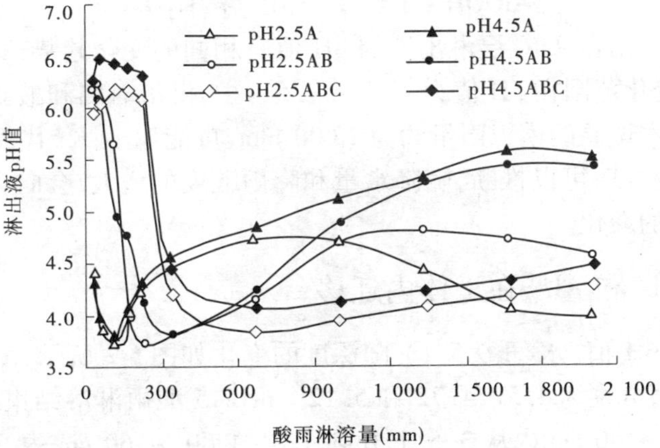

图 6-1　土壤淋出液 pH 值变化

土壤平衡时的饱和溶液完全被酸雨置换。淋出液 pH 值下降的原因可能与表土施用 KCl 有关，表土溶液中 K^+ 向下迁移，胶体吸附的 Al^{3+} 被代换进入溶液，导致淋出液 pH 值下降到最低点 3.8 处，这也与 KCl 浸提土壤 pH 值结果一致。随淋溶进程持续，淋出液 pH 值上升的原因之一是土壤交换性铝的释放在淋溶初期因淋溶和离子交换的双重作用迅速转入土壤溶液中(pH 值下降)，继续淋溶时，土壤对酸具有一定的缓冲能力；二是与红壤对 SO_4^{2-} 的专性吸附有关，江西红壤发育于第四纪红黏土母质，土壤中含有大量的无定型铁铝氧化物，SO_4^{2-} 与铁铝氧化物表面的—OH 发生配位体交换释放 OH^-，从而导致淋出液的 pH 值上升。

不同酸雨淋出液 pH 值变化在不同层次也存在差别。pH2.5 酸雨淋溶量为 1 000 mm 时，A 层、AB 层淋出液的 pH 值又开始下降，pH4.5 酸雨在淋溶量为 1 700 mm 时有下降的趋势；到淋溶结束时，与 pH4.5 酸雨淋溶相比，pH2.5 酸雨淋出液 pH 值下降分别为 1.57 和 0.89。淋出液 pH 值的变化与质子的输入通量及和土壤的缓冲性有关，当质子的输入通量较高时，土壤对质子的缓冲作用是黏土矿物表面铝的溶出，如聚合态羟基铝离子和硫酸羟基铝化合物，H^+ 加入到红壤中其去向可能是转化为水溶性铝或转化为可交换性酸，其机理为

$$AlOOH + 3H^{+} \longrightarrow Al^{3+} + 2H_2O \quad (6\text{-}1)$$

不同酸雨在 ABC 层淋出液的 pH 值有相同的变化趋势，其差别也不显著，变化范围在 pH 值为 4.0 ~ 4.5，这与淋溶时间和酸雨的淋溶量有关。本试验的模拟雨量约为 2 000 mm，可能偏小，K^{+} 代换 Al^{3+} 控制溶液的酸度，可以推断，随降水量和降雨酸度的增大，会向纵深方向加速土体的酸化。

二、H^{+} 和 Al^{3+} 在土体内迁移

土壤 pH 值（水∶土为5∶1）随深度的变化如图 6-2 所示，A、B、C 层原土 pH 值分别为 4.57、4.72 和 5.12。pH2.5 酸雨淋溶结束后，土壤 pH 值在 0 ~ 40 cm 内从 3.5 上升到 4.8，在 40 ~ 60 cm 内又回落到 4.6，整个土体的 pH 值都低于原土的 pH 值（虚线表示），pH 值下降了 0.3 ~ 1.0；而 pH4.5 的酸雨淋溶后，在 0 ~ 40 cm 内，土壤 pH 值高于原土 0.3 ~ 0.5；在 40 ~ 60 cm 内，比原土 pH 值低 0.5。

土壤交换性氢随深度的变化如图 6-3 所示，A、B、C 层原土的交换性氢分别为 0.19、0.18、0.17 cmol/kg，pH2.5 酸雨淋溶导致土壤交换性氢的含量增加，特别是表层（0 ~ 2 cm）交换性氢含量高达 0.62

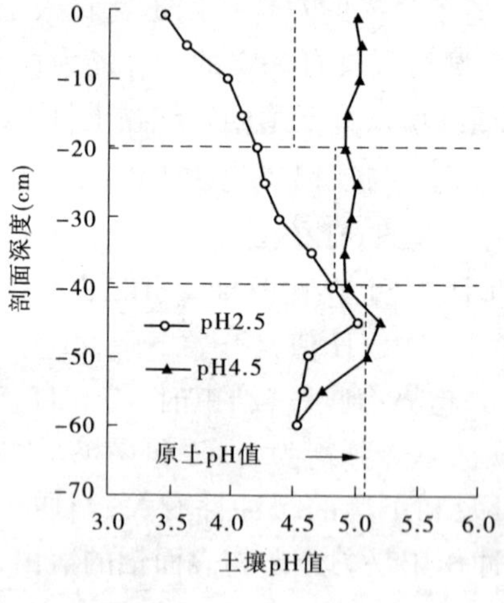

图 6-2 土壤 pH 值随深度变化

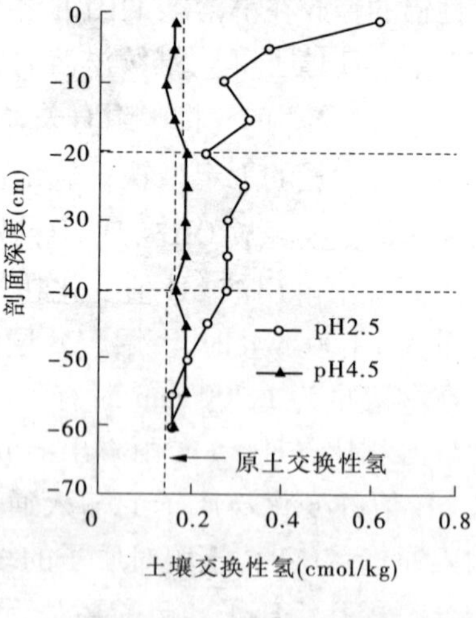

图 6-3 土壤交换性氢随深度变化

cmol/kg,在0 ~ 40 cm内,交换性氢的含量平均增加了0.14 cmol/kg;而pH4.5酸雨淋溶对土壤交换性氢含量在表层土降低了0.04 cmol/kg,在B、C层土几乎没有影响。

土壤交换性铝含量随深度的变化如图6-4所示,A、B、C层原土的交换性铝含量分别为5.87、5.33、5.82 cmol/kg。pH2.5酸雨淋溶后,土壤交换性铝含量在表层(0 ~ 2 cm)上升到7.3 cmol/kg,高于原土1.5 cmol/kg,平均增加了0.7 cmol/kg,在B层平均增加了0.3 cmol/kg。而pH4.5的酸雨淋溶后,交换性铝的含量在表土比原土要低0.4 cmol/kg,在B、C层土几乎没有变化。

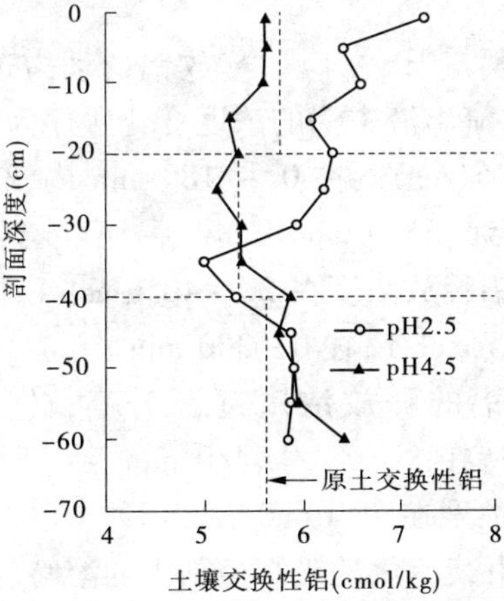

图6-4 土壤交换性铝随深度变化

江西红壤属典型的亚热带地区土壤,并含有丰富的铁铝氧化物,在酸性条件下,土壤pH值低于氧化物的零电荷点($6.5 < ZPC < 10.0$)(熊毅等,1990),氢离子转化为表面正电荷的能力与土壤中氧化铁的含量密切相关,在质子数输入较低时,SO_4^{2-} 的专性吸附对土壤酸度的变化有缓冲作用,这可能是pH4.5酸雨淋溶后土壤pH值升高的原因。另一方面,pH2.5酸雨淋溶,SO_4^{2-} 的专性吸附有可能很快达到饱和,掩盖了 SO_4^{2-} 专性吸附释放羟基的作用,输入的质子除中和 OH^- 外,还有一部分溶解矿物释放出 Al^{3+},Al^{3+} 的水解又产生 H^+。

第二节　模拟酸雨对酸性土壤铝溶出的影响

供试土壤分别为第四纪红色黏土母质发育的江西红壤表土，以高岭石和水云母为主，含有少量蛭石、氧化铁、三水铝石；砂岩发育的西南地区黄壤表土，以水云母、蛭石为主，含有一定量高岭石；玄武岩发育的广东徐闻砖红壤底土和花岗岩发育的广州石牌赤红壤底土，以高岭石为主，含有一定量三水铝石、氧化铁，基本上不含其他层状硅酸盐矿物。

一、酸性土壤铝溶出浓度的变化

为了考察酸性土壤与 H^+ 反应后释放铝的动力过程，用 pH3.5 的模拟酸雨作为流入液，流出液中铝的浓度变化顺序为：红壤 > 黄壤 > 赤红壤 > 砖红壤（见图 6-5（a））。在 0 ~ 180 min 内，红壤上铝释放浓度从 12 μmol/L 上升到 55 μmol/L，随后下降到 30 μmol/L；在 0 ~ 30 min 内，黄壤上铝释放浓度在 30 ~ 40 μmol/L，随后下降，基本上铝释放浓度在 15 ~ 25 μmol/L；在 0 ~ 300 min 内，赤红壤铝的释放一直低于 5 μmol/L，随后铝的释放浓度逐渐升高；砖红壤铝的释放在 0 ~ 480 min 内一直保持在 3 μmol/L，480 min 后，开始有铝的释放，到 600 min 时，铝的释放浓度在 20 μmol/L。几种土壤铝释放最后浓度在 20 ~ 30 μmol/L，表明由某一化学机制控制铝的溶解。

通过电渗析制备的氢饱和土壤，同样用 pH3.5 的模拟酸雨作为流入液，在 0 ~ 360 min 内，红壤释放铝的浓度从 5 μmol/L 上升到 15 μmol/L，360 min 后，红壤铝的释放有较快的上升过程，到 600 min 时可达到 35 μmol/L；赤红壤上释放铝的浓度，在 0 ~ 120 min 内保持在 5 μmol/L 以下，120 ~ 360 min 内快速上升到 50 μmol/L，360 ~ 600 min 内逐渐降到 36 μmol/L；砖红壤上铝的释放基本上小于 3 μmol/L。

二、铝释放过程中流出液 pH 值的变化

反应池中悬液 H^+ 的变化可用流出液 pH 值表示，它可反映酸性条件下土壤中常见矿物的溶解及铝的释放，如图 6-6 所示，原土和电渗析

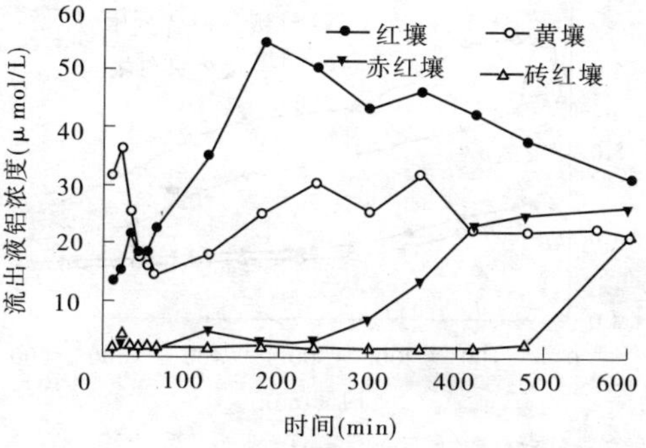

(a)原土

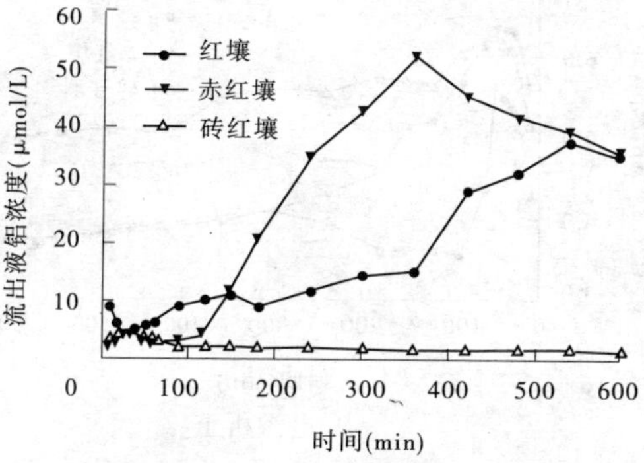

(b)电渗析土

图6-5　流出液Al浓度变化

土悬液的pH值在0~50 min内有一上升过程,然后开始下降。对照图6-5和图6-6,当悬液的pH值低于4.5后,铝的溶出浓度开始增加。影响悬液pH值和铝的释放因素与土壤的性质和矿物组成有关,可变电荷土壤中含有一定量的氧化铝和氧化铁,主要以矿物和非晶质氧化物的形态存在,土壤溶液中可溶性铝绝大多数来自于土壤固相铝的活化(Reuss et al,1990)。

三、铝的溶出机理

通过电渗析制备的土壤,表面吸附的阳离子为H^+所代替,为氢饱

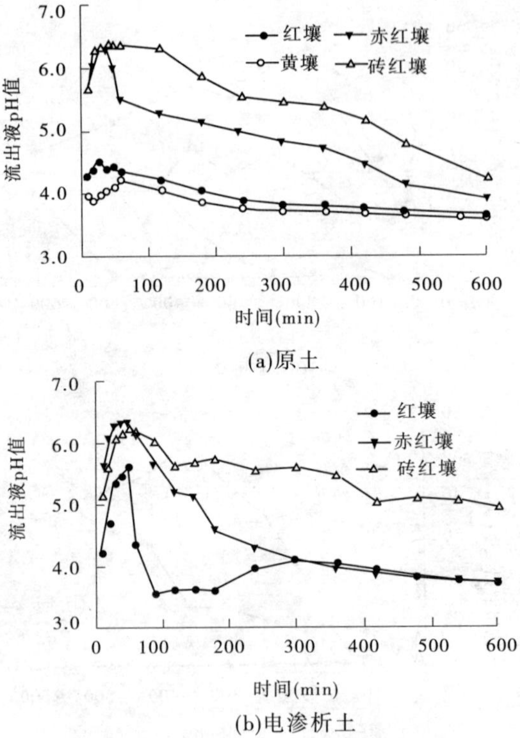

(a)原土

(b)电渗析土

图 6-6　铝释放过程中流出液 pH 值变化

和土壤。比较氢饱和土壤与原土流出铝浓度的差异发现，红壤原土中铝的释放浓度维持在 20 μmol/L 以上，在 180 min 时其浓度大于 50 μmol/L，而氢饱和红壤在 180 min 内维持在 10 μmol/L，在 400 min 后铝的浓度开始从 10 μmol/L 上升到 35 μmol/L，可认为红壤上有一部分铝来自于土壤交换性铝，还有一部分铝来自于含铝矿物的溶解。当红壤上流出液 pH 值处于 4.0 ~ 4.5 时，H^+ 的输入导致溶液中 Al^{3+} 的浓度急剧上升；三水铝石对 H^+ 的缓冲作用接近 pH4.0，无定型铝接近 pH4.5，这部分可能是土壤中无定形铝的溶解（Reuss et al, 1990）；当 pH 低于 4 时，pH 对无定型 $Al(OH)_3$ 和三水铝石（lgKa 分别为 9.66 和 8.04，Ka 是矿物溶解平衡的平衡常数）的影响最明显，这两种含铝固相的溶解度比其他的矿物都大；在反应后期，在 pH 值很低时，红壤中含有较多高岭石和水云母(lgKa 分别为 5.45 和 10.35)控制可溶性铝的释放(Lindsay,1979;van Grinsven et al,1986)。

黄壤中铝的释放浓度在开始阶段高于红壤,该阶段铝的释放可能与有机络合态铝溶出有关(Bloom et al, 1979)。黄壤有机质含量较高,有机态铝的含量也应较高,有机结合态铝的释放是相对比较快的。朱茂旭等用 pH3.0 HCl 溶液反复浸提酸性土壤有机络合态铝时,前 5 次浸提有机络合态铝的含量最高,以后浸提量逐渐下降(朱茂旭等,2002a,2002b)。翁建华等(2000)研究酸化引起天然土壤及其溶液中不同形态铝的变化,在酸性条件下(pH <4.2)有机络合态铝是铝活化的主要机制(Berggren et al, 1995;Mulder et al, 1994)。Mulder et al (1994)认为,在有机质含量较少的酸性土壤中,也可能由有机态铝的活化控制铝的溶解度。此外,铝的溶出与一些短程有序的铝硅酸盐溶解有关,这一固相也具有较大的活性,释放也较快。当流出液 pH 在 3.6 ~4.0 时,流出液铝的浓度下降,基本是趋向于一个稳态值,为 20 ~30 μmol/L,这时土壤中水云母和蛭石(lgKa 为 38.14)比高岭石和无定型铝能提供较低的 pH 缓冲区(Lindsay, 1979; van Grinsven et al, 1986)。

对赤红壤和砖红壤而言,在反应的前期,原土和氢饱和土壤上铝的溶出浓度低于 3 μmol/L,当流出液 pH 值小于 4.5 后,铝的溶出浓度开始增加,铝的释放主要取决于含铝固相的溶解,铝溶出浓度的增加由无定型 $Al(OH)_3$ 和三水铝石控制,随后转入由高岭石溶解控制阶段。电渗析后的赤红壤,铝的释放量高于红壤的原因需进一步探讨,可能与矿物的风化程度和电渗析有关,赤红壤所处的地带土壤风化程度比红壤地带要高,在电渗析过程中,被 H^+ 饱和的土壤并不太稳定,电渗析后土壤的 pH 值为极限 pH 值,遇 H^+ 后无定型含铝固相更易溶解。在选用的几种土壤中,由玄武岩发育的砖红壤的 pH 值最高,交换性铝含量最低,其表面吸附的阳离子主要是盐基离子,Fe 元素相对富集,且有多种氧化铁的存在形态,其表面功能团 FeOH 对 H^+ 有较强的缓冲作用;电渗析后的砖红壤,其极限 pH 值也较高,流出液 pH 值在 5.0 ~6.2,由于受悬液酸度的限制,铝释放量很低(董汉英等,2000)。

土壤铝的释放可能有三种来源:土壤交换性铝、有机络合态铝和含铝固相的溶解。通过计算在600 min时,红壤、黄壤、赤红壤和砖红壤铝的累积释放量分别为5.3、3.5、2.4、0.5 mmol/kg,而土壤交换性铝的含量分别是19.6、28.2、7.7、2.0 mmol/kg,红壤、赤红壤和砖红壤上铝的累积释放量约为交换性铝的30%,黄壤上为12%。从阳离子的交换能力看,H^+的交换能力比Al^{3+}弱,只有当溶液中有一定量的H^+,才可能有交换性铝的释放。比较红壤原土和电渗析土,由于红壤有机质含量不到1%,铝的释放有一部分是交换性铝,还有一部分是无定型含铝固相的溶解;黄壤中铝的释放可能三种来源并存,黄壤有机质含量4.7%,从铝的溶出浓度,推测有机态铝的释放是黄壤的重要机制之一。赤红壤和砖红壤上交换性铝和有机质含量更低,土壤pH值较高,若不考虑交换性铝和有机质的影响,当悬液pH值小于4.5时,铝的溶出浓度增加,铝释放机制主要是含铝固相的溶解。

红壤、黄壤、赤红壤和砖红壤均含有一定量的氧化铁与氧化铝,其中砖红壤中氧化铁最高,其次是赤红壤、红壤和黄壤。流出液的pH值变化先上升、后下降(见图6-7),表明存在质子的消耗过程,铁、铝氧化物和黏土矿物边部的表面羟基(—OH)质子化过程,使溶液中H^+的浓度迅速降低。由于赤红壤和砖红壤有机质含量较低,若忽视有机质的影响,从流出液铁的浓度变化看(见图6-7),赤红壤中铁溶出浓度不断上升,可能氧化铁表面质子化导致溶出铁浓度增加,而砖红壤中铁氧化物含量在几种土壤中最高,但铁溶出浓度略高于红壤,由于受土壤本身pH值和表面吸附特性的影响,砖红壤表面的质子化过程溶出铁,从表观上看没有赤红壤明显。质子吸附到土壤表面羟基点位(—OH)后,质子化反应引起铁、铝氧化物的溶解(Lasaga et al,1994):

$$|\text{M—OH} + H^+ \longleftrightarrow |\text{M—}OH_2^+ \longleftrightarrow \text{溶解}(M^{3+}) + H_2O$$

式中,M代表Fe和Al。

土壤对pH的缓冲机制研究表明,阳离子交换的缓冲范围pH4.6~5.6,铝的缓冲范围pH3.5~4.5,阳离子交换缓冲范围和铝的释放缓冲范围是相互关联的,两者取决于土壤表面的交换特性。几种土壤中砖红壤的pH值是最高的(pH5.61),可认为砖红壤对H^+的缓冲作用是以离子交换为主，也存在氧化物表面的质子化过程；赤红壤的 pH 值为 4.71，对 H^+ 的缓冲作用除阳离子交换缓冲作用外，从流出液 pH 值和铁的浓度看，氧化铁表面的质子化作用导致铁的溶出浓度比砖红壤上要高。尽管黄壤中氧化铁含量最低，但它是有机质含量最高的土壤，铁的溶出浓度反而比红壤和砖红壤上的要高一倍多，可认为有较大一部分溶出的铁是有机络合态铁。红壤中溶出铁的浓度最低，但铝溶出浓度高于其他三种土壤，反映出红壤是以含铝固相的溶解机制为主。

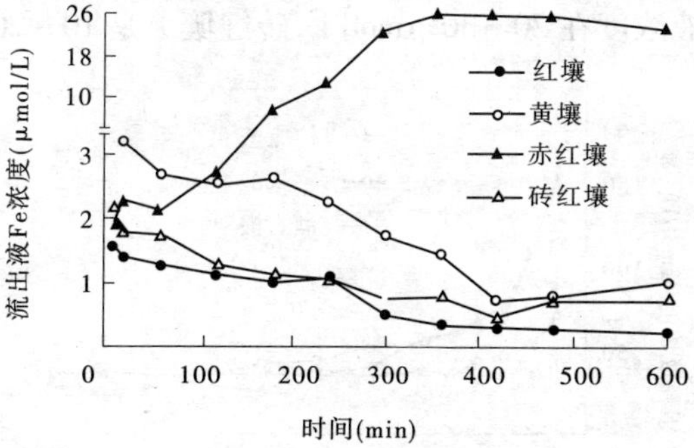

图 6-7　流出液 Fe 浓度变化

第三节　低分子量有机酸对铝溶出的影响

从土壤固相铝活化的化学形态看，交换态铝、羟基铝、有机络合态铝虽在量上不到全铝量的 2%，却是较活跃的部分。交换态铝或羟基铝都能与有机配体反应形成有机络合态铝。土壤中的低分子量有机酸有草酸、柠檬酸、苹果酸等，它们主要来自根系的分泌物和植物残体的分解。有机酸可以从各种矿物，包括高岭石中溶解出铝及其他阳离子，从而促进矿物的风化（王代长等，2006）；同时有机酸中的羧基与金属离子形成络合物，使对生物有毒性的铝转化为无毒或低毒的形态，在土壤特别是在根系区具有重要的环境意义。

一、低分子量有机酸对铝溶出浓度的影响

供试有机酸包括柠檬酸、酒石酸和苹果酸，用去离子水配成浓度为 1 mmol/L 有机酸溶液，1 mmol/L 有机酸溶液 pH 值在 3.2 ~ 3.4，基本上与一级解离常数一致。几种有机酸溶出铝的大小次序为：柠檬酸 > 酒石酸 > 苹果酸，且红壤上铝溶出在开始 10 min 有明显的差异，而在砖红壤上铝溶出在 20 ~ 100 min 的差异比较明显（见图 6-8）。几种有机酸作用下，红壤中铝的流出量和浓度高于砖红壤约 1 倍，随时间延长，红壤中铝流出液浓度在 20 ~ 30 μmol/L，砖红壤上是 10 ~ 20 μmol/L。

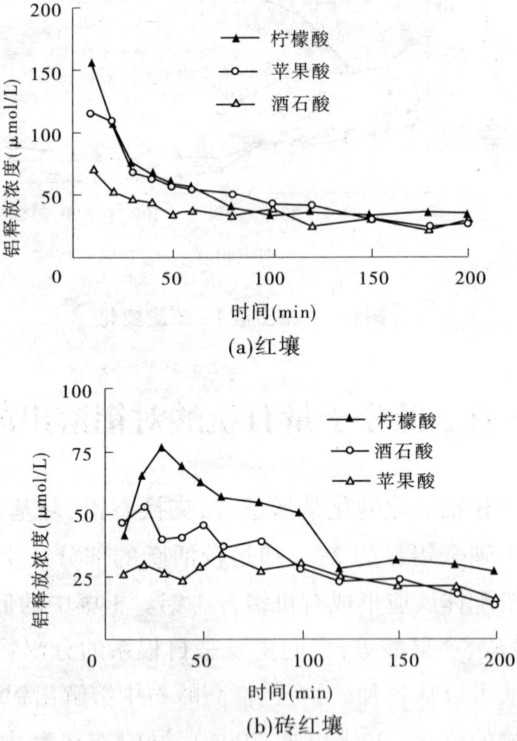

图 6-8　有机酸作用下铝流出浓度变化

二、低分子量有机酸对铝溶出机理

在有机酸作用下,铝的释放存在快反应和慢反应(见图6-8)。从机理上看,土壤中释放铝的途径主要有:土壤交换性铝、羟基铝、有机络合态铝、短程有序的铝硅酸盐及铝硅酸盐矿物等。释放铝的快反应对应的可能是交换性铝、羟基铝和有机络合态铝,慢反应对应的可能是部分短程有序的铝硅酸盐及铝硅酸盐矿物的溶解。在200 min内,红壤和砖红壤上释放铝的含量分别为7.0~10.0 mmol/kg和4.8~7.5 mmol/kg,是土壤交换性铝的40%~50%和240%~370%。红壤中有机质含量小于1%,若忽略有机络合态铝的影响,红壤释放铝的快反应可能为土壤交换性铝和羟基铝,慢反应可能是短程有序的铝硅酸盐及铝硅酸盐矿物的溶解。砖红壤有机质含量为0.58%,可忽略有机络合态铝的影响,反应时间分别为30 min、40 min和80 min,柠檬酸、酒石酸和苹果酸释放的铝与交换性铝量相等。因而,砖红壤中快反应释放的铝除可能有交换性铝外,还有羟基铝和部分短程有序的铝硅酸盐溶解为主。

除交换性铝含量和有机配体促进溶解铝外,铝的释放也可能存在其他的机制。在200 min时,比较无机酸和有机酸的作用,在砖红壤上流出液pH值分别为5.5和3.2,这与土壤本身pH值和氧化铁含量有关。砖红壤值pH值在5.6,对H^+的缓冲容量较大,除阳离子交换缓冲作用外,由于受土壤pH值的影响,与H^+作用时,铝的释放浓度极低(见图6-5),但铁流出液的浓度还略高于红壤(见图6-7),表明在氧化铁表面存在较强的质子化过程。当存在有机酸时,除有机络合配体促进铝溶解的主要机制外,有机酸在土壤中的吸附程度是影响铝释放的机制之一,已有的研究结果表明,柠檬酸在酸性土壤和铁氧化物表面的吸附量大于苹果酸(Jones et al,1996,1998),有机配体在铁氧化物表面的吸附掩盖了Fe—OH表面质子化,降低流出液的pH值,当流出液pH值小于4.5后,也可溶解土壤中短程有序的铝硅酸盐及铝硅酸盐矿物。

不同有机酸对铝释放的影响,与有机酸对铝络合作用的强弱有关,它直接影响有机配体促进含铝固相的溶解。柠檬酸、酒石酸和苹果酸与铝的主要络合反应如下：

柠檬酸(H_3L)：$Al^{3+} + L^{3-} \leftrightarrows AlL$，$\lg Ks = 7.98$

酒石酸(H_2L)：$Al^{3+} + 2L^{2-} \leftrightarrows AlL_2^-$，$\lg Ks = 7.65$

苹果酸(H_2L)：$Al^{3+} + L^{2-} \leftrightarrows AlL^+$，$\lg Ks = 5.4$

比较柠檬酸、酒石酸和苹果酸与铝的络合稳定常数 $\lg Ks$，柠檬酸对铝的络合作用比较强，苹果酸对铝的络合作用比较弱，柠檬酸更易破坏晶格中的铝，促进铝的溶解。柠檬酸作用下铝的释放量较高，柠檬酸体系铝的释放量大于苹果酸体系。因而，不同种类有机酸作用下，铝的释放量存在较明显的差异，有机酸种类的不同也是影响铝释放的机制之一。

第七章 土壤磷的释放动力学

来源于不同矿源的磷矿石,其磷素组分差异较大,这表现出磷矿粉农学有效性的变异很大(朱端卫等,1991)。磷矿粉直接施用的效果取决于其化学的、矿物学组成,土壤性质(胡红青等,1994;刘凡等,1995)和植物的吸收特性(成瑞喜等,1998;吴崇书等,2002)。随世界人口的增长,工业化程度的发展,面临各种能源紧缺,因施用磷矿粉节能和最为廉价;又因中国南方广泛分布酸性的缺磷土壤,适于直接施用磷矿粉,因此磷矿粉的施用一直以来为人们所关注(臧小平等,2003)。

第一节 酸性土壤上磷矿粉释磷机理与农学效应

一、供试土壤上施用磷矿粉的效果

供试土壤分别采自湖北孝感的黄棕壤、咸宁的棕红壤、湖南郴州的红壤,均发育于第四纪红土母质。三种土壤上不施磷肥的处理,高粱幼苗生长干物质重小于1.0 g/盆,且出现严重缺磷症状,表明土壤缺磷。以施50 mg/kg的过磷酸钙为参照,用高粱的幼苗生长干物质重(见图7-1),比较施用磷矿粉的肥效。

黄棕壤上,施用荆襄磷矿粉的幼苗干物质重小于1.0 g/盆,与不施磷相比,肥效差异不显著,且表现出明显的缺磷症状。JX－PR、HJP－PR、N－PR和M－PR施磷水平为175 mg/kg时,其肥效相当于过磷酸钙(SSP)的32%、130%、197%和131%,N－PR的肥效与其他施磷处理的差异极显著;施磷水平为350 mg/kg时,其肥效分别为35%、206%、227%和180%,但HJP－PR、N－PR和M－PR的肥效差异不显著。同一磷矿粉随施磷水平的增加,幼苗干物质重的差异也显著。磷矿粉的肥效顺序一般为:N－PR > HJP－PR、M－PR > SSP > JX－PR。

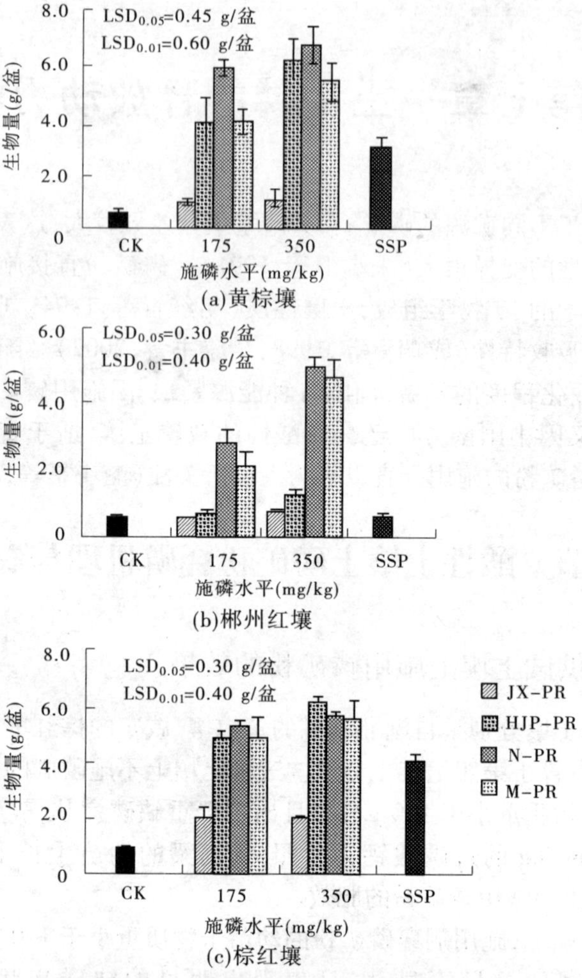

图 7-1　施用磷矿粉的高粱幼苗试验

棕红壤上,施用荆襄磷矿粉的幼苗干物质重约在 2.0 g/盆,没有表现出明显的缺磷症状,与不施磷相比,肥效差异显著。HJP - PR、N - PR和 M - PR 施磷水平为 175 mg/kg 时,其肥效相当于 SSP 的 120%、130% 和 116%;施磷水平为 350 mg/kg 时,其肥效相当于 SSP 的 151%、139% 和 136%,这 3 种磷矿粉之间的肥效差异不显著,但不同施磷水平之间的肥效差异显著。磷矿粉的肥效顺序一般为:N－PR＞HJP－PR、M－PR＞SSP＞JX－PR。

郴州红壤上,施用JX－PR、HJP－PR、SSP和不施磷处理的干物质量小于1.2 g/盆,表明高粱幼苗正常生长除施用磷肥外,还存在其他的障碍因素。施用N－PR和M－PR时,幼苗干物质重在2.0～4.8 g/盆,其肥效均高于其他处理,不同施磷水平之间的肥效差异也极显著,同时,它还能克服高粱幼苗正常生长存在的土壤障碍因素。

二、磷矿粉的施用与土壤速效磷含量的变化

磷矿粉与土壤混合培养后,土壤速效磷含量均增加(见表7-1),荆襄磷矿粉对土壤速效磷贡献小于2 mg/kg,从高粱幼苗干物质量看,略高于不施磷肥的处理,但两者产量之间没有显著差异。其他几种磷矿粉对速效磷含量增加幅度在2～40 mg/kg,从高粱幼苗干物质量看,与不施磷肥的处理相比,产量达到显著差异水平。

表7-1　土壤速效磷含量　　(单位:mg/kg)

磷矿粉	产地	施磷水平	黄棕壤	棕红壤	郴州红壤
JX－PR	湖北	175	15.0	8.7	6.0
	荆襄	350	13.5	8.7	—
HJP－PR	湖南	175	27.4	26.3	14.1
	黄荆萍	350	31.8	31.4	25.4
N－PR	美国	175	21.3	37.3	19.4
	北卡罗纳	350	52.9	47.7	34.7
M－PR	摩洛哥	175	30.8	27.2	15.6
		350	39.4	35.3	26.0
SSP	湖北	50	13.8	17.7	8.4
不施磷		0	11.6	6.2	5.9

通过磷矿粉的培养试验,磷矿粉均增加土壤速效磷含量,其增加值

占施磷量的比例，可认为是磷矿粉的“表观溶解度”，它表征磷矿粉对土壤速效磷的贡献率（见表 7-2），在几种土壤上，JX－PR、HJP－PR、N－PR和 M－PR 平均“表观溶解度”为 0.94%、7.29%、10.48% 和 8.41%，该结果与 2% 柠檬酸（CA）第二次浸提的磷（P_2O_5）基本一致。

表 7-2　磷矿粉的“表观溶解度”

磷矿粉	产地	施磷水平（mg/kg）	表观溶解度（%）		
			黄棕壤	棕红壤	郴州红壤
JX－PR	湖北	175	1.94	1.42	0.06
	荆襄	350	0.55	0.71	
HJP－PR	湖南	175	9.01	11.50	4.71
	黄荆萍	350	5.77	7.19	5.57
N－PR	美国	175	5.50	17.79	7.73
	北卡罗纳	350	11.79	11.85	8.24
M－PR	摩洛哥	175	10.94	11.98	5.56
		350	7.94	8.31	5.75

三、磷矿粉的特性与土壤供磷的关系

随磷矿粉施用量增加，土壤速效磷含量一般上升。土壤速效磷含量与高粱幼苗干物质量有良好的线性关系（见图 7-2）：$y = 0.1421x + 0.0933$，相关系数（R^2）为 0.7439，达极显著水平。

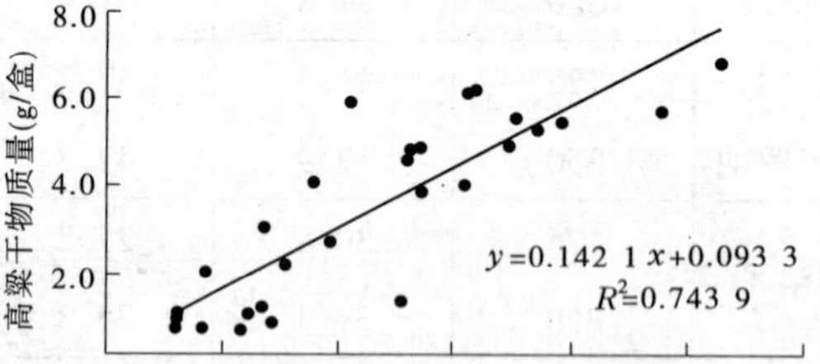

图 7-2　土壤速效磷含量与产量关系

磷矿粉的化学性质与其肥效主要表现在它的可溶性方面，用几种化学剂第二次浸提磷矿粉中的酸溶性磷，JX－PR、HJP－PR、N－PR和M－PR的2%柠檬酸（CA）浸提磷（P_2O_5）分别为1.72%、7.83%、11.13%和9.89%；2%甲酸（FC）浸提磷（P_2O_5）分别为2.17%、8.90%、21.77%和19.81%；中性柠檬酸铵浸提磷（P_2O_5）分别为0.31%、2.60%、4.52%和3.13%；无论哪种浸提方式，从幼苗的试验结果看，枸溶性磷高磷矿粉，供磷多，幼苗干物质的产量高，如施用NPR和MPR；枸溶性磷少的磷矿粉，供磷少，幼苗干物质的产量低，如施用的JX－PR，土壤出现严重的缺磷症状。几种化学剂浸提的枸溶性磷含量与幼苗干物质重呈显著正相关（见表7-3）。

表7-3　枸溶性磷含量与幼苗干物质重的关系

浸提剂	黄棕壤	棕红壤	郴州红壤
2% CA	$y = 0.0717x + 1.0526$, $R = 0.911$	$y = 0.0475x + 2.3915$, $R = 0.842$	$y = 0.0518x - 0.1357$, $R = 0.850$
2% FC	$y = 0.0295x + 1.9161$, $R = 0.804$	$y = 0.0189x + 3.0141$, $R = 0.719$	$y = 0.0277x - 0.0206$, $R = 0.977$
NAC	$y = 0.1751x + 1.4694$, $R = 0.916$	$y = 0.1128x + 2.7181$, $R = 0.822$	$y = 0.1294x + 0.1175$, $R = 0.875$

注：y为幼苗干物质重；x为枸溶性磷含量（P_2O_5），mg/kg；R为相关系数，$n-1=7$，$R_{0.05}=0.666$，$R_{0.01}=0.798$。

磷矿粉的供磷能力与其矿物学和化学组成有关。JX－PR、HJP－PR、N－PR和M－PR的二氧化硅（SiO_2）的含量分别为28.87%、10.77%、3.68% 和1.59%。磷矿粉中二氧化硅（SiO_2）含量的高低影响磷矿粉直接施用的效果，二氧化硅含量高，磷矿粉各组分间结合紧密、牢固，溶解度小，如荆襄磷矿粉，并影响磷矿粉与外界环境（土壤、溶液等）接触的表面积，从而影响磷矿粉的溶解性和供磷能力。

从磷矿粉的化学成分看，在N－PR和M－PR两种磷矿中，CaO含量比JX－PR和HJP－PR高15%～20%，表明N－PR和M－PR是以碳酸盐为主，溶解性大，在几种土壤中的供磷效果比JX－PR和HJP－PR显著。

施用磷矿粉的增产效果除受磷矿粉的供磷特性制约外，施入酸性土壤中的磷矿粉，在土壤中经历转化、吸附和沉淀过程，也影响磷矿粉的供磷效果。在酸性条件下，磷矿粉溶解可用下式简单表示：

$$Ca_{10}(PO_4)_6F_2 + 12H^+ \xrightarrow{\text{溶解}} 10Ca^{2+} + 6H_2PO_4^- + 2F^-$$

$$Ca_{10}(PO_4)_3(CO_3)_3FOH + 6H^+ \xrightarrow{\text{溶解}} 10Ca^{2+} + 3H_2PO_4^- + 3CO_3^{2-} + F^- + OH^-$$

磷矿粉的"表观溶解度"(%)可以反映土壤性质对磷矿粉直接施用的影响，如郴州红壤上"表观溶解度"小于黄棕壤和棕红壤，尽管该土壤酸性强，有利于磷的溶出，但其铁铝氧化物含量高，可能存在磷矿粉释放的磷与铁、铝氧化物形成沉淀或被土壤强烈吸附，从而影响磷的释放速率，不利于根系的吸收。但 HJP－PR 的枸溶性磷的含量也较高，在黄棕壤和棕红壤上表现出较好的供磷效果，但在郴州红壤上并没有出现较好的供磷特性，可能与土壤酸化程度和交换性铝含量高有关。

第二节　土壤吸附磷特性对磷矿粉供磷的影响

土壤性质影响磷矿粉直接施用的效果和植物的吸收特性(吴崇书等，2002；王代长等，2006)，如土壤的 pH 值、质地、土壤有机质、有效磷和交换性钙的含量。一般说来，磷矿粉中磷的活性在酸性土壤中较强，在微碱性和石灰性土壤中最弱，对后者即使施用肥效极高的磷矿粉也难有明显的增产效果(刘凡等，1995；胡红青等，1994)。多年来，土壤酸度已被认为是提高磷矿粉有效性的因素，降低 pH 值有利于磷矿粉的溶解；但土壤酸性增强，溶解的磷酸盐易被铁铝氧化物吸持或固定。因而，土壤的吸磷容量影响磷矿粉的溶解性及有效性(朱端卫等，1995)。随着土壤吸磷容量的增加，磷矿粉的溶解性增加，但会影响土壤有效磷的含量。土壤吸附/解吸磷的特性与磷矿粉供磷的关系，为我国酸性土壤的改良及养分供应提供理论依据和实践指导。

一、土壤磷吸附特性

3 种土壤吸附磷的等温曲线(见图 7-3)表明，当磷加入量较低时，曲线较陡，加入的磷几乎全部被吸附；随磷加入量的增加，平衡液中磷的浓度增加，磷的吸附量相继增加，但曲线渐趋平缓。从曲线上看，郴州红壤吸附磷量最大，其次是黄棕壤，棕红壤吸附磷量最小。

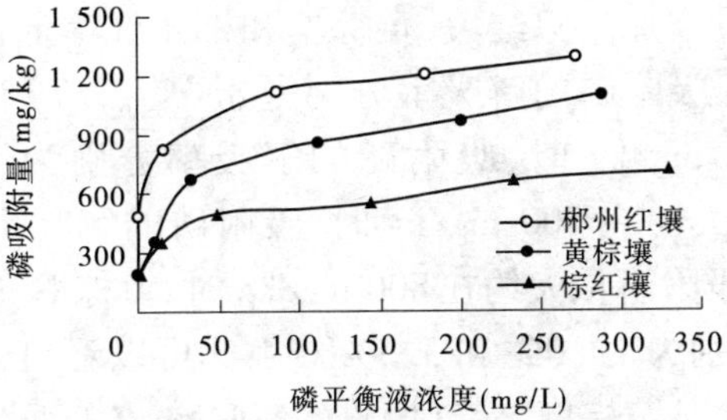

图 7-3　磷的等温吸附曲线

用平衡法研究土壤体系吸附现象时，常用吸附方程来描述试验测得的平衡液浓度与吸附量之间的关系，以 Langmuir 和 Freundlich 方程应用得最多。

磷的等温交换吸附数据经过 Langmuir 方程拟合，得到一些重要参数。磷的最大吸附量(mg/kg)为郴州红壤(1 167)>黄棕壤(1 111>棕红壤(651.7)；磷的亲和力 b 值(L/mg)为郴州红壤(0.38)>棕红壤(0.09)>黄棕壤(0.04)；磷的最大缓冲容量(L/kg)为郴州红壤(441)>棕红壤(58.4)>黄棕壤(44.2)。结果表明，郴州红壤对磷的吸附容量和缓冲容量最大，亲和力较强；黄棕壤的吸附容量大于棕红壤，但对磷的亲和力和最大缓冲容量却小于棕红壤。

Freundlich 等温吸附方程描述物质在能量分布不均一表面的吸附现象，吸附热随吸附量呈对数形式降低。磷吸附的 K_f 值(mg/kg)为郴州红壤(434.9)>黄棕壤(226.7)>棕红壤(195.0)。这表明郴州红壤对磷的相对吸附容量较大，而黄棕壤和棕红壤的较低。

Langmuir 和 Freundlich 方程能很好拟合磷在土壤表面的等温吸附数据，其相关系数(R^2)在 0.860～0.978，比较相关系数和标准误差，Freundlich 方程更适合拟合磷的吸附数据。一般认为，土壤中许多吸附数据都能比较好地用 Freundlich 方程来描述，适用浓度范围较宽。

二、磷的解吸特性

用 0.02M KCl 溶液作解吸剂，吸附态磷的解吸曲线(见图 7-4)表明，土壤吸附磷在 300 ~ 500 mg/kg 时，吸附磷开始解吸。随磷吸附量增加，磷的解吸量增加。棕红壤、黄棕壤和郴州红壤上，吸附磷量大约在 500 mg/kg 时，吸附磷的解吸率分别为 8.0%、3.7% 和 0.8%；吸附磷量大约在 600 mg/kg 时，吸附磷的解吸率分别为 15%、5.7% 和 1.6%；吸附磷量大约在 700 mg/kg 时，吸附磷的解吸率分别为 32%、7.1% 和 2.5%；吸附磷量大约在 800 mg/kg 时，黄棕壤和郴州红壤上吸附磷的解吸率分别为 10.0% 和 3.5%。由此可以看出，郴州红壤磷的解吸率较低，其次是黄棕壤，棕红壤磷的解吸率最高；同时也说明，棕红壤对磷的亲和力最弱，郴州红壤对磷的亲和力最强，这与磷吸附的参数结果基本一致。

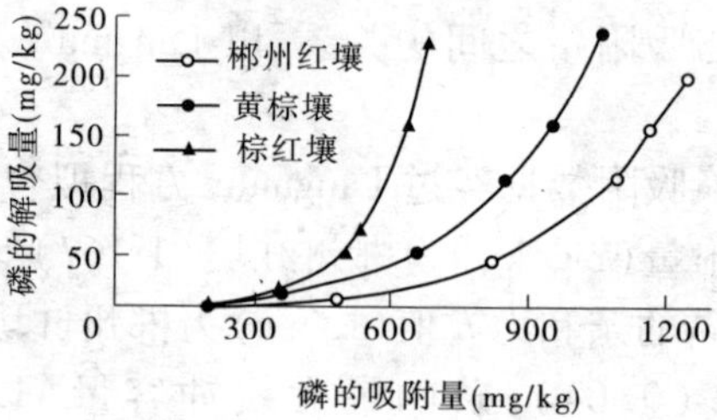

图 7-4　磷的解吸曲线

三、磷矿粉培养试验中土壤有效磷含量的变化

磷矿粉与土壤混合培养后，土壤有效磷含量变化（见表 7-4）有以下 4 个特点：

（1）土壤有效磷含量普遍增高，增加幅度为 3 ~ 41 mg/kg。

（2）不同磷矿粉对土壤有效磷含量贡献不一，如棕红壤上，JX－PR、HJP－PR、N－PR 和 M－PR 在施磷水平为 175 mg/kg 时，土壤有效磷分别增加 2.5、20.1、31.1、20.0 mg/kg；施磷水平为 350 mg/kg 时，土壤有效磷分别增加 2.5、25.2、41.5、29.1 mg/kg。

（3）同一磷矿粉与不同土壤混合培养，土壤有效磷含量变化不一，如 M－PR 在施用量为 175 mg/kg 时，黄棕壤、棕红壤和郴州红壤土壤有效磷含量变化分别为 19.2、21.0、9.7 mg/kg。

(4)土壤有效磷含量(y)与土壤枸溶性磷的含量(x)有良好的线性关系(见图7-5),在郴州红壤上:$y = 0.731x - 1.91$,相关系数(R^2)为0.970;在棕红壤上:$y = 0.933x + 3.49$,相关系数(R^2)为0.849;在黄棕壤上:$y = 0.925x - 1.12$,相关系数(R^2)为0.883,均达极显著水平。

表7-4　土壤有效磷(P)含量的变化　　(单位:mg/kg)

磷矿粉	施磷(P)水平(mg/kg)	黄棕壤 ΔP	棕红壤 ΔP	郴州红壤 ΔP
JX-PR	87	0.87	2.1	0.56
	175	3.4	2.5	0.1
	350	1.92	2.5	0.0
HJP-PR	87	9.1	11.1	3.8
	175	15.8	20.1	8.2
	350	20.2	25.2	19.5
N-PR	87	5.3	17.4	4.5
	175	9.7	31.1	13.5
	350	41.3	41.5	28.8
M-PR	87	5.1	12.8	2.7
	175	19.2	21.0	9.7
	350	27.8	29.1	20.1

注:ΔP=施磷后土壤有效磷含量-对照未施磷土壤有效磷含量。

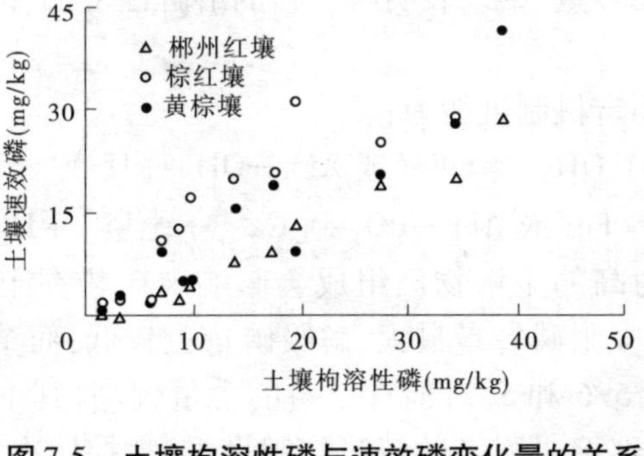

图7-5　土壤枸溶性磷与速效磷变化量的关系

四、磷矿粉对土壤有效磷供应机制的讨论

磷矿粉的化学性质主要表现在它的可溶性方面（雷涵韫等,2005；饶伟等,2007）,用 2% 柠檬酸（CA）第二次浸提磷矿粉中的酸溶性磷,与土壤有效磷有极显著的关系；枸溶性磷高的磷矿粉,土壤有效磷含量高,如施用 HJP－PR 、N－PR 和 M－PR；枸溶性磷少的磷矿粉,土壤有效磷含量低。尽管大量的磷素被土壤吸持能促进磷矿粉的溶解,但由于受磷矿粉固相的控制,土壤溶液中磷的浓度还是维持较低的水平,如施用的 JX－PR。

磷矿粉的供磷能力与土壤吸附与解吸磷的能力有关。土壤对磷的亲和力（*b* 值）大小与土壤对磷的吸附量、解吸难易也是相吻合的。黄棕壤和棕红壤对磷的亲和力弱,吸附的磷量小,磷的解吸率高,供磷能力强；郴州红壤对磷的亲和力强,吸附磷量大,磷的解吸率低,供磷能力弱。

土壤对磷的亲和力也与土壤中铁铝氧化物的形态和含量有关。郴州红壤上有效磷的含量小于黄棕壤和棕红壤,尽管郴州红壤的 pH 值较低（pH4.6）,有利于磷的溶出,但其铁铝氧化物含量高,可能存在磷矿粉释放的磷与铁、铝氧化物形成沉淀,或被土壤强烈吸附（刘凡等,1994）。朱荫湄（1985）研究磷矿粉在旱地土壤中释放出来的磷,随即与土壤中的活性铁铝起反应,半年中就有 28% 的磷转化成 Fe—P,13% 的转化成 Al—P。Kanabo 和 Gilkes（1987）曾向土壤中加入针铁矿,以提高土壤的吸磷容量,结果表明磷矿粉的溶解性增加,但降低了土壤有效磷的含量。

磷矿粉的固定机制可能为：

$$Ca_5(PO_4)_3OH + \equiv Fe(\text{或 }Al)—OH + [H^+—\text{土壤}] \longrightarrow$$
$$\equiv Fe(\text{或 }Al)—PO_4 + [Ca^{2+}—\text{土壤}] + H_2O$$

对磷亲和力高的土壤物质组成会影响磷矿粉在土壤中的供磷能力,郴州红壤上吸附磷容量最大,解吸磷量也较低；而黄棕壤和棕红壤的 pH 值分别为 5.6 和 5.2,但有效磷的含量较高,其中以棕红壤表现最为突出,在棕红壤吸附磷的解吸作用最强,黄棕壤次之,这与磷的解吸曲线一致。

第三节　磷矿粉中磷和钙溶出动力学特性

不同磷矿粉的化学反应性变异很大，这与其矿物学组成和晶体结构有关（李庆逵，1966；蒋柏藩，1988）。由于地质环境不同，磷灰石结构中几乎所有的元素均可部分地被同晶替代，磷灰石中 CO_3 取代 PO_4 的程度是决定碳酸磷灰石反应活性的关键（朱端卫等，1991；王代长等，2006）。磷矿粉中伴生矿物的性质和数量对直接施用磷矿粉的适应性也有影响（孟赐福，1989）。一般用不同的提取剂测定磷矿粉的溶解性来反映其活性，磷矿粉的活性与中性柠檬酸铵、2%柠檬酸、2%甲酸溶解的磷有较好的相关性，但由于磷矿粉中伴生矿物的存在，影响磷矿粉中枸溶性磷的测定（时正元等，1982；雷涵韫，2005）。选择不同来源与产地的磷矿粉，研究磷矿粉在酸性条件下溶解动力学（王光华等，2004；臧小平等，2003），将有助于了解磷矿粉的溶解特性与土壤性质间的关系（刘凡等，1995；高阳俊等，2003），为合理施用磷矿粉提供理论和技术指导。

一、磷矿粉中磷的溶出动力学

磷矿粉在 1 M NH_4OAc（pH4.8）溶液中的溶出，可反映酸性条件下它的溶解状态（见图 7-6）。在 0 ~ 5 min，供试磷矿粉磷的浓度差异较大，PR1、PR2、PR3 和 PR4 溶出磷（P）分别为 5.6、13.5、57.0、81.3 mg/L，磷矿粉溶出磷的能力与 2%柠檬酸溶液提取的枸溶性磷的结果一致。由于磷矿粉枸溶性磷含量的差异，用酸性的 NH_4OAc 溶液浸提，在 180 min 时 PR1、PR2、PR3 和 PR4 浸提的磷量相当于枸溶性磷含量的 12.0%、7.9%、16.5%和 22.7%，枸溶性磷含量愈高，溶出磷的浓度愈大。随 NH_4OAc 浸提时间的延长，磷矿粉中磷的溶出分为两个阶段，在 0 ~ 30 min 内上升较快，30 min 后，磷溶出缓慢上升。

磷矿粉中磷溶出动力学方程拟合的相关系数（R^2）均达到极显著水平（见表 7-5）。磷矿粉溶出磷浓度与时间的关系较好地遵循一级动力学方程，枸溶性磷的含量对磷的最大溶出量有明显影响，枸溶性磷含

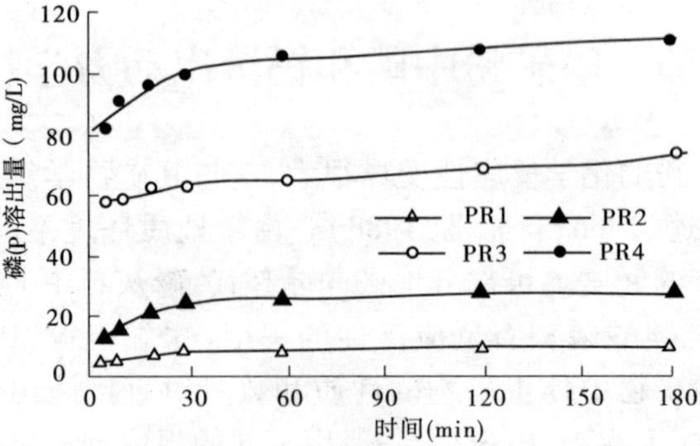

图 7-6　磷矿粉中磷的溶出动力学

量愈高，C_0 值愈大，呈一定的正相关性；表观速率常数(k')应该是指趋向平衡时的速率变化，k'值愈大，半反应时间($t_{1/2}$)愈小，磷的溶解速率也愈大，达到溶解平衡的时间愈短，k'值的大小顺序为：PR3 > PR4 > PR1、PR2。抛物线扩散方程用来描述离子在颗粒内的扩散过程，常数 b 值用来解释离子的表观扩散速率，b 值的大小顺序为：PR4 > PR3、PR2 > PR1。同样，Elovich 方程也有相似的结果，Sparks（1987）认为 Elovich 方程能描述慢反应扩散机制，如果试验数据与 Elovich 方程具有较好的拟合性，说明磷的溶出为一非均相扩散过程。比较相关系数，一级动力学方程和 Elovich 方程比扩散方程能更很好地描述磷的溶出。由于四种磷矿粉的来源和化学组成不同，特别是元素(如 Si、Ca、C、F、

表 7-5　磷矿粉中磷溶出动力学方程的参数

磷矿粉	一级动力学方程 $C_t = C_0 - C_0\exp(-k't)$				Elovich 方程 $C_t = a + b\ln t$			抛物线扩散方程 $C_t = a + bt^{1/2}$		
	C_0	k'	$t_{1/2}$	R^2	a	b	R^2	a	b	R^2
PR1	8.2	0.17	4.08	0.952	4.1	0.96	0.994	5.5	0.28	0.860
PR2	25.2	0.12	5.78	0.969	8.9	3.73	0.976	14.6	1.07	0.768
PR3	64.1	0.40	1.73	0.972	49.8	3.72	0.997	54.7	1.19	0.963
PR4	103.1	0.28	2.48	0.978	71.2	7.86	0.998	83.0	2.30	0.844

注：$n-1=6$, $p<0.01$, $R^2>0.696$；$n-1=6$, $p<0.05$, $R^2>0.500$；$t_{1/2}=0.693/k$。

Fe 等)含量的差异,影响磷矿粉的晶体结构和溶解特性。在 1 M NH_4OAc (pH4.8)溶液中,磷溶出的快反应时间较短,磷的后续释放取决于慢反应过程,它反映了磷矿粉释放磷的潜力,比较好地遵循 Elovich 方程。

二、磷矿粉中钙的溶出动力学

磷矿粉中钙的溶出明显地不同于磷的溶出(见图 7-7),磷矿粉 PR1、PR2、PR3 和 PR4 中 CaO 的含量分别为 33.1%、32.9%、51.6% 和 47.8%,磷矿粉中 Ca 的溶出与其 CaO 的含量不一致。PR1 中 Ca 的溶出浓度几乎成直线上升,从 5 min 时的 130 mg/L 上升到 180 min 时的 355 mg/L。在 0 ~ 30 min 内,PR2、PR3 和 PR4 有一较快的上升过程,上升幅度为 20 ~ 50 mg/L;随后阶段缓慢上升,上升幅度为 10 ~ 40 mg/L。尽管 PR1 提供的枸溶性磷较少,其提供 Ca 能力接近 PR3 和 PR4。在 180 min 时,四种磷矿粉溶出的 Ca 相当于磷矿粉中 CaO 含量的 12.4%、3.3%、8.2% 和 8.4%。

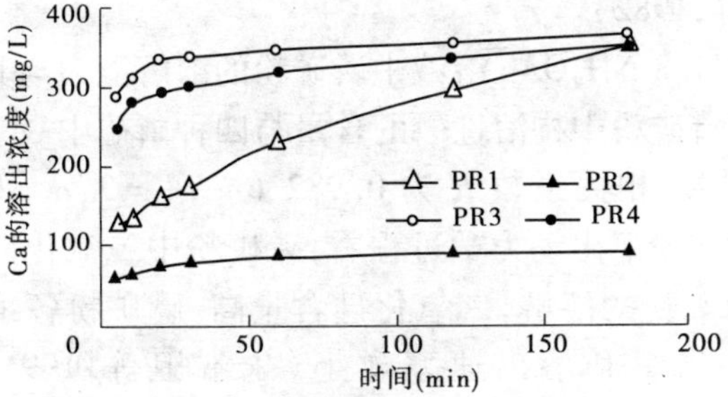

图 7-7 磷矿粉中钙溶出动力学

用上述动力学方程拟合 Ca 的溶出,其方程参数如表 7-6 所示。比较一级动力学方程常数 C_0 的大小:PR3 > PR4 > PR1 > PR2;表观速率常数 k' 值,PR1 最小,Ca 的溶出半反应($t_{1/2}$)需要的时间较长。抛物线扩散方程和 Elovich 方程的速率常数 b 值反映 Ca 的溶出速率,PR1 中 Ca 的溶出速率最大,其次是 PR3 和 PR4,PR2 中 Ca 的溶出速率最小。比较相关系数(R^2),Elovich 方程能更好拟合 Ca 的溶出动力学特征。

表 7-6　磷矿粉中钙溶出动力学方程的参数

磷矿粉	一级动力学方程 $C_t = C_0 - C_0\exp(-k't)$				Elovich 方程 $C_t = a + b\ln t$			抛物线扩散方程 $C_t = a + bt^{1/2}$		
	C_0	k'	$t_{1/2}$	R^2	a	b	R^2	a	b	R^2
PR1	311.8	0.036	19.3	0.719	−9.4	63.4	0.904	70.42	20.8	0.994
PR2	85.2	0.19	3.6	0.715	45.0	9.6	0.973	59.24	2.8	0.862
PR3	347.2	0.33	2.1	0.718	266.3	20.0	0.946	296.6	5.8	0.811
PR4	319.0	0.28	2.5	0.637	214.4	26.0	0.982	251.7	7.8	0.910

注：$n-1=6, p<0.01, R^2>0.696$；$n-1=6, p<0.05, R^2>0.500$；$t_{1/2}=0.693/k$。

三、磷矿粉中 P 和 Ca 的溶出机理

四种磷矿粉的元素组成表明其主要成分均为碳氟磷灰石，其化学活性和溶解特性不仅与其所含磷灰石的结晶构造及组成有关，也与它们所含的其他成分，特别是有无游离碳酸钙存在有关（蒋柏藩等，1988；时正元等，1982）。

在酸性 pH4.8 NH_4OAc 溶液中磷矿粉的溶解能力与其矿物学和化学组成有关。磷矿粉中枸溶性磷的含量与四种磷矿中二氧化硅的含量呈极显著负相关，相关系数 R 为 0.982（$n-1=3, \alpha=0.01$ 时，$R=0.959$）。从磷矿粉溶出动力学过程看，磷矿粉中二氧化硅（SiO_2）含量的高低影响磷矿粉的溶解，二氧化硅含量高，磷矿粉各组分间结合紧密、牢固，磷溶出量和溶出速率愈小（朱端卫等，1991；王代长等，2006b）。在酸性条件下，磷矿粉溶解可用下式简单表示：

$$Ca_{10}(PO_4)_6F_2 + 12H^+ \xrightarrow{\text{溶解}} 10Ca^{a+} + 6H_2PO_4^- + 2F^-$$

$$Ca_{10}(PO_4)_3(CO_3)_3FOH + 6H^+ \xrightarrow{\text{溶解}} 10Ca^{2+} + 3H_2PO_4^- + 3CO_3^{2-} + F^- + OH^-$$

四种磷矿粉中钙的溶出动力学不同于磷的溶出规律。尽管 PR1 的元素组成中 CaO 占 33%，低于 PR3（CaO 51.6%）和 PR4（CaO 47.8%），但钙溶出浓度接近 PR3 和 PR4，高于 PR2（CaO 32.9%），这可能与 PR1 中游离碳酸钙（$CaCO_3$）含量有关。PR1、PR2、PR3 和 PR4

在溶解 180 min 时，溶出的 Ca/ P 摩尔比分别为 30.6、2.7、4.0 和 2.5；但从上述化学反应式看，磷矿粉溶出的 Ca/P 摩尔比的估计值在 1.67 ~ 3.33，PR2 和 PR4 中的 Ca/P 摩尔比在估计值的范围内，PR3 略高于估计值，PR1 几乎是估计值的 8 ~ 12 倍，这也与磷矿粉中元素碳（用 CO_2（%）表示）的含量一致，表明 PR1 中游离碳酸钙的含量可能较高，在酸性土壤中起到补充交换性钙的含量，改变土壤中交换性阳离子的组成（朱端卫等，1991；胡红青等，1995），可提高酸性土壤盐基饱和度。

第八章　土壤重金属 Cd 的反应动力学

从农业与环境角度,土壤中 Cd 的来源受人为活动的强烈影响,植物体内 Cd 的积累威胁人类健康(孟昭福等,2001;何孟常等,2001)。污染土壤中 Cd 的淋出,并在特定水文条件和土壤中,会降低地下水和生活用水的质量(张辉等,2001)。为了评价其潜在风险,有必要了解 Cd 在土体中的化学行为(文湘华, 1996;焦文涛等,2005;王代长等,2007)和运移规律(Cernik et al,1994;Pang et al,1999;廖敏等,1999)。

第一节　酸性土壤中重金属 Cd 的吸附与运移特性研究

国内学者也已关注重金属在土壤环境中的归宿,多从环境化学角度,侧重对其在土壤中转化特性进行研究(王海等,2002;王芳等,2003;王代长等,2004c),而采用数学模型,特别是基于物理和化学非平衡理论,冯绍元等(2004)用对流弥散方程模拟 Cd 在不同质地的碱性土壤中吸附和运移特征,而研究酸性土壤 Cd 的运移报道较少(Hinz et al,1994;Kookana et al,1998)。

一、Cd 的平衡吸附

通过 Cd 的平衡吸附试验,可反映平衡液浓度与吸附量的关系。在 Cd 的低浓度范围内,土壤对 Cd 的吸附几乎成直线,可用线性等温吸附方程($S=K_dC$)拟合 Cd 的吸附,两种土壤上平衡吸附线性方程的相关系数 $R^2>0.97$;其斜率近似作为 Cd 在砖红壤和红壤上表面的分配系数(K_d 值),K_d 值分别是 12.48 L/kg 和 1.62 L/kg,砖红壤上 K_d 值是红壤上的 8 倍,表明砖红壤对 Cd 吸附能力比红壤强。

通过实测砖红壤和红壤的容重与容积含水量,根据阻滞系数(R)的

表达式 $R=1+\rho_b K_d/\theta$，由平衡吸附试验得到的线性等温线斜率 K_d 值，计算运移试验中砖红壤和红壤上阻滞系数 $R_{平}$ 值分别为 18.90 和 4.43。

二、Cd 的吸附动力学

在土柱淋溶过程中，每隔一定时间收集淋出液，测定 Cd 的浓度，根据收集体积计算土壤对 Cd 的累计吸附量，如图 8-1 所示。两种土壤上 Cd 的吸附明显存在快反应和慢反应。红壤上 Cd 吸附快反应时间在 0～28 h，随后处于慢反应阶段。砖红壤上在 0～80 h 内，土壤对 Cd 的吸附几乎成直线上升，随后进入慢反应阶段。有关土壤化学动力学过程常用动力学方程对其化学反应的数据进行拟合，该反应用指数形

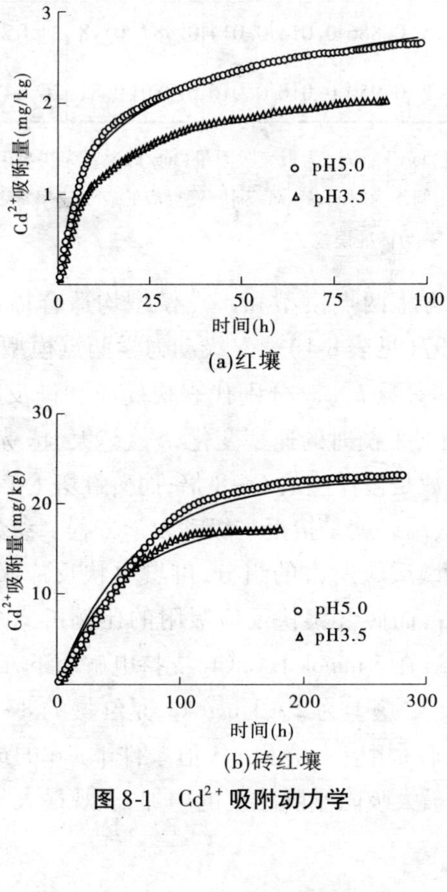

(a)红壤

(b)砖红壤

图 8-1　Cd^{2+} 吸附动力学

式的一级动力学方程两点模型和一点模型拟合 Cd 吸附的数据，其参数见表 8-1。

表 8-1　土壤中 Cd 吸附的一级动力学方程模型参数

处理	pH	一级动力学模型(两点) $q=q_\infty[1-F\exp(-k_1t)-(1-F)\exp(-k_2t)]$						一级动力学模型(一点) $q=q_\infty[1-\exp(-k't)]$			
		q_∞	F	k_1	k_2	r^2	Se	q_∞	k'	r^2	Se
红壤	5.0	2.91	0.56	0.149	0.017	0.998	0.028	2.51	0.078	0.970	0.11
	3.5	2.11	0.48	0.174	0.028	0.999	0.018	1.92	0.077	0.977	0.08
砖红壤	5.0	24.5	0.886	0.014	0.014	0.987	0.78	24.05	0.014	0.992	0.67
	3.5	20.7	0.950	0.016	0.016	0.980	0.81	20.84	0.017	0.985	0.73

注：q 为土壤吸附量(mg/kg)，q_∞ 为最大吸附量(mg/kg)，F 为快吸附反应的比例，$1-F$ 为慢吸附反应的比例，t 为时间，k_1、k_2 为快、慢反应的表观速率常数，k' 为表观速率常数，r^2 为相关系数，Se 为标准误差。

一级动力学方程两点模型和一点模型均适合描述 Cd 的吸附，其相关系数 $r^2>0.97$(见表 8-1)。一级动力学两点模型可以区分快反应和慢反应过程，其参数 k_1、k_2 分别代表快反应和慢反应的表观速率常数(1/h)，是指趋向平衡时的速率变化，k 值越大，越易达到平衡。红壤上快反应速率常数是慢反应的 6～8 倍；而砖红壤上该现象可以用一个速率常数表示，其结果就是接近一级动力学方程。参数 F 和$(1-F)$表示吸附快反应和慢反应所占的组分，红壤上快反应吸附的 Cd 占总吸附量的 50% 左右；而砖红壤快反应吸附的比例占 90% 以上。q_∞ 表示 Cd 的最大吸附量，在 5 mmol/L $CaCl_2$ 支持电解质下，砖红壤 Cd 吸附量为 20～25 mg/kg，红壤上为 2～3 mg/kg，是红壤的 8～10 倍；与一级动力学一点模型比较，相应土壤和 pH 值条件下 Cd 的最大吸附量 q_∞ 值较为接近；Cd 的最大吸附量随酸度的增加，表观最大吸附量下降明显。

土壤溶液中 Cd 吸附动力学达到平衡时，其表面吸附量与溶液浓度的比值可认为是平衡时的分配系数，一级动力学方程的最大吸附量 q_{∞} 代表平衡时土壤 Cd 吸附量，平衡时溶液中 Cd 的浓度为 1.12 mg/L，在流入液 pH5.0 和 pH3.5 时，红壤上 Cd 的分配系数 K_d 值分别为 2.55 和 1.88，砖红壤上为 21.80 和 18.42，该值比平衡吸附试验的要高；计算的阻滞系数（$R_{动}$），红壤上分别为 6.38 和 4.96，砖红壤上分别为 32.67 和 27.40。

三、Cd 的平衡运移

在均质孔隙介质中，吸附性溶质的一维运移模型，可采用对流－弥散方程（CDE）（Nielsen，1961）：

$$R\frac{\partial c}{\partial t} = D\frac{\partial^2 c}{\partial x^2} - v\frac{\partial c}{\partial x}$$

其中 $$R = 1 + \rho Kd/\theta, V = J_w/\theta$$

式中：c 为溶质浓度，mg/L；t 为时间，h；D 为弥散系数，cm^2/h；x 为溶质运移距离，cm；v 为平均孔隙水速度，cm/h；J_w 为水流通量，ml/h；R 为阻滞系数；ρ 为土壤容重，g/cm^3；θ 为容积含水量，cm^3/cm^3；Kd 为线性分配系数，l/kg。

溶质运移模型的参数估计，采用非线性最小平方和方法，通过实测浓度和拟合浓度的回归分析，其拟合程度用相关系数（r^2）值作为综合判断的标准。

在平衡运移模型中，涉及 3 个参数：平均孔隙水速度（v）、弥散系数（D）、阻滞系数（R）。如果固定其中一个或两个参数值，就可以反求另外的参数。在土柱溶质淋溶过程中，测定了相关的土柱运移试验条件（见表 8-2），如 v 值可以实际测定。若固定 v 值，反求 D 和 R，用平衡模型拟合 Cd 在红壤和砖红壤上的穿透曲线（BTC），如图 8-2 所示，获得平衡运移参数（见表 8-3）。

表 8-2　模拟土柱运移试验条件

处理	Cd^{2+} 入流液浓度(mg/L)	出流液流量(mL/h)	平均孔隙水速度(cm/h)	容重(g/cm³)	容积含水量 θ (cm³/cm³)
红壤(pH3.5)	1.12	21.03	6.81	1.123	0.540 3
红壤(pH5.0)	1.12	22.96	7.55	1.123	0.531 9
砖红壤(pH3.5)	1.12	21.66	5.99	0.918	0.631 9
砖红壤(pH5.0)	1.12	22.47	6.13	0.918	0.640 4

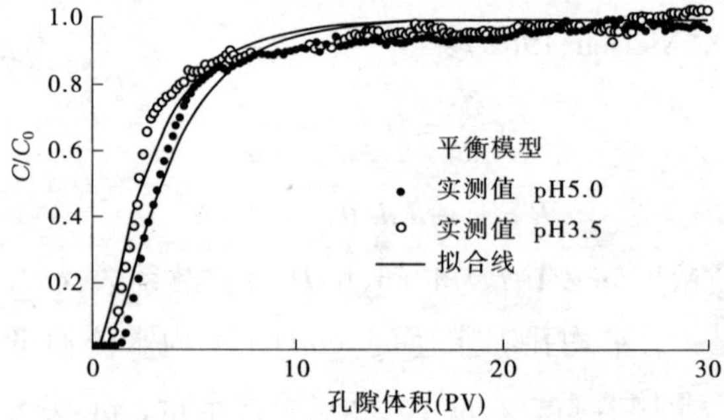

(a)红壤

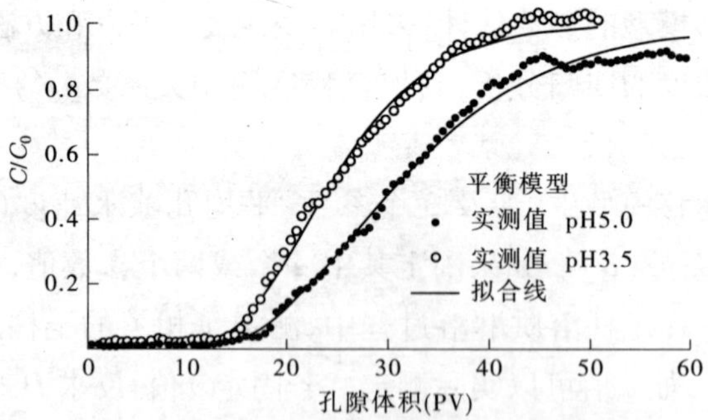

(b)砖红壤

图 8-2　实测和平衡模型拟合的 Cd^{2+} 的穿透曲线(BTC)

表 8-3　Cd 平衡运移模型参数的估计

处理	v(固定)(cm/h)	$D_{反}$(cm^2/h)	$R_{反}$	r^2	SSQ
红壤(pH3.5)	6.81	98.92	3.60	0.96	0.340
红壤(pH5.0)	7.55	97.51	4.15	0.96	0.176
砖红壤(pH3.5)	5.99	9.78	25.48	0.99	0.175
砖红壤(pH5.0)	6.13	13.87	32.95	0.99	0.125

根据平衡模型拟合的结果,比较相关系数(r^2),砖红壤上 Cd 的运移能很好地用平衡模型描述,其 $r^2>0.99$,从拟合曲线上看,实测值与预测值相吻合;而红壤上 Cd 的运移相关系数 $r^2>0.96$,从拟合曲线上看,实测值与预测值存在一定差异,表明不能简单地用平衡模型描述红壤上 Cd 运移的情况。

四、Cd 的非平衡运移

溶质运移的非平衡模型分为物理非平衡和化学非平衡(Kookana et al,1999;Seuntjens et al,2001)。物理非平衡模型假定孔隙水相分为动水区和非动水区,溶质运移的对流－弥散方程限制在动水区,溶质在动水区和非动水区的迁移是由扩散控制(van Genuchten et al,1989;Toride et al,1995)。化学非平衡是假定吸附点位分为两部分:一部分的吸附快速完成,而另一部分的吸附是依时间的变化,即溶质的吸附存在快反应和慢反应过程。Cd 的化学非平衡运移,采用无量纲参数,将两点位模型简化为无量纲形式如下:

$$\beta R\frac{\partial C_1}{\partial T}=\frac{1}{P}\frac{\partial^2 C_1}{\partial Z^2}-\frac{\partial C_1}{\partial Z}-\omega(C_1-C_2)$$

式中:C、T 和 Z 分别为无量纲浓度、时间和距离;下标 1 和 2 是平衡与非平衡点位;P 是 Peclet number;β 表示平衡与非平衡相的分形系数;ω 为无量纲质量转移系数。

分析土壤溶液中 Cd 的平衡运移过程，红壤上并不适合用平衡模型描述。从 Cd 的吸附动力学过程看（见图 8-1），它可用两点位一级动力学方程描述。两点位化学非平衡模型包括 5 个参数：v、D、R、β 和 ω。在两点位非平衡模型中，由于参数的增加，至少需要固定两个或两个以上的参数，模型的应用才有较高的准确性和精确性。在该试验中，阻滞系数的确定有三种方法：采用平衡吸附试验方法确定的阻滞系数 $R_{平}$ 值；平衡运移模型反求的阻滞系数 $R_{反}$ 值；动力学过程计算的 $R_{动}$ 值（见表 8-4）。从 $R_{反}$ 和 $R_{动}$ 看，随酸度增加，R 值下降。对于平衡吸附试验计算的 $R_{平}$ 值，在红壤上，特别是 pH5.0 含 Cd 溶液淋溶时计算的 $R_{平}$ 值与 $R_{反}$ 值基本一致，pH3.5 溶液淋溶的 R 值略低于反求的 $R_{反}$ 值，可能与溶液 pH 值影响有关；而在砖红壤上 $R_{平}$ 与 $R_{反}$（或 $R_{动}$）相差较大。

表 8-4　不同方法求得的阻滞系数

处理	$R_{反}$	$R_{动}$	$R_{平}$
红壤（pH3.5）	3.60	4.96	4.43
红壤（pH5.0）	4.15	6.38	4.43
砖红壤（pH3.5）	25.48	27.4	18.9
砖红壤（pH5.0）	32.95	32.67	18.9

在非平衡运移模型中，若固定 v 和 R 值（$R_{平}$ 或 $R_{反}$ 或 $R_{动}$），反求 D、β 和 ω。用两点位非平衡模型拟合 Cd 的穿透曲线（BTC），获得非平衡运移参数（见表 8-5）。通过比较相关系数（r^2），固定 v 和 $R_{反}$ 或 $R_{动}$ 的相关系数 $r^2>0.99$，从拟合曲线上看，实测值与预测值相吻合，表明可用两点位非平衡模型描述红壤上 Cd 运移的特征；但固定 v 和 $R_{平}$ 在砖红壤上的相关系数 $r^2<0.82$，不宜用 $R_{平}$ 描述砖红壤上 Cd 的运移。由于 Cd 吸附动力学过程和穿透过程的一致性，$R_{动}$ 能更好地反映 Cd 的穿透曲线。

在两点位模型中，β 和 ω 值是判断溶质平衡与非平衡运移的标准，当 $\beta=1$，对反应性溶质，所有吸附点是瞬间完成的，即符合局部平衡假设,ω 值没有任何意义;当 $\beta<1$,溶质的吸附存在速率限制步,高 ω 值对应的是快吸附/扩散,低 ω 值是速率限制的吸附/扩散(Pang,1999)。事实上,当 $\beta>0.93$ 时,ω 值为 10^{-7} 已无任何意义,CXTFIT2.0 运行程序推荐用平衡模型,表明在砖红壤上 Cd 的运移符合局部平衡假设。

根据 β 和 ω 值判断标准(Nielsen,1961;van Genuchten et al,1989;Pang,1999)(见表 8-5),红壤上 β 的范围是 0.50~0.70,对应瞬时吸附所占的比例(f 值)的范围是 0.40~0.60,这表明 Cd 运移过程中,40%~60% 的吸附点位未参与瞬时吸附,其慢反应的吸附过程是依赖于时间的动力学过程;而在砖红壤上 $\beta>0.93$,$f>92\%$,表明快吸附反应在瞬间完成,这也与一级动力学方程的两点位模型拟合的结果一致,符合局部平衡运移模型。

表 8-5 Cd 非平衡运移模型参数的估计

处理	参数固定	V (cm/h)	R	D (cm^2/h)	β	ω	f^*	r^2	SSQ
红壤(pH3.5)	固定 V 和 $R_{反}$	6.81	3.60	14.29	0.610	0.271	0.460	0.988	0.11
红壤(pH5.0)		7.55	4.15	12.58	0.715	0.400	0.624	0.990	0.09
砖红壤(pH3.5)		5.99	25.5	11.48	0.999	1.0E-7	0.999	0.995	0.07
砖红壤(pH5.0)		6.13	33.0	10.23	0.928	0.194	0.926	0.995	0.10
红壤(pH3.5)	固定 V 和 $R_{动}$	6.81	4.96	18.89	0.491	0.193	0.362	0.985	0.14
红壤(pH5.0)		7.55	6.38	18.7	0.532	0.154	0.445	0.997	0.03
砖红壤(pH3.5)		5.99	27.4	11.64	0.959	1.0E-7	0.957	0.993	0.10
砖红壤(pH5.0)		6.13	32.7	10.50	0.935	0.197	0.933	0.995	0.11
红壤(pH3.5)	固定 V 和 $R_{平}$	6.81	4.43	15.21	0.522	0.242	0.383	0.992	0.07
红壤(pH5.0)		7.55	4.43	13.85	0.699	0.308	0.611	0.994	0.11
砖红壤(pH3.5)		5.99	18.9	1.04	0.053	10.86	0.000	0.823	2.42
砖红壤(pH5.0)		6.13	18.9	2.32	0.053	5.1	0.000	0.683	7.57

注:$f=(\beta R-1)\theta v/\rho Kd=(\beta R-1)/(R-1)$,$f$ 表示瞬时吸附占的比例。

五、影响 Cd 运移的因素

发育于不同母质上的红壤和砖红壤，对 Cd 的吸附能力明显不同。在 Cd 的低浓度范围内，其吸附特征符合线性等温方程，Cd 的分配系数 K_d 值反映土壤对 Cd 的亲和力，砖红壤对 Cd 的亲和力明显大于红壤，尽管红壤的 CEC 要高于砖红壤，但对 Cd 吸附量显著较低，这可能与土壤氧化铁含量和 pH 值有关。因在平衡吸附和溶质运移试验中，均保持一定的支持电解质浓度（5 mmol/L $CaCl_2$），不利于 Cd 的物理吸附；Cd 的吸附以专性吸附为主，其中氧化铁是土壤中重金属专性吸附的主要载体，砖红壤中游离氧化铁（Fe_2O_3）含量为 137 g/kg，红壤中为 43.4 g/kg，这可能是砖红壤上 Cd 吸附量高于红壤的原因（熊毅，1990）。

土壤本身的 pH 值也是影响 Cd 的吸附因素之一。通过平衡吸附试验计算的 K_d 值，它可解释简单 Cd 的线性吸附或交换，但在平衡运移模型中反求的参数 R 值，接近红壤上平衡试验计算的 R 值，而在砖红壤上存在较大的差异，表明 Cd 的吸附并不是简单的线性吸附（王代长，2004）。影响阻滞系数（R 值）的因素可能与溶液 pH 值有关，随溶液酸度增加，R 值降低（见表 8-4）。

用一级动力学方程能很好描述 Cd 的吸附，q_∞ 是土壤最大吸附量，随溶液酸度增加，土壤最大吸附量下降，红壤上的土壤最大吸附量为 2～3 mg/kg，砖红壤上为 20～25 mg/kg。当土壤达到最大吸附量时，与溶液中的浓度保持动态平衡，此时 Cd 在土壤表面的吸附量与溶液中的浓度比也可定义为分配系数（K_d），其值比平衡等温吸附试验结果要高，比在红壤上要高 37%，比在砖红壤上要高 60%。

若固定平均孔隙水速度（v）和阻滞系数（$R_{反}$ 或 $R_{动}$），用非平衡两点模型拟合 Cd 在土壤中的穿透曲线（BTC）。比较表 8-2 和表 8-5，红壤上的相关系数（r^2）从 0.96 提高到 0.99，曲线的拟合程度更好，测定值与拟合值完全重合（见图 8-3），可用非平衡参数描述 Cd 的运移，pH5.0和 pH3.5 流入液时的弥散系数（D）约 98 cm/h 降到约15 cm/h，表明在红壤中 Cd 的平衡运移过高地估计了水动力弥散作用，因溶质运移过程中还要受到物理的、化学的固定、吸附作用等的影响。f 值表示瞬时吸附点位的分数，红壤上 f 的范围是 0.35 ~0.60，表明 Cd 运移过程中有部分吸附点未参与瞬时吸附，这部分点位的吸附依赖于时间的过程，该结果与两点位一级动力学方程也是相吻合的，快吸附反应的比例 F 值为 0.48 ~0.56。从动力学过程看，红壤上用非平衡两点模型比用平衡模型能更好地描述 Cd 的运移规律。

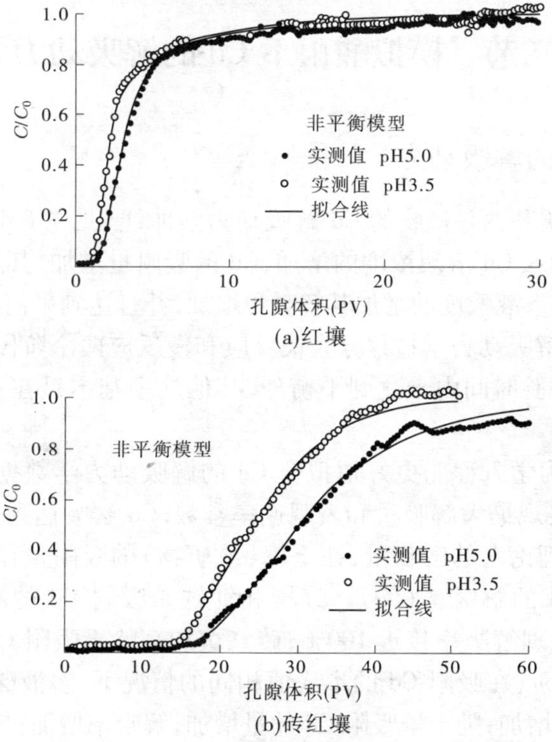

图 8-3　实测和非平衡模型拟合的 Cd^{2+} 的 BTC

砖红壤上用非平衡模型描述 Cd 的运移时，其 β 值接近 1.0，在运用 CXYFIT 程序时，该情形可运用平衡模型，其相关系数（r^2）均大于 0.995，图 8-2 和图 8-3 也表明两种模型的拟合曲线几乎完全相同。砖红壤上 f 值在 0.93 ~0.99，绝大多数吸附点参与了瞬时吸附，可能的原因，一方面是与填充的土柱有关，土壤的容重为 0.91 g/cm³，使得 Cd

与土壤表面吸附点位充分接触；另一方面，砖红壤氧化铁的含量高，对Cd的吸持能力强。砖红壤上用平衡和非平衡两点模型均能描述Cd的运移规律，在平衡模型中有3个参数（v、D、R），在非平衡两点模型中有5个参数（v、D、R、β、ω），从尽量减少参数角度而言，在砖红壤上运用平衡模型可能更适合预测Cd的运移。

第二节　模拟酸雨下Cd的解吸动力学

一、Cd的解吸动力学特征

两种土壤和两种矿物的Cd解吸动力学曲线（见图8-4）有3个特点：一是随加入Cd溶液浓度的增加，Cd的吸附量增加，其解吸量也增加；二是随流入液酸度的增加其解吸量增加，并且达到平衡的时间要提前；三是Cd解吸动力学过程分为快反应和慢反应两个阶段，除砖红壤解吸Cd在试验时间内未达到平衡外，其他处理基本是在40～50 min达到平衡。

一级动力学方程能更好地拟合Cd的解吸动力学数据，从而可以得出Cd的表观最大解吸量和表观速率常数；Cd解吸达到平衡时最大解吸量作为理论上的解吸量，在土壤（或矿物）的吸附量作为本底值，可以求得Cd的解吸率（%）。红壤和针铁矿吸附Cd的解吸率大于70%，有的处理解吸率接近100%；砖红壤和高岭土吸附Cd的解吸率为25%～50%；在吸附Cd的本底值相同的情况下，溶液酸度的增加，Cd的解吸率增加；随土壤吸附Cd的量增加，解吸率增加；从理论上说，在酸性条件下Cd可以完全被解吸下来。Cd解吸率大小的顺序依次为：红壤（75%～100%）、针铁矿（70%～96%）>高岭土（34%～45%）>砖红壤（25%～28%）。

表观解吸速率常数（k'）应指Cd解吸速率的变化，但k'值的物理意义不明确。红壤和针铁矿在同一酸处理下的表观解吸速率常数几乎一致；红壤、砖红壤、针铁矿处理随流入液酸度的增加，k'值增加，而高岭土处理在pH3.5溶液下Cd解吸的表观解吸速率（k'）却小于

pH4.5酸处理。

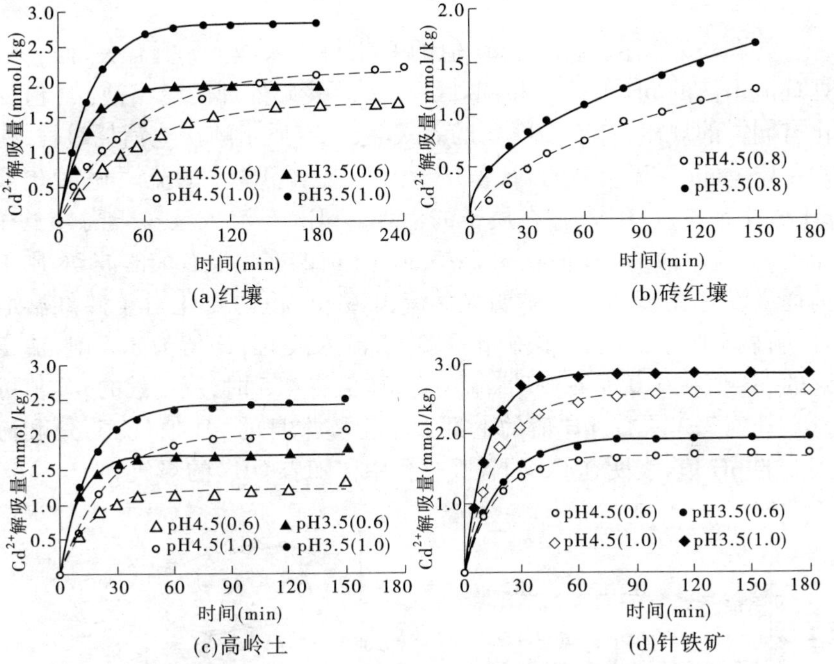

图 8-4　Cd 解吸动力学

抛物线扩散方程常常用来描述离子在颗粒内的扩散过程，常数 b 值用来解释离子的表观扩散速率。抛物线扩散方程并不适合描述红壤、针铁矿和高岭土表面 Cd 的解吸过程，但可以描述砖红壤表面 Cd 的解吸动力学数据，这反映出 Cd 有不同的解吸机制。

从相关系数和标准误差的比较看，Elovich 方程在描述 Cd 的解吸数据比双常数方程和抛物线扩散方程要好。Sparks(1989)认为 Elovich 方程能描述慢反应扩散机制，如果试验数据与 Elovich 方程具有较好的拟合性，说明试验过程为一非均相扩散过程。双常数方程实际上是修正的 Frendlich 方程，也用来描述土壤表面的能量分布的非均质性，反映土壤和矿物表面吸附点位对 Cd 的亲和力存在差异。

二、Cd 解吸过程中流出液的 pH 值变化

如图 8-5 所示,流出液 pH 值的变化与流入液 pH 值有关,同一酸处理流出液的 pH 值几乎相同。红壤和针铁矿处理的流出液 pH 值变化有同样的规律,对于 pH3.5 的流入液,先有质子的快速消耗过程,在 90 ~ 120 min 后流出液的 pH 值接近 3.5;对于 pH4.5 的流入液,流出液 pH 值在 5.0 ~ 6.0,也存在质子的消耗。pH3.5 流入液对于高岭土样品来说,流出液的 pH 值在 3.7 ~ 3.9,pH 值的变化没有大的波动,质子消耗量没有红壤和针铁矿明显。流出液 pH 值的变化对于砖红壤而言,明显不同于红壤、针铁矿和高岭土,流入液的 pH 值为 3.5 时,流出液的 pH 值在 6.0 左右变动;流入液 pH 值为 4.5 时,流出液的 pH 值可以上升到 7.3 左右,pH 值的上升大于土壤本身的 pH 值(为5.3)和流入液的 pH 值,表明在 Cd 的解吸过程中伴随着 OH^- 的释放。

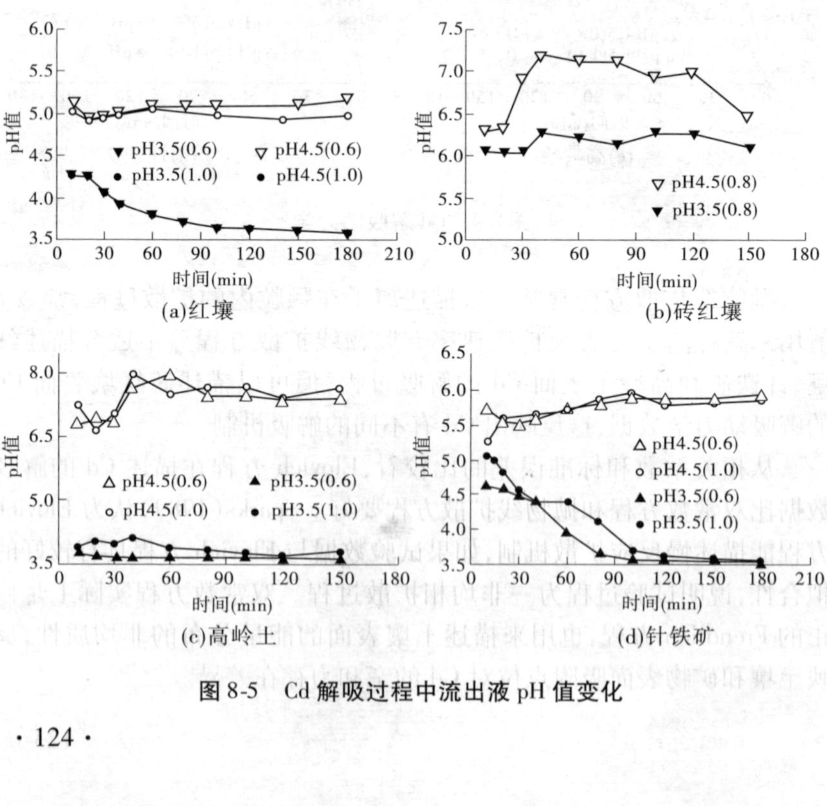

图 8-5　Cd 解吸过程中流出液 pH 值变化

三、Cd 的解吸机理

Cd 的解吸过程分为快反应和慢反应过程，在酸性条件下，快反应过程在 30 ~ 60 min 内完成（除砖红壤外），随后达到平衡状态，直至 Cd 离子完全被解吸。Elovich 方程和双常数方程在描述 Cd 的解吸动力学数据的相关系数（R^2）大多在 0.95 ~ 0.99，达到极显著水平，这表明 Cd 在胶体表面能量分布的不均匀性；从 Cd 的平衡等温吸附更适合用 Freundlich方程拟合也支持这一观点。Cd 在胶体表面的存在形态区分为易解吸态（交换态）和专性吸附态，快反应与易解吸的 Cd 有关；慢反应过程与专性吸附 Cd 有关，这部分 Cd 较难解吸。当 H^+ 浓度（pH 3.5）较高时，也有一部分专性吸附态 Cd 被质子交换下来，这可以从 pH4.5 和 pH3.5 酸溶液解吸 Cd 达到平衡时间得到证实。

Cd 的解吸符合一级动力学方程，应有以下步骤：①H^+ 通过扩散膜扩散到达颗粒表面；②质子在颗粒内扩散到达反应点位；③质子在反应点位与 Cd 发生化学反应；④Cd 通过颗粒内扩散离开反应点位；⑤Cd 通过膜扩散进入溶液。Cd 离子解吸速率限制步取决于化学反应速率、颗粒内扩散速率和膜扩散速率中最小的速率。由于抛物线扩散方程不宜描述针铁矿、高岭土 Cd 的扩散过程，适合描述砖红壤上 Cd 解吸动力学数据；在 pH4.5 流入液下红壤表面 Cd 的解吸能用扩散方程拟合，对于 pH3.5 流入液则不能用扩散方程拟合，可以推断 Cd 的解吸受不同的速率机制控制。

随酸度的增加，Cd 的解吸速率显著增加（扩散方程和 Elovich 方程的 b 值），表明质子引起 Cd 的解吸；Cd 解吸的点位与溶液 pH 值相关，由动力学机制控制 Cd 的解吸（Harter, 1983；McBride, 1989），质子在矿物表面键合点位的吸附导致金属离子的解吸原因（Stumm, 1992）可表述如下：

$$\equiv S—O—Cd^{+} + H^{+} \longleftrightarrow \equiv S—OH + Cd^{2+}$$

式中，$\equiv$ S—O 为矿物边面羟基化的键合点位（如 $\equiv$ Fe—O—、$\equiv$ Al—O—），质子与 Cd 离子的交换有利于 Cd 的解吸。由于两种土壤和两种矿物的边面羟基化的键合点位与 Cd 的亲和力的差异导致 Cd

解吸速率和解吸量的差异。各种氧化物对专性吸附的阳离子的吸附能力有相当大的差异，Brummer 等（1983）研究了对锌离子的吸附，钠水锰矿 > 无定形氧化铝 > 无定形氧化铁。有人认为，层状硅酸盐的边面上裸露的 Al—OH 基和 Si—OH 基与氧化物表面的羟基相似，有一定程度的专性吸附能力，这种专性吸附主要与 MOH 离子被吸持有关（Koppelman et al，1997）。

Cd 的平衡等温吸附结果表明，针铁矿表面吸附的 Cd 大于高岭土，这与针铁矿的比表面积大于高岭土及不同矿物对重金属离子吸附的选择性有关。但吸附 Cd 解吸的难易程度又有差别，从 Cd 的解吸动力学特征看，针铁矿吸附 Cd 的解吸率（70% ~99%）大于高岭土的解吸率（30% ~50%），这是因为高岭土（1∶1型矿物）边面由 Al—OH 组成，对 Cd 的亲和力大于 Fe—OH（熊毅等，1990）。

红壤与砖红壤表面 Cd 的解吸率与其土壤中黏土矿物的组成相一致，砖红壤黏土矿物以高岭土占绝对优势（含量为 85% ~90%），同时也含有大量的氧化铁（Fe_2O_3），这导致砖红壤吸附 Cd 的数量高于红壤；从 Cd 的解吸动力学特征看，砖红壤 Cd 的解吸率（小于 30%）明显低于红壤 Cd 的解吸率（75% ~100%），这除了与砖红壤中高岭土的含量及高岭土对 Cd 有较高的亲和力有关外，还与氧化铁的含量和性质有关。Parfitt（1976）曾将针铁矿表面 OH 基团分为 A、B、C 三类。A 类连接一个 Fe^{3+} 离子，活性高；而 B 和 C 类分别连接 3 个和 2 个 Fe^{3+} 离子，活性低；这就把针铁矿表面吸附位分成强吸附力和弱吸附力两类，这可能与两种土壤含铁氧化物的性质相关。

在酸性条件下，针铁矿表面 Cd 的解吸可能与针铁矿的部分溶解相关，质子吸附到羟基点位引起矿物的边面溶解（Lasaga et al，1994）

$$\equiv Fe—OH + H^{+} \longleftrightarrow \equiv Fe—OH_2^{+} \leftrightarrow 溶解(Fe^{3+})$$

酸性溶液阴离子组成也是影响砖红壤 Cd 解吸的原因；流出液 pH 值在 6.0 ~7.3，这表明砖红壤消耗质子的途径不同于红壤。于天仁等（1996）的研究表明，在可变电荷土壤中加入 H 可以转化为土壤表面的正电荷，或消耗于水溶态铝的解吸，或转化为交换性酸。尽管存在质子的消耗过程，但流出液的 pH 值比流入液的 pH 值要高 1 ~2，这表明有羟基(—OH)的解吸,这一机理是当加入含 SO_4^{2-} 的酸溶液后,SO_4^{2-} 在铁铝氧化物表面产生专性吸附,解吸出 OH,中和溶液中部分的 H。羟基的解吸是可变电荷土壤对阴离子进行配位吸附时的最重要的一个直接后果,这一过程如果快于 H^+ 交换土壤表面吸附的 Cd 离子,在很大程度上影响 Cd 离子的解吸。至于砖红壤表面 Cd 的解吸机理,还需进一步的深化研究。

第三节　有机酸解吸土壤及矿物表面 Cd 的动力学特征

随植物残茬的农业循环利用,在培肥地力的同时,也会产生小分子量的有机化合物(Strobel,2001;许中坚,2003)。植物根系与微生物活动也分泌大量的低分子量的有机酸,其在土壤溶液中的浓度一般为 1 μM ~ 2 mM(Strobel,2001),它们与 Cd 在土壤中的相互作用及对植物有效性和毒性的影响十分复杂(Jones et al,1998;吴海锁等,2002;郭观林等,2005),特别是有机酸与重金属的络合作用控制其溶解性,可溶性有机酸的存在可能增加土壤溶液中 Cd 的含量(Naidu et al,1998)。

一、有机酸作用下 Cd 解吸动力学特征

Cd 解吸动力学的特点(见图 8-6):在有机酸作用下,土壤(矿物)表面 Cd 解吸动力学曲线存在较为明显的差异。红壤上 Cd 的快速解吸在 0 ~ 40 min 内,随后是慢反应过程,Cd 解吸量顺序为:酒石酸、苹果酸 > 柠檬酸 > 草酸;砖红壤 Cd 的解吸量依时间不断上升,其解吸量顺序为:柠檬酸、苹果酸 > 酒石酸 > 草酸;针铁矿 Cd 的快速解吸与红壤的相似,其解吸量顺序为:柠檬酸、苹果酸 > 酒石酸、草酸;高岭土 Cd 的解吸量 0 ~ 50 min 内上升较快,其后的解吸量缓慢增加,其解吸量顺序为:苹果酸、草酸 > 柠檬酸、酒石酸。

红壤和针铁矿表面 Cd 的解吸在 40 ~ 50 min 达到平衡,而砖红壤和高岭土在试验时间内未达到平衡,但整个解吸过程仍分为快反应和慢反应两个阶段。土壤化学动力学过程常采用动力学方程对其化学反应的

数据进行拟合,以相关系数(R^2)作为综合判断的指标,其参数见表8-6。

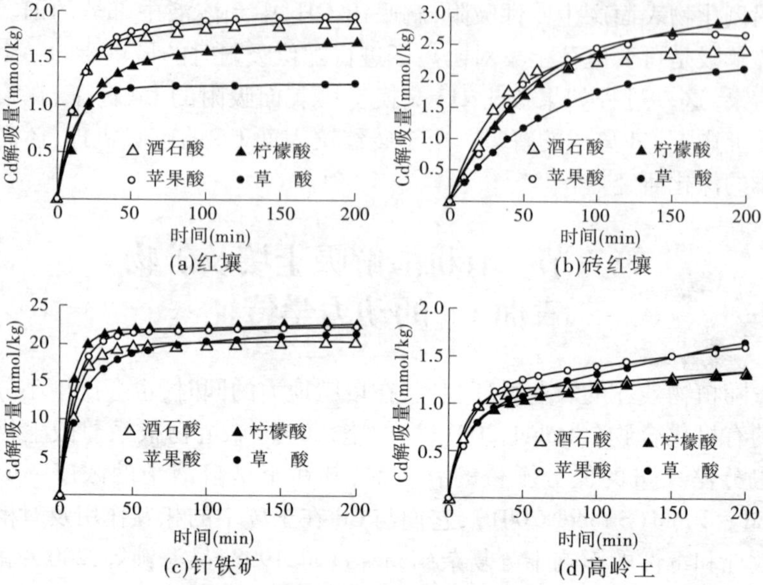

图8-6　有机酸作用下Cd解吸动力学

双指数动力学模型可区分为快反应和慢反应过程,F 表示快解吸反应组分的比例,$1-F$ 表示慢解吸反应组分的比例。从 F 值看,土壤和矿物表面Cd解吸快反应的组分比例依次为:针铁矿(85%)>红壤(75%)、砖红壤(75%)>高岭土(29%)。不同有机酸引起Cd快速解吸组分的比例也存在区别,苹果酸加快Cd的解吸,其次是酒石酸和柠檬酸,草酸最低。

双指数动力学模型参数 k_1、k_2 分别代表快反应和慢反应的表观速率常数(min^{-1}),k 值愈大,愈易达到平衡。比较快反应过程,Cd的解吸速率常数 k_1:针铁矿>高岭土>红壤>砖红壤;慢反应速率常数 k_2:红壤>针铁矿>高岭土>砖红壤。结合 F 值和速率常数值,从动力学曲线上看Cd的解吸,针铁矿Cd的解吸容易达到平衡;红壤上要比高岭土要容易达到平衡,可能是高岭土上解吸Cd的慢反应占较大比例,其慢反应过程是依时间的过程;砖红壤上速率常数 k_1 和 k_2 最小,相对而言,不易达到稳态。

表 8-6 有机酸作用下 Cd 解吸动力学方程的参数

土壤矿物	有机酸 1 mM	双指数动力学方程 $q=q_{\infty}[1-F\exp(-k_1t)-(1-F)\exp(-k_2t)]$				一级动力学方程 $q=q_{\infty}-q_{\infty}\exp(-k't)$				扩散方程 $q_t=a+bt^{1/2}$	
		F	$k_1\times10^2$	$k_2\times10^2$	R^2	q_{∞}	解吸率(%)	$k'\times10^2$	R^2	b	R^2
红壤	酒石酸	0.81	8.44	0.87	0.999	1.83	92.9	6.61	0.99	0.108	0.711
	苹果酸	0.85	7.40	1.20	0.999	1.90	96.4	6.15	1.00	0.112	0.710
	柠檬酸	0.73	5.28	0.30	0.997	1.62	82.2	4.40	0.99	0.107	0.807
	草　酸	0.60	8.26	0.02	1.000	1.21	61.4	8.00	1.00	0.080	0.661
	平均数	0.75	7.35				83.2	6.29		0.102	
砖红壤	酒石酸	0.72	2.79	0.00	0.986	2.43	69.0	2.94	0.99	0.179	0.848
	苹果酸	0.93	1.56	0.00	0.992	2.82	80.1	2.00	0.99	0.217	0.907
	柠檬酸	0.65	2.00	0.00	0.99	3.01	85.5	1.60	1.00	0.227	0.971
	草　酸	0.70	1.35	0.00	0.999	2.26	64.2	1.47	1.00	0.168	0.972
	平均数	0.75	1.93				74.7	2.00		0.198	
针铁矿	酒石酸	0.85	8.57	0.08	0.996	20.30	86.0	8.30	1.00	1.093	0.598
	苹果酸	0.90	9.76	0.40	1.00	22.00	93.2	8.95	1.00	1.167	0.602
	柠檬酸	0.91	12.62	0.50	0.999	22.25	94.3	11.6	1.00	1.099	0.539
	草　酸	0.76	7.19	0.50	0.999	20.65	87.5	5.60	0.99	1.279	0.761
	平均数	0.85	9.54				90.3	8.61		1.16	
高岭土	酒石酸	0.30	9.81	0.05	0.999	1.25	34.6	7.24	0.98	0.075	0.727
	苹果酸	0.33	7.02	0.10	0.997	1.47	40.8	4.52	0.97	0.099	0.844
	柠檬酸	0.26	8.54	0.08	0.999	1.22	33.7	4.82	0.96	0.080	0.851
	草　酸	0.25	7.71	0.16	0.999	1.50	41.5	3.00	0.95	0.107	0.946
	平均数	0.29	8.27				37.7	4.90		0.09	

注: a、b 为常数;R^2 为相关系数($a=0.01$,$R^2>0.540$,$n=12$);Se 为标准误差;t 为时间;q_t 为在 t(min)时的解吸量(mmol/kg);q_e 为平衡时的吸附量;q_{∞} 为最大解吸量(mmol/kg);k'为表观解吸速率常数,解吸率(%)=(理论值/实际值)×100;F 为快吸附反应组分的比例,$1-F$ 为慢吸附反应组分的比例;k_1、k_2 为快、慢反应的速率常数。

一级动力学方程实际上是单指数动力学模型，也能较好拟合 Cd 解吸过程。4 种有机酸下 Cd 的平均解吸率分别为：针铁矿（90%）>红壤（83%）>砖红壤（75%）>高岭土（38%），高于快反应所占比例 F 值 5% ~10%，原因是还有一部分是慢反应过程解吸的 Cd 量。不同有机酸对同一土壤和矿物 Cd 解吸率也存在明显的影响，在反应时间内，红壤上苹果酸和酒石酸的解吸率分别为 96% 和 93%，解吸能力最强；其次为柠檬酸，解吸率为 86%，其解吸 Cd 的量还不断上升；解吸能力最弱的为草酸，解吸率为 61%。在砖红壤上，柠檬酸的解吸率为 86%，解吸能力最强；其次为苹果酸，解吸率为 80%；酒石酸和草酸的解吸率分别为 69% 和 64%，解吸能力较弱。针铁矿上，柠檬酸和苹果酸的解吸率分别为 94% 和 93%，解吸能力较强；其次为酒石酸和草酸，解吸率分别为 86% 和 87%。在高岭土上，供试有机酸的解吸率为 34% ~41%，但 Cd 的解吸量随时间的延长还不断增加。一级动力学表观解吸速率常数（k'）可认为是双指数模型速率常数的综合值，反映整体的解吸速率，通过计算不同土壤和矿物表面有机酸作用下，Cd 的平均表观解吸速率常数的大小顺序是：针铁矿（0.086）>红壤（0.063）>高岭土（0.049）>砖红壤（0.02）。

此外，Elovich 方程和双常数方程在描述 Cd 的解吸动力学数据的相关系数（R^2）大多在 0.95 ~0.99，达到极显著水平，这表明 Cd 在胶体表面能量分布的不均匀性。抛物线扩散方程在描述红壤和针铁矿 Cd 的扩散过程的相关系数（R^2）为 0.55 ~0.80，拟合砖红壤和高岭土 Cd 解吸动力学数据相关系数（R^2）为 0.85 ~0.97；抛物线扩散方程较适合描述砖红壤和高岭土上 Cd 的解吸，原因是砖红壤中高岭土的含量占 80% ~90%，其 Cd 的解吸一部分来源于高岭土吸附的 Cd，这可能与高岭土表面 Cd 解吸的扩散过程有关，这是一个慢反应过程。比较不同有机酸的 Elovich 方程和扩散方程的速率常数（b 值），红壤和砖红壤上：柠檬酸>苹果酸>酒石酸>草酸；针铁矿和高岭土上 b 值比较接近。不同土壤和矿物表面 Cd 的解吸扩散速率常数（b 值）：针铁矿>砖红壤>红壤>高岭土，从这一结果看，Cd 的解吸还与氧化铁的含量相关,砖红壤中氧化铁含量高于红壤,有机酸与铁的络合作用,破坏了表面的吸附点位,加速 Cd 的扩散过程。

二、有机酸作用下 Cd 解吸过程中流出液 pH 值变化

Cd 解吸过程中流出液 pH 值变化如图 8-7 所示。几种有机酸溶液的 pH 值在 3.20 ~3.40,流出液 pH 值的变化有相同的变化趋势,开始时的 pH 值均高于原液的 pH 值,随后逐渐下降,50 min 后流出液pH 值的变化在红壤、针铁矿和高岭土上趋于稳态值,在砖红壤上 50 ~100 min后流出液 pH 值低于3.5。总体上看,流出液 pH 值的变化幅度为草酸 > 苹果酸 > 柠檬酸、酒石酸。在达到稳态时,苹果酸、柠檬酸和酒石酸的流入液与流出液 pH 值较接近,而草酸溶液流出液 pH 值比流入液要高。

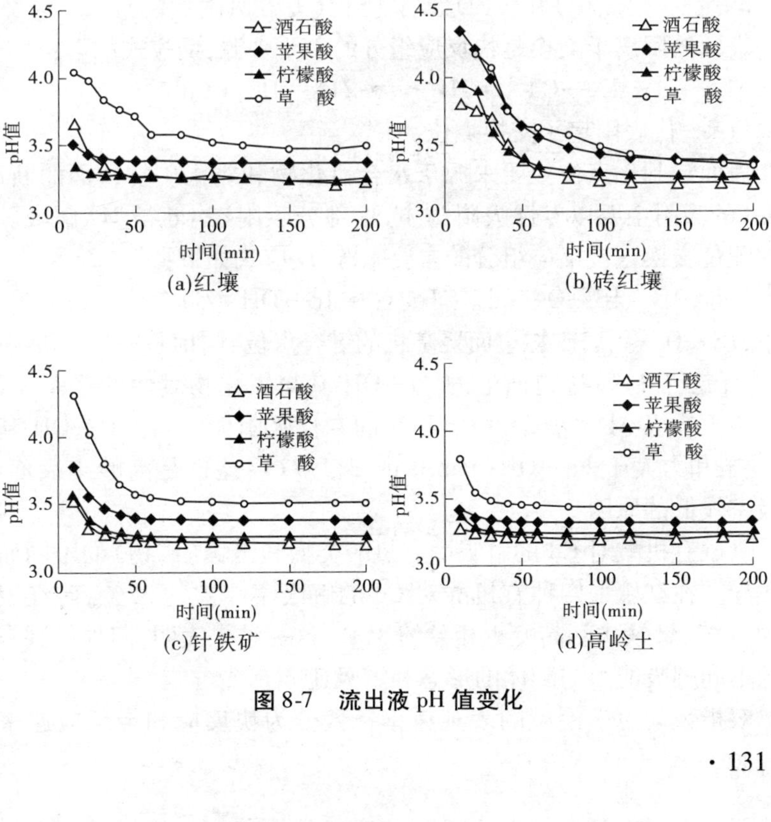

图 8-7 流出液 pH 值变化

三、有机酸作用下 Cd 解吸机制的讨论

用双指数动力学方程描述 Cd 的解吸,分为快反应和慢反应过程。在有机酸作用下,快反应过程在 30 ~ 60 min 内完成(除砖红壤外),随后达到平衡状态。不同有机酸作用下,Cd 解吸量存在一定的差异。Cd 在胶体表面的存在形态区分为易解吸态(交换态)和专性吸附态,快反应与易解吸的 Cd 有关,慢反应与专性吸附态的 Cd 有关。

有机酸作为外源质子和有机配体的加入,对胶体表面 Cd 的解吸会发生一系列复杂的化学反应,其解吸机理可能是质子的溶解作用及有机配体与土壤胶体对重金属的竞争吸附作用(Lamy et al,1991;Naidu et al,1998)。若作为 H^+ 的输入,它在胶体表面键合点位的吸附是导致金属离子的解吸原因。一般来说,这些点位包括表面负电荷点位(非专性吸附点位)和表面羟基化点位(专性吸附点位)。

表面的阳离子交换是快反应组分的主要来源,反应式如下:

$$|X{-}Cd^{2+} + 2H^+ \longleftrightarrow 2|X{-}H^+ + Cd^{2+}$$

式中,|X—代表阳离子交换点位。

表面羟基化点位主要来源于水合氧化物和黏土矿物边面的断键,对 Cd 的吸附主要以专性吸附为主,这部分吸附态 Cd 被 H^+ 解吸。表面的配位交换是慢反应组分的主要来源,反应式如下:

$$|S{-}O{-}Cd^+ + H^+ \longleftrightarrow |S{-}OH + Cd^{2+}$$

式中,|S—O—代表矿物边面羟基化的键合点位,(如|Fe—O—和|Al—O—),在层状硅酸盐边面上的 Al—OH 基与氧化物表面的羟基相似,如高岭土边缘 Al—OH,有一定程度的专性吸附能力,且 Al—OH 基对 Cd 的亲和力大于 Fe—OH(Parfitt et al,1977),这也是高岭土表面 Cd 解吸率较低的原因。

供试有机酸对 Cd 的解吸因有机酸类型和土壤(矿物)的不同而存在差异。在红壤上四种有机酸对 Cd 的解吸率相差约 35%,砖红壤相差约 21%,针铁矿和高岭土相差约 8%。这一结果表明,四种供试有机酸的不同解吸能力与配体的形态和解吸速率有关。

双指数动力学模型的表观速率常数分为快反应和慢反应速率常

数。从反应速率常数看,草酸体系是最低的,其次是柠檬酸和酒石酸体系,苹果酸体系解吸速率常数最高,解吸速度最快。

在供试有机酸的一级解离常数(pK_{a1})中,除草酸外,苹果酸、柠檬酸和酒石酸的pK_{a1}与1 mmol/L有机酸溶液的pH值接近(见表8-2)。在不同pH值下,有机酸配体的形态随溶液pH值的变化而变化,有机酸的解离由质子和有机配体的消耗控制。流出液pH值变化基本上可反映质子的消耗过程(见图8-3),从溶液pH值看,柠檬酸、苹果酸和酒石酸的形态是以一级解离(H_2L^-或HL^-)为主,同时含有一定量的分子态有机酸,一级解离的有机阴离子在Cd解吸上起较重要的作用;从Cd解吸动力学曲线看,这三种有机酸对Cd解吸并未表现出非常明显的差异。草酸在溶液中的形态以二级解离(L^{2-}和HL^-)为主,几乎不含草酸分子,在质子消耗过程中,草酸溶液体系的pH值上升可接近4.5,原因可能是部分草酸根离子与土壤表面的羟基交换,形成内圈络合物(Lamy et al,1991),释放羟基OH^-,提高溶液的pH值。

Cd的解吸与有机配体被土壤吸附也有关系,在红壤和高岭土上,有机酸对Cd的解吸率与pH3.5模拟酸雨(H_2SO_4:HNO_3摩尔比4∶1)相比较,低于pH3.5无机酸体系的解吸率(王代长等,2004)。在有机酸作用下,红壤表面Cd的解吸率下降了10%~30%,高岭土上下降了约10%,可能与Cd再吸附有关。Jones和Brassington(1998)研究有机酸在酸性土壤上吸附表明:草酸>柠檬酸>苹果酸。有机酸阴离子与其他有氧无机阴离子类似,也可在土壤和矿物表面形成内圈络合物,增加表面的负电荷,解吸下来的Cd有可能被表面重新吸附,如草酸的羧酸解离后,配体离子通过螯合形成Cd-草酸-土壤吸附点位。Naidu和Harter(1998)用电泳试验的研究数据表明,在pH2.8~4.0范围,草酸体系增加表面负电荷大于柠檬酸体系,有利于草酸在土壤表面的吸附,且pH3.1~3.4时,柠檬酸和酒石酸对土壤Cd解吸能力大于草酸(Naidu et al,1998),这与本试验的结果一致,草酸解吸的Cd在土壤中最低。

有机酸对砖红壤和针铁矿表面Cd的解吸也不同于pH3.5的无机酸溶液(王代长,2004c),在砖红壤上Cd的解吸率增加了50%,针铁矿上增加5% ~10%，这表明有机配体与酸的溶解作用控制土壤表面Cd的解吸过程。有机酸与无机酸在砖红壤上Cd解吸率的差异原因，其一是与流出液pH值有关，在无机酸条件下，流出液pH值在6.0以上，不利于Cd的解吸（Lamy et al，1991）；而有机酸作用下，流出液pH3.2 ~4.5，有利于H^+的溶解作用；其二是有机酸阴离子可能对氧化铁的络合与溶解作用，破坏了氧化铁表面Cd的吸附点位，促使Cd的溶出增加。

无论是无机酸还是有机酸作用，高岭土表面吸附Cd的解吸率均较低，可能与高岭土的表面性质有关。高岭土的阳离子交换量在3 ~15 cmol/kg，来源于矿物边缘断键的电荷是依pH值的变化而变化，其永久负电荷是Al^{3+}对Si^{4+}的同晶替代，这部分电荷量较少。高岭土表面的吸附点位有交换性点位（X—）和Al—OH点位。在酸性条件下，由交换性点位吸附的Cd较容易解吸下来，这部分主要是交换性Cd，占吸附Cd总量的25% ~30%，可用快反应速率常数（k_1）表达这部分Cd的解吸速率；约70%吸附的Cd难解吸，它发生在Al—OH点位上，通常形成二齿内圈配合物（Angove et al，1997），可用慢反应速率常数（k_2）表达这部分Cd的解吸速率。

第九章　酸性条件下重金属 Pb 的反应动力学

随矿区的过度开采，冶炼、电镀、染料等工业废水的超负荷的排放，大量施用劣质的化肥，以及污泥的废物利用等，环境中铅的含量急剧上升（郭观林等，2005）。被污染土壤和水体中铅的生态毒性研究在环境风险评价中起重要作用（余国营等，1997；邵学新等，2008）。铅在固液界面发生许多重要的化学反应，如溶解、沉淀、吸附与解吸、运移等化学过程，其中离子交换反应是控制元素在固液相分配的重要过程之一（王代长等，2008，2009a；孙志成等，2006）

第一节　酸性条件下可变电荷土壤表面 Pb^{2+}—H^+ 反应动力学特征

一、酸性条件下 Pb 吸附动力学模型

通过测定流出液中 Pb 的含量，计算土壤对 Pb 的累积吸附量与反应时间的关系（见图 9-1）。同一种土壤 pH 值越高，Pb 的吸附量越大，达到吸附平衡所用时间越长；pH 值越低，Pb 的吸附量越小，达到吸附平衡所用时间越短。如 pH 值为 3.3 和 3.8 时，三种土壤在 100 ~ 105 min都已达到吸附平衡，而 pH 值为 5.5 和 4.3 时，在反应时间内仍未达到吸附平衡。相同 pH 值下，Pb 的累计吸附量的大小顺序为砖红壤 > 赤红壤 > 红壤。

用常见的三种动力学方程拟合 Pb 的吸附动力学数据，相关系数（R^2）均达到显著水平，有关动力学方程的参数见表 9-1。

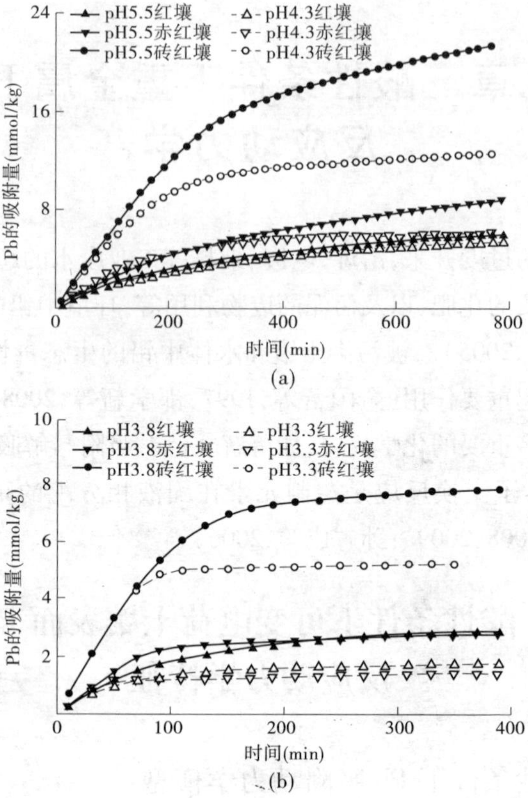

图 9-1　铅在可变电荷土壤上的吸附动力学

从试验结果看，Pb 的累积吸附量与时间的关系表明：Pb 吸附遵循一级动力学方程，酸度（或 H^+）对 Pb 的最大吸附量有明显影响，一级动力学方程拟合得出 Pb 的最大吸附量和表观速率常数，随流入液酸度增加，表观最大吸附量显著下降，如三种土壤在 pH5.5 时为 pH 3.3 时的 5 ~ 6 倍。四种 pH 值流入液处理，砖红壤对 Pb 表观吸附量比红壤和赤红壤高 2 倍左右；从试验结果分析，表观速率常数（k'）应该是指趋向平衡时的速率变化，k' 值越大，越易达到平衡，k' 值随酸度的增加而增大，反应越快达到平衡。从动力学曲线和 k' 值的变化来看，Pb 吸附反应可以划分为快反应和慢反应过程,快反应对应的主要是静电吸附,慢反应对应的主要是专性吸附。

表 9-1　Pb 吸附动力学经验方程的拟合参数

处理	土壤	一级动力学方程 $\ln(1-q_t/q_\infty)=-k't$					抛物线方程 $q_t=a+bt^{1/2}$			Elovich 方程 $q_t=a+b\ln t$		
		q_∞	$k'\times 10^3$	$t_{1/2}$	R^2	Se	b	R^2	Se	b	R^2	Se
pH5.5	红壤	7.70	3.0	231.0	0.993	0.16	0.28	1.00	0.09	1.88	0.937	0.48
	赤红壤	10.25	2.6	266.6	0.998	0.11	0.38	1.00	0.15	2.49	0.927	0.68
	砖红壤	22.32	3.8	182.4	0.997	0.33	0.88	0.96	1.15	5.97	0.951	1.33
pH4.3	红壤	5.79	4.0	173.3	0.991	0.14	0.22	0.99	0.18	1.47	0.965	0.28
	赤红壤	6.01	6.4	108.3	0.999	0.06	0.21	0.89	0.51	1.53	0.974	0.25
	砖红壤	12.53	6.3	110.0	0.996	0.22	0.45	0.88	1.16	3.26	0.960	0.65
pH3.8	红壤	2.91	9.9	70.0	0.999	0.03	0.15	0.945	0.18	0.78	0.989	0.08
	赤红壤	2.71	16.2	42.8	0.987	0.08	0.12	0.801	0.31	0.68	0.946	0.16
	砖红壤	7.91	12.3	56.4	0.993	0.18	0.40	0.853	0.82	2.15	0.956	0.45
pH3.3	红壤	1.73	16.0	43.3	0.993	0.03	0.08	0.867	0.15	0.41	0.980	0.06
	赤红壤	1.34	25.8	26.9	0.927	0.08	0.05	0.749	0.14	0.28	0.908	0.09
	砖红壤	5.25	21.4	32.4	0.980	0.18	0.23	0.684	0.73	1.24	0.871	0.47

注:a、b 为常数,R^2 为相关系数,Se 为标准误差,t 为时间(min),$t_{1/2}$ 为半反应时间(min),q_t 为 t(min)时的吸附量(mmol/kg),q_∞ 为最大吸附量(mmol/kg),k' 为表观吸附速率常数。

Pb 吸附反应有以下步骤:①Pb 通过固相颗粒表面的液膜扩散(膜扩散);②Pb 通过矿物晶体的水化间层离子扩散到反应位(颗粒内扩散);③Pb 与反应位的离子发生交换反应或吸附到空反应点位。Pb 吸附速率限制步取决于膜扩散速率、颗粒内扩散速率和化学反应速率中最小的速率。以往研究土壤动力学的方法大多采用间歇法和柱试验法,这两种方法从理论上讲不能消除膜扩散,但在搅动的情况下,影响水动力学膜的厚度,水膜厚度的降低,有利于 Pb 通过固相颗粒表面的液膜。尽管一级动力学方程能描述在反应点位上的离子交换吸附过程,但离子的交换过程通常是很快的,显然化学交换反应不是反应速率控制步。

抛物线扩散方程常常用来描述离子在颗粒内的扩散过程,常数 b 值用来解释离子的表观扩散速率。从 b 值的大小看,随酸度的增大,Pb 离子在颗粒内的扩散速率降低;Elovich 方程也有相似的结果,可以推断离子在颗粒内的扩散是决定反应的速率限制步。b 值是离子在颗粒内的扩散速率常数,在颗粒内的扩散速率大小顺序为砖红壤 > 赤红壤 > 红壤。随酸度的增加,离子在颗粒内的扩散速率降低。

与其他金属离子的吸附相比,在红壤上,pH5.5、pH4.3、pH3.8 和 pH3.3 处理的 Cu 的表观平衡吸附量分别为 4.05、2.33、0.85、0.57 mmol/kg(孔志城等,2006);Ca 的吸附量 pH5.5、pH4.5 和 pH3.5 时分别为 8.77、6.45、3.25 mmol/kg(王代长等,2004a);在 pH 值为 3.5 ~ 5.0,红壤和砖红壤上分别吸附 Cd 的量为 0.019 ~ 0.026、0.19 ~ 0.22 mmol/kg(王代长等,2007b)。由此可见,Pb 的吸附量接近 Ca^{2+},几乎是 Cu^{2+} 的 2 倍,是 Cd 的 20 ~ 100 倍。

土壤的组成和表面性质对土壤吸附重金属离子的能力有重要影响。可变电荷土壤的组成矿物中除了硅铝酸盐外,还含有大量氧化铁。由于砖红壤、赤红壤和红壤中氧化铁数量的不同,它们对 Pb 的吸附量显示出较大的差异。

二、Pb 吸附过程中 H^+ 的变化

三种土壤上流出液 pH 值为:砖红壤 > 赤红壤 > 红壤(见图 9-2)。当原液 pH 值为 4.3 和 5.5 时,流出液 pH 值低于原液及土壤 pH 值,表明有质子的释放,在一定时间后,质子的释放趋于平衡。当流入液 pH 值为 3.3 和 3.8 时,流出液 pH 值高于流入液 pH 值,pH3.8 酸处理一直到 100 min 后流出液 pH 值从 4.5 开始下降到 3.8 左右,pH3.3 酸雨处理在 200 min 后流出液接近流入液 pH 值,这表明土壤对强酸输入的缓冲作用强弱与程度存在较大的差异,这也是土壤因缓冲作用而消耗 H^+ 的过程。

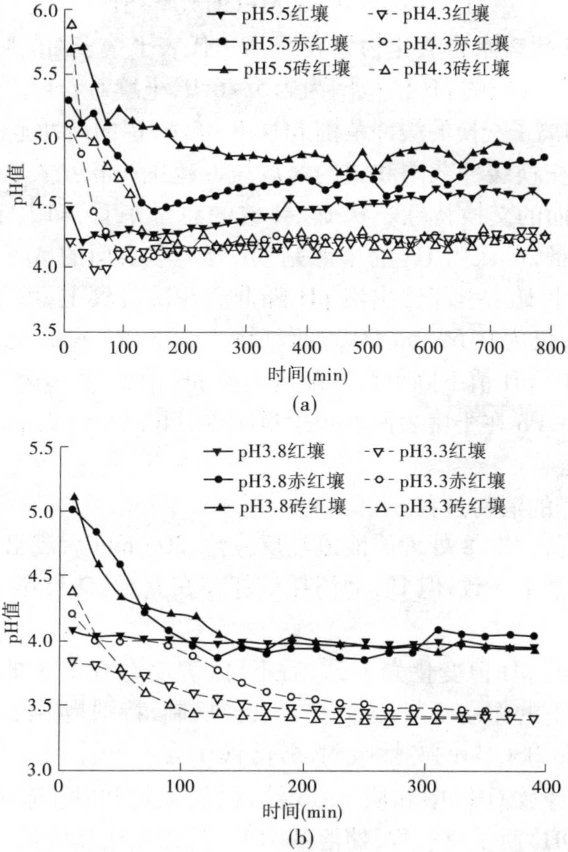

图 9-2　流出液 pH 值

(一)H^+的释放过程

三种可变电荷土壤吸附 Pb 后，pH4.3 和 pH5.5 处理的流出液 pH 值低于原液的 pH 值(除砖红壤和赤红壤在反应初始阶段外)，表明在 Pb 吸附过程中有质子的释放，H^+ 的释放量为：红壤 > 赤红壤 > 砖红壤。质子释放的机理可能为：

$$Pb^{2+} + H_2O \longrightarrow Pb(OH)^+ + H^+$$

$$SOH + Pb^{2+} \longrightarrow SOPb^+ + H^+$$

$$X{-}Al + Pb^{2+} \longrightarrow X{-}Pb + Al^{3+}$$

$$Al^{3+} + H_2O \longrightarrow Al(OH)^{2+} + H^+$$

上式中,SOH 代表水合氧化物型表面,X—代表土壤表面的吸附点位。

上述化学反应的 pH 值范围为2.5~6.0,土壤对 pH 值的缓冲机制研究表明,阳离子交换的缓冲范围 pH4.6~5.6,铝的缓冲范围 pH3.5~4.5,阳离子交换缓冲范围和铝的释放缓冲范围是相互关联的,两者取决于土壤表面的交换特性。从 H^+ 释放的总量来看,却大于土壤中交换性氢的含量,可认为 H^+ 的来源是 Pb 与土壤表面的 Al^{3+} 交换,Al^{3+} 的水解又产生 H^+,引起流出液 pH 降低。在砖红壤上,由于交换性铝的含量最低,仅为 0.60 cmol/kg,而红壤上为 5.87 cmol/kg,交换性铝的水解引起的 pH 值下降更快。随流入液 pH 值的进一步降低,溶液中 H^+ 浓度增加,Pb 在土壤表面的吸附量减少,Pb 以专性吸附的形式保持在土壤表面。

(二)H^+ 的消耗过程

pH3.3 和 pH3.8 处理原液流经反应池,200 min 后流出液的 pH 值变化与原液基本一致,但 H^+ 的消耗量却存在差异:砖红壤 > 赤红壤 > 红壤。

流出液的 pH 值变化先上升、后下降,表明存在质子的消耗过程,这可能有以下的作用机制:①阳离子交换机制,特别是砖红壤上离子交换作用显著;②SO_4^{2-} 的专性吸附,酸溶液中含有 SO_4^{2-} 根,与矿物表面的羟基交换释放 OH^- 中和质子;③铁、铝氧化物和黏土矿物边部的表面羟基(—OH)质子化过程,使溶液中 H^+ 的浓度迅速降低。

红壤、赤红壤和砖红壤表面性质及矿物组成的差异。几种土壤中均含有一定量的氧化铁,其中砖红壤中氧化铁最高,其次是赤红壤、红壤,对以硫酸盐为主酸雨的影响在短时间内的表现明显不同。当加入含 SO_4^{2-} 的酸溶液后,SO_4^{2-} 在铁铝氧化物表面产生专性吸附,释放出羟基离子,中和溶液中部分的 H^+,这在砖红壤和赤红壤反应初期表现最为明显,pH5.5 和 pH4.3 的流入液,其流出液的 pH 值在开始阶段高于原液,其机理为:

$$Fe\left|\begin{matrix} OH_2 \\ —OH \end{matrix}\right|^0 + SO_4^{2-} \longrightarrow Fe\left|\begin{matrix} —OH \\ —SO_4 \end{matrix}\right|^- + OH^-$$

已有的研究结果表明(Zhang et al,1991),H^+ 可使土壤颗粒表面的—OH 基团发生质子化作用,它是一快速反应,并主要由扩散作用控制。因此,可变电荷土壤中 H^+ 快速消耗过程应是由质子化作用引起的。质子化作用的强弱主要与 Fe—OH 和 Al—OH 等基团,特别是 Fe—OH 基团的性质和数量有关(王代长等,2004)。由表 9-1 可知,砖红壤氧化铁的含量最高,因此快速过程中 H^+ 消耗量较红壤和赤红壤都大得多。

第二节　酸性条件下红壤表面 Pb 反应动力学的能量特征

一、酸性条件下红壤表面 Pb 吸附动力学特征

不同 pH 值含 Pb 0.05 mmol/L 模拟酸雨,分别于 298 K 和 313 K 通过反应池,通过测定流出液中 Pb 的含量,计算土壤对 Pb 的累积吸附量与反应时间的关系(见图 9-3)。

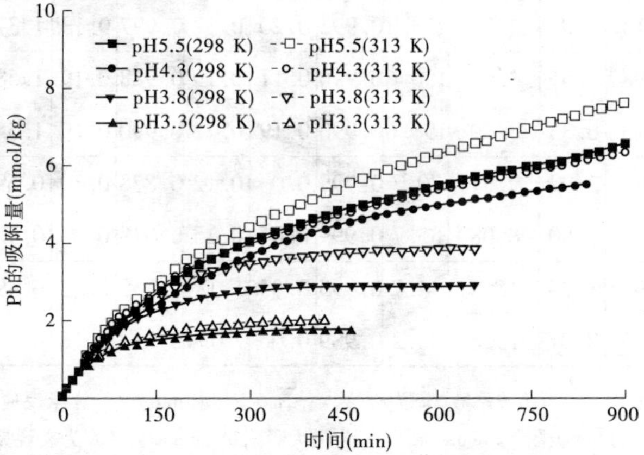

图 9-3　Pb 的吸附动力学

根据 Pb 吸附曲线的斜率,其吸附过程可分为快反应和慢反应两个阶段。从图 9-3 可以看出,Pb 的累积吸附量随流入液 pH 值的升高而

增加；在 pH3.3 时，Pb 的吸附在 150 min 后趋向平衡；pH3.8 时在 350 min后趋向平衡；在试验时间内 pH5.5 和 pH4.3 的没有达到平衡。温度由 298 K 升至 313 K 时，相同 pH 值条件下 Pb 的累积吸附量有不同程度的增加。

与 Cu 的吸附量相比较（孙志成等，2006），如在 250 min 时，pH5.5（298 K）处理 Cu 的吸附量为 2.0 mmol/kg，Pb 的吸附量为 4.0 mmol/kg。Pb 的吸附量高于 Cu 的吸附量一倍，Pb 被认为是比 Cu、Ni 和 Zn 等更容易被吸附的重金属离子（Bargar et al，1997）。

用动力学方程对 Pb 的吸附反应动力学的数据进行拟合，以相关系数（R^2）和标准误差（*Se*）作为综合判断指标（李学垣，2001）。R^2 越大，*Se* 越小，拟合性越好，动力学方程参数如表 9-2 所示。

表 9-2　Pb 吸附动力学经验方程的拟合参数

处理	温度（K）	一级动力学方程 $\ln(1-q_t/q_\infty)=-k't$					抛物线方程 $q_t=a+bt^{1/2}$			Elovich 方程 $q_t=a+b\ln t$		
		q_∞	$k'\times10^3$	$t_{1/2}$	R^2	*Se*	*b*	R^2	*Se*	*b*	R^2	*Se*
pH5.5	298	6.67	3.14	220.5	0.993	0.16	0.23	0.992	0.17	2.08	0.950	0.46
	313	8.02	2.73	253.7	0.992	0.20	0.27	0.997	0.13	1.37	0.983	0.18
pH4.3	298	5.66	3.64	190.6	0.996	0.11	0.19	0.988	0.19	1.58	0.976	0.24
	313	6.33	3.49	198.6	0.990	0.19	0.22	0.990	0.19	1.55	0.964	0.29
pH3.8	298	2.92	9.81	70.7	0.999	0.03	0.12	0.878	0.30	0.69	0.967	0.13
	313	3.80	8.08	85.7	0.999	0.04	0.15	0.918	0.33	0.92	0.970	0.16
pH3.3	298	1.74	15.5	44.7	0.995	0.03	0.073	0.851	0.18	0.49	0.993	0.04
	313	2.01	13.8	50.2	0.989	0.06	0.094	0.913	0.16	0.69	0.975	0.07

注： *a*、*b* 为常数，R^2 为相关系数，*Se* 为标准误差，*t* 为时间（min），$t_{1/2}$ 为半反应时间（min），q_t 为 *t*（min）时的吸附量（mmol/kg），q_∞ 为最大吸附量（mmol/kg），*k'* 为表观吸附速率常数。

一级动力学方程拟合得出的 Pb 最大吸附量（q_∞），随酸度的增加而显著下降；同一 pH 值下，表观最大吸附量随温度上升而增加。表观速率常数（*k'*）越大，越易达到平衡，pH 值的降低，*k'* 值增大，Pb 吸附更容易达到平衡。从 k' 计算的半反应时间（$t_{1/2}$），pH5.5 处理需 220～253 min，而 pH3.3 处理仅需 44～50 min；相同条件下，Cu 的 pH 5.5 处理需 250～330 min，而 pH3.3 处理仅需 25～30 min（孙志成等，2006）。随温度上升吸附快反应速率加快，吸附平衡提前。

抛物线扩散方程描述离子在颗粒内的扩散过程，常数 b 值可用来解释离子的表观扩散速率，b 值随 pH 值降低而减小，即 Pb 在颗粒内的扩散速率降低；同一 pH 值下，b 值随温度的升高而略有上升，Pb 在颗粒内的扩散速率增加。在四种 pH 值下，Pb 的 b 值均大于 Cu 的 b 值（孙志成等，2006），说明 Pb 在颗粒内的扩散速率大于 Cu 在颗粒内的扩散速率，Pb 更易被红壤吸附。

Elovich 方程为一经验式，经过大量研究与实际应用表明，它描述的是包括一系列反应机制的过程，如溶质在溶液体相或界面处的扩散、表面的活化与去活化作用等。因此，它对于单一反应机制的过程不适合，却非常适用于反应过程中活化能变化较大的过程，如土壤和沉积物界面上的过程。Elovich 方程已成功应用于拟合磷及重金属的吸附/解吸动力学过程（涂从，1994）。Sparks（1986）指出 Elovich 方程能描述慢反应扩散机制，如果试验数据与 Elovich 方程的拟合性较好，说明试验过程为非均相扩散过程。pH3.3 和 pH3.8 处理的 Pb 吸附很快达到平衡，相关系数比 pH5.5 和 pH4.3 处理的高，标准误差比后者的低，强酸性下 Pb 的吸附过程更适合用 Elovich 方程描述。

二、Pb 吸附动力学能量特征

多相体系中动力学参数的确定和反应机理的探讨是一个复杂过程，现将 Arrhenius 公式和离子扩散公式结合，并应用于离子的扩散过程。根据过渡态理论，反应速率常数与温度的 Arrhenius 表达式为（Griffin et al，1973）

$$k_a = A\exp\left(-\frac{E_b}{RT}\right)$$

式中，k_a 是反应速度常数；E_b 是活化能；R 是气体常数（8.31 J/（K · mol）；T 是绝对温度；A 是常数。

根据 Griffin 和 Jurinak 公式,用扩散速率常数 b 代替反应速率常数 k_a,可求出相应的假热力学参数(见表 9-3):活化焓变(ΔH_b^*)、活化熵变(ΔS_b^*)和活化自由能变(ΔG_b^*)。

$$E_a = RT_1T_2(\mathrm{dln}b/\mathrm{d}t)$$

$$\Delta H^* = E_b^* - RT$$

$$\Delta G^* = -RT\ln\left(\frac{hb}{k_BT}\right)$$

$$\Delta S^* = (\Delta H^* - \Delta G^*)/T$$

式中:k_B 是 Boltzman 常数(1.38×10^{-23} J/K);h 是 Plank 常数(6.62×10^{-34} J/s)。

表 9-3　Pb 吸附动力学的能量变化特征

处理	温度(K)	抛物线扩散方程 $q_t = a + bt^{1/2}$			
		E_b^*(kJ/mol)	ΔH^*(kJ/mol)	ΔG^*(kJ/mol)	ΔS^*(J/(mol·K))
pH5.5	298	8.38	5.90	76.56	-237.1
	313	8.38	5.78	80.11	-237.5
pH4.3	298	9.42	6.95	77.13	-235.5
	313	9.42	6.82	80.66	-235.9
pH3.8	298	11.62	9.14	78.14	-231.5
	313	11.62	9.01	81.61	-231.9
pH3.3	298	13.07	10.59	79.43	-231.0
	313	13.07	10.46	82.90	-231.4

Pb 扩散活化能 E_b^*,表示扩散进行需要克服的能障的大小。随 pH 值的降低,活化能 E_b^* 增大,Pb 扩散需要克服的能障增加,吸附量急剧下降。根据抛物线扩散方程计算的活化能 E_b^* 值为 8.38 ~ 13.07 kJ/mol,而 Cu 的为 12 ~ 24 kJ/mol(孙志成等,2006),表明 Pb 的扩散过程克服的能障小于 Cu,Pb 比 Cu 更易被土壤吸附。除物理扩散过程外,在 pH3.3 和 pH3.8 时还受到化学位的影响,pH 值越低,扩散要克

服的能障越大,扩散速率越低,扩散速率常数 b 值也越小。

Pb 扩散的活化焓变(ΔH^*)正值越大,扩散需要吸收的热能越大,扩散越难进行。四种 pH 值下的 ΔH^* 变化规律与 E_b^* 相同,说明溶液中 H^+ 浓度增加会阻碍铅离子的扩散。Pb 扩散活化焓值随吸附反应温度的升高而略有减小,说明升高温度可以促进 Pb 吸附反应的进行。在相同温度下,活化焓变值(ΔH^*)大小依次为 pH3.3 > pH3.8 > pH4.3 > pH5.5。pH3.3 处理的 Pb 扩散所需总热能最多,在 pH5.5 酸处理 Pb 扩散所需热能最少,pH5.5 处理比 pH3.3 处理扩散容易进行。

Pb 扩散活化自由能(ΔG^*)是 Pb 由自由态转变为活化态时的自由能变,决定 Pb 的扩散速率,并受温度变化的影响。在相同 pH 值下,活化自由能(ΔG^*)随温度的上升呈增大的趋势,这与活化焓变(ΔH^*)变化规律相反。而在同一温度下,不同酸处理 Pb 扩散活化自由能(ΔG^*)基本上随酸度的增加而上升。

Pb 扩散活化熵(ΔS^*)在不同 pH 值处理下均为负值,是由于土壤表面的吸附点位对铅离子的作用力,Pb 被吸附使体系有序度增加,即 Pb 被土壤吸附后的比其在溶液中更有序,Pb 与土壤相互作用的构型更趋稳定;同一温度下,不同 pH 值处理的 Pb 的负熵值随酸度增加而下降,负熵值变化依次为 pH5.5 > pH4.3 > pH3.8 > pH3.3,即 H^+ 影响 Pb 的扩散。相同 pH 值下随温度上升,负熵略有增加,表明 Pb 的动能增加导致吸附点位对 Pb 的作用力相对减弱。而这种吸附点位对 Pb 的作用力相对减弱对 Pb 吸附量的影响小于温度上升使 Pb 的动能增大对 Pb 扩散的促进作用,Pb 的吸附量仍呈现增大趋势。

三、铅离子吸附中 H^+ 的浓度的变化

Pb 吸附过程中流出液 pH 值变化的结果(见图 9-4)表明:原液的 pH 值为 5.5、4.3 时流出液的 pH 值急剧下降,体系有质子放出。原液 pH 值为 3.8 和 3.3 时,流出液的 pH 值高于原液 pH 值,土壤对输入的 H^+ 有一定的缓冲作用,这种缓冲作用消耗了一部分 H^+。

H^+ 的释放原因可能是土壤的 pH 值本身为 4.6,土壤溶于水后就

有一个 pH 值的下降过程,再一个过程就是 Pb 被氧化物吸附的水化释放 H^+ 的过程(Yu,1997)。

$$\equiv FeOH + Pb^{2+}(aq) + H_2O \rightarrow \equiv FeO^- - Pb(OH)^+ + 2H^+$$

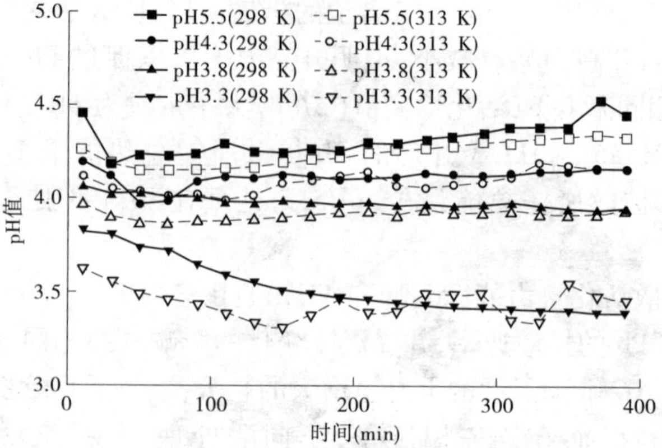

图 9-4　Pb 吸附过程中流出液 pH 值的变化

从整个反应历程看,H^+ 的消耗有多种途径,因而无法用一种机制解释。在反应初期,H^+ 的消耗是一快速反应过程,这一过程主要的反应包括土壤交换性阳离子的缓冲作用和土壤表面质子化,其中 Fe—OH 是最主要的质子受体,游离氧化铁含量是决定质子化程度的主要因素(Yu,1997)。

在强酸性条件下,H^+ 和 Pb 同时在土壤表面竞争交换点位,随酸度的增加,Pb 的吸附量急骤下降,可以说 H^+ 也占据一定数量的交换点位是短时间内 H^+ 消耗的途径之一。在长时间内,土壤对质子缓冲作用是黏土矿物表面铝的溶出,H^+ 的去向可能是转化为水溶性铝或可交换性酸(Yu,1997)。在持续的反应中,H^+ 对矿物的溶解是一缓慢的过程。

四、结论

在酸性条件下,Pb 的吸附过程可以分为快反应和慢反应两阶段,随流入液 pH 值的升高,Pb 吸附量增大,且温度升高,加速 Pb 吸附的快反应速率,促使 Pb 吸附提前达到平衡。用常用的动力学方程拟合 Pb

的吸附数据，一级动力学方程拟合得出 Pb 的最大吸附量随酸度的增加呈显著下降；随温度的上升，最大吸附量上升。抛物线扩散方程常数 b 值用来解释离子的表观扩散速率，随酸度的增大，Pb 离子扩散速率降低；随温度的升高，Pb 离子的扩散速率增加。同样，Elovich 方程也有相同的结论，可以用 Elovich 方程描述在强酸性下 Pb 的吸附过程。

在搅动的情况下，影响水动力学膜的厚度，水膜厚度的降低，有利于 Pb 容易通过固相颗粒表面的液膜，可推断离子在颗粒内的扩散是决定反应的速率限制步。用抛物线扩散方程的速率常数 b 计算扩散过程的假热力学参数，Pb 扩散活化能 E_a^* 代表扩散过程需要克服的能障（能垒）的大小。随酸度的增加，Pb 的扩散需要克服的能障越大，Pb 吸附过程中的扩散速率越低；Pb 扩散过程中活化焓变（ΔH^*）值为正，扩散是吸热过程，升高温度可以促进 Pb 的扩散，pH3.3 处理的 Pb 扩散所需总热能最多，在 pH5.5 酸处理 Pb 扩散所需热能最少，扩散越容易进行。不同酸处理的活化熵变（ΔS^*）均为负值，说明吸附反应使体系有序度增加。即 Pb 被土壤吸附后的排序比其在溶液中更有序，与土壤之间相互作用的构型更趋稳定。

在 Pb 吸附过程中，流出液 pH 变化的动力学研究结果表明，当原液 pH 值为 4.3 和 5.5 时，土壤吸附铅离子的同时流出液 pH 值急剧下降，在这一过程中有质子的释放，涉及离子的交换（Pb 与 H^+ 和 Al^{3+}）和 Al^{3+} 的水解反应，整个交换反应的速率限制步应是（H^+）Al^{3+} 的扩散过程。当流入液 pH 值为 3.8 和 3.3 时，流出液 pH 值高于流入液 pH 值，因土壤缓冲作用消耗 H^+ 的过程，在反应初期，H^+ 的消耗是一快速反应过程，在这一过程中主要的反应包括土壤交换性阳离子的缓冲作用和土壤表面质子化，在以后的反应中，H^+ 对矿物的溶解是一缓慢的过程。

第十章　酸性条件下重金属 Zn 的反应动力学

锌既是植物生长发育所必需的微量元素，又是污染环境的主要重金属，过量的锌对生态环境和动植物构成威胁（郭观林等，2005；邵学新等，2008）。锌的吸附 - 解吸作用控制土壤锌的供应能力和对锌的缓冲能力，决定了植物吸收锌的量和土壤承受的最大外源锌的量（余国营等，1997）。锌在固液界面发生许多重要的化学反应，如溶解、沉淀、吸附与解吸、运移等化学过程，其中离子交换反应是控制元素在固液相分配的重要过程之一（孙志成等，2006；王代长等，2009b）。

第一节　酸性条件下可变电荷土壤对锌吸附动力学特征

一、Zn 吸附动力学模型

通过测定流出液中 Zn 的含量，计算土壤对 Zn 的累积吸附量与反应时间的关系（见图 10-1）。同一种土壤 pH 值越高，Zn 的吸附量越大，达到吸附平衡所用时间越长，如流入液 pH 值为 5.5，在 600 min 时，红壤、赤红壤和砖红壤上 Zn 的吸附量分别为 1.5、2.0、2.35 mmol/kg，在反应时间 600 min 内仍未达到吸附平衡；pH 值越低，Zn 的吸附量越小，达到吸附平衡所用时间越短，如流入液 pH 值为 3.3 时，上述三种土壤在 60 ~ 140 min 都已达到吸附平衡，Zn 的吸附量分别为 0.12、0.34、0.70 mmol/kg。流入液在相同 pH 值下，Zn 的累计吸附量的大小顺序为：砖红壤 > 赤红壤 > 红壤。

用常见的三种动力学方程拟合 Zn 的吸附动力学数据，相关系数（R^2）均达到显著水平，有关动力学方程的参数见表 10-1。

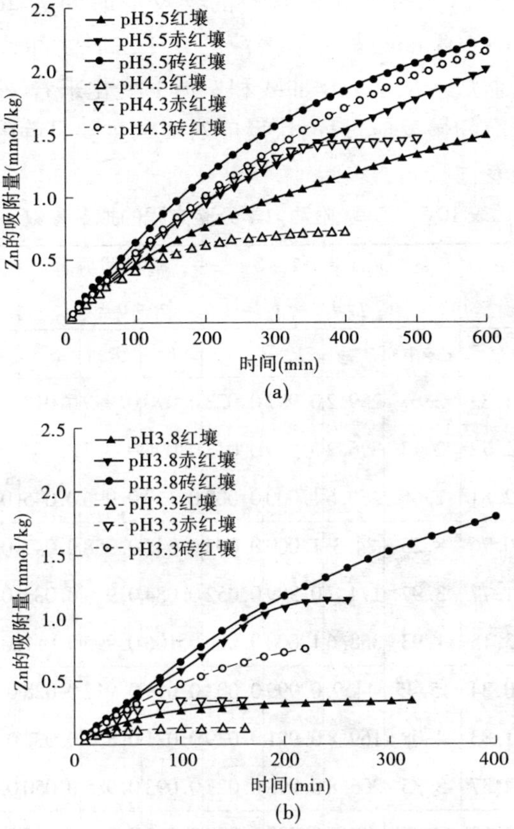

图 10-1　Zn 在可变电荷土壤上的吸附动力学

从试验结果看，Zn 的累积吸附量与时间的关系表明：Zn 吸附遵循一级动力学方程，酸度（或 H^+）对 Zn 的最大吸附量有明显影响，一级动力学方程拟合得出 Zn 的最大吸附量，随流入液酸度增加，表观最大吸附量显著下降，如砖红壤、赤红壤和红壤在流入液 pH5.5 时 Zn 的吸附量为 2.81、2.72、1.83 mmol/kg；pH3.3 时为 1.0、0.38、0.12 mmol/kg。从试验结果分析，表观速率常数（k'）应该是指趋向平衡时的速率变化，k'值越大，越易达到平衡，k'值随酸度的增加而增大，如流入液 pH 值为 3.3 时红壤上 k'值为 0.052，流入液 pH 值为 5.5 时 k'值为 0.002 6。从半反应时间看($t_{1/2}$),pH5.5 酸溶液的半反应时间为 260 ~ 326 min,pH3.3 的为 13 ~ 108 min,其他酸溶液的介于二者之间,半反应时间随酸度的增加而缩短。从动力学曲线和 k' 值的变化来看,Zn 吸附反应可以划分为快反应和慢反应过程,快反应对应的主要是静电吸附,慢反应对应的主要是专性吸附。

表 10-1　Zn 吸附动力学经验方程的拟合参数

处理	土壤	一级动力学方程 $\ln(1-q_t/q_\infty)=-k't$					抛物线方程 $q_t=a+bt^{1/2}$			Elovich 方程 $q_t=a+b\ln t$		
		q_∞	$k'\times10^3$	$t_{1/2}$	R^2	Se	b	R^2	Se	b	R^2	Se
pH5.5	红壤	1.83	2.67	259.2	0.997	0.023	0.070	0.999	0.012	0.41	0.927	0.12
	赤红壤	2.72	2.13	326.2	0.999	0.017	0.095	0.997	0.034	0.54	0.909	0.19
	砖红壤	2.81	2.66	260.6	1.000	0.009	0.110	0.996	0.045	0.63	0.925	0.19
pH4.3	红壤	0.76	8.23	84.3	1.000	0.005	0.042	0.958	0.047	0.21	0.978	0.03
	赤红壤	1.77	3.97	174.7	0.989	0.052	0.084	0.973	0.083	0.45	0.932	0.13
	砖红壤	3.15	1.93	358.6	1.000	0.009	0.106	0.995	0.051	0.61	0.902	0.22
pH3.8	红壤	0.34	15.45	44.9	0.999	0.003	0.019	0.917	0.028	0.092	0.986	0.01
	赤红壤	1.83	4.08	169.8	0.991	0.039	0.021	0.872	0.037	0.385	0.919	0.12
	砖红壤	2.37	3.35	206.8	0.998	0.027	0.093	0.985	0.050	0.586	0.941	0.16
pH3.3	红壤	0.12	51.87	13.4	0.982	0.003	0.103	0.990	0.067	0.026	0.883	0.01
	赤红壤	0.38	20.57	33.7	0.980	0.016	0.007	0.734	0.013	0.119	0.961	0.02
	砖红壤	1.00	6.40	108.4	1.000	0.005	0.008	0.709	0.019	0.246	0.950	0.06

注: a、b 为常数,R^2 为相关系数,Se 为标准误差,t 为时间(min),$t_{1/2}$ 为半反应时间(min),q_t 为 t(min)时的吸附量(mmol/kg),q_∞ 为最大吸附量(mmol/kg),k' 为表观吸附速率常数。

抛物线扩散方程常常用来描述离子在颗粒内的扩散过程,常数 b 值用来解释离子的表观扩散速率。从 b 值的大小看,随酸度的增大,Zn 离子在颗粒内的扩散速率降低;Elovich 方程也有相似的结果。Zn 吸附反应速率限制步取决于膜扩散速率、颗粒内扩散速率和化学反应速率中最小的速率。以往研究土壤动力学的方法大多采用间歇法和柱试验法，这两种方法从理论上讲不能消除膜扩散，但在搅动的情况下，影响水动力学膜的厚度，水膜厚度的降低，有利于 Zn 通过固相颗粒表面的液膜。尽管一级动力学方程能描述在反应点位上的离子交换吸附过程，但离子的交换过程通常是很快的，显然化学交换反应不是反应速率控制步，可以推断离子在颗粒内的扩散是决定反应的速率限制步（Sparks，1988）。在颗粒内的扩散速率大小顺序为：砖红壤 > 赤红壤 > 红壤。随酸度的增加，离子在颗粒内的扩散速率降低。

与其他金属离子的吸附相比，在 pH3.3 ~ 5.5，在红壤、赤红壤和砖红壤上，Cu 的表观平衡吸附量分别为 0.57 ~ 4.05、3.28 ~ 6.32、4.43 ~ 14.46 mmol/kg（王代长等，2009a）；吸附 Pb 的量为 1.73 ~ 7.7、1.34 ~ 10.3、5.25 ~ 22.32 mmol/kg（王代长等，2009b）；Zn 的吸附量为 0.12 ~ 1.83、0.38 ~ 2.72、1.0 ~ 2.81 mmol/kg；在 pH3.5 ~ 5.0，红壤和砖红壤上分别吸附 Cd 的量为 0.019 ~ 0.026、0.19 ~ 0.22 mmol/kg（王代长等，2007b）。由此可见，Zn 的吸附量为小于 Cu 和 Pb、大于 Cd 的吸附量。

重金属离子的吸附量随 pH 值升高而显著增加，主要由不同重金属离子的水解能力的差异所致。重金属离子水解能力越强，形成羟基金属离子数量越多，越易被土壤所吸附。一级水解常数（pK_1）是表征金属离子水解能力的重要参数，Pb^{2+}、Cu^{2+}、Zn^{2+} 和 Cd^{2+} 相应的一级水解常数（pK_1）分别为 6.2、8.0、9.0 和 10.1。pK_1 越小，水解能力越强，并且水解作用随体系 pH 值的增加而增强，说明 Pb 和 Cu 比 Zn 更易水解，也更易被土壤颗粒所吸附。Cu 和 Zn 离子半径相差不多，但 Cu 与土壤胶体形成络合物的稳定性较 Zn 强，因而更易于吸附于土壤表面，占据更多的吸附点位。Cd 主要通过静电作用吸附于土壤颗粒表面（王代长等，2007b），Pb、Cd 和 Zn 通过化学键作用吸附于土壤颗粒表面，主要是专性吸附，因而比 Cd 的吸附量大。随着 pH 值升高，可变电荷土壤表面负电荷增加，对阳离子的静电吸引作用增强是导致土壤对重金属离子吸附量增加的另一个原因。

二、Zn 吸附过程中 H^+ 的释放

三种土壤上流出液 pH 值为:砖红壤 > 赤红壤 > 红壤(见图 10-2)。pH5.5 处理的流出液 pH 值低于原液的 pH 值(除砖红壤在反应初始阶段外),表明在 Zn 吸附过程中有质子的释放,H^+ 的释放量为:红壤 > 赤红壤 > 砖红壤,其作用机理可能为:

$$SOH + Zn^{2+} \longrightarrow SOZn^+ + H^+$$

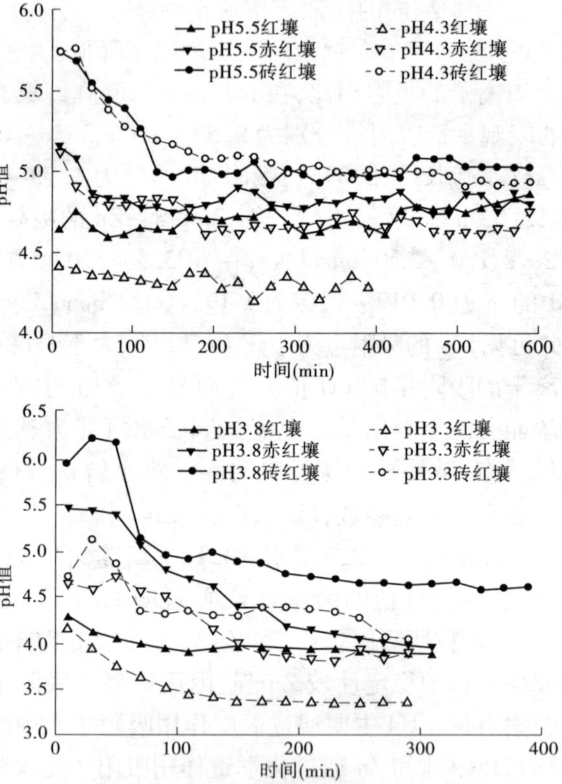

图 10-2　流出液 pH 值变化

土壤对 pH 的缓冲机制研究表明(Norton et al,1989),阳离子交换的缓冲范围为 pH4.6 ~ 5.6,铝的缓冲范围为 pH3.5 ~ 4.5。从 H^+ 释放的总量来看,可认为 H^+ 的来源是 Zn 与土壤水合氧化物表面的 SOH 交换作

用和交换性铝的水解，引起流出液 pH 值降低。在砖红壤上，由于交换性铝的含量最低，仅为 0.60 cmol/kg，而红壤上为 5.87 cmol/kg，交换性铝的水解引起的 pH 值下降更快。三种可变电荷土壤在 pH4.3 上吸附 Pb 时有质子的释放（王代长等，2009a），红壤在 pH4.3 吸附 Cu 时有质子的释放（王代长等，2009b），表明 Zn 吸附过程中质子释放的数量不及 Cu 和 Pb，其吸附的 Zn 量没有吸附 Cu 和 Pb 量高。

三、Zn 吸附过程中 H^+ 的消耗

pH4.3、pH3.8 和 pH3.3 处理原液流经反应池，流出液 pH 值高于流入液 pH 值，H^+ 的消耗量却存在明显差异：砖红壤 > 赤红壤 > 红壤。

流出液的 pH 值变化表明存在质子的消耗过程，这可能有以下的作用机制：①阳离子交换机制，特别是砖红壤上离子交换作用显著，原因可能与砖红壤发育于玄武岩母质有关，玄武岩母质含有较多的钙、镁元素，特别是 pH3.8 和 pH3.3 的溶液作流入液时，H^+ 交换土壤表面吸附的盐基离子，导致流出液的 pH 值升高，溶液 pH 值升高是因盐效应引起的；②SO_4^{2-} 的专性吸附，酸溶液中含有 SO_4^{2-} 根，与矿物表面的羟基交换释放 OH^- 中和质子；③铁、铝氧化物、黏土矿物边部的表面羟基（—OH）质子化过程，使溶液中 H^+ 的浓度迅速降低。

红壤、赤红壤和砖红壤表面性质及矿物组成的差异。几种土壤中均含有一定量的氧化铁，其中砖红壤中氧化铁最高，其次是赤红壤、红壤，对以硫酸盐为主酸雨的影响在短时间内的表现明显不同。当加入含 SO_4^{2-} 的酸溶液后，SO_4^{2-} 在铁铝氧化物表面产生专性吸附，释放出羟基离子，中和溶液中部分的 H^+，这在砖红壤和赤红壤反应初期表现最为明显，其机理为：

$$Fe\left|\begin{matrix}OH_2\\ —OH\end{matrix}\right|^0 + SO_4^{2-} \longrightarrow Fe\left|\begin{matrix}—OH\\ —SO_4\end{matrix}\right|^- + OH^-$$

已有的研究结果表明，H^+ 可使土壤颗粒表面的—OH 基团发生质子化作用，它是一快速反应，并主要由扩散作用控制。因此，可变电荷土壤中 H^+ 快速消耗过程应是由质子化作用引起的。质子化作用的强

弱主要与 Fe—OH 和 Al—OH 等基团,特别是 Fe—OH 基团的性质和数量有关(王代长等,2006a;Yu,1997)。砖红壤氧化铁的含量最高,因此快速过程中 H^+ 消耗量较红壤和赤红壤都大得多。

第二节 酸性条件下红壤表面 Zn^{2+}—H^+ 反应动力学的能量特征

一、不同温度下 Zn 吸附动力学特征

不同 pH 值含 Zn 0.02 mmol/L 模拟酸雨,分别于 298 K 和 313 K 通过反应池,通过测定流出液中 Zn 的含量,计算土壤对 Zn 的累积吸附量与反应时间的关系(见图 10-3)。

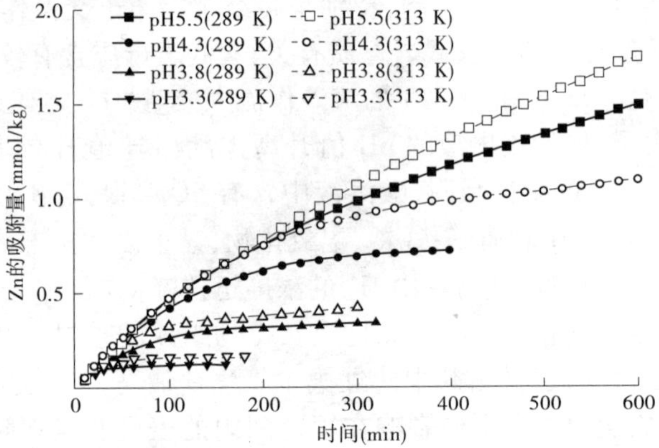

图 10-3 Zn 的吸附动力学

根据 Zn 吸附曲线的斜率,其吸附过程可分为快反应和慢反应两个阶段。从图 10-3 可以看出,Zn 的累积吸附量随流入液 pH 值的升高而增加;在 pH3.3 时,Zn 的吸附在 40 min 后趋向平衡;pH3.8 时在 100 min 后趋向平衡;pH4.3 在 298 K 时 300 min 后趋向平衡,在 313 K 时在 600 min 后趋向平衡;在试验时间内 pH5.5 没有达到平衡。温度由 298 K 升至 313 K 时,相同 pH 值条件下 Zn 的累积吸附量有不同程度

的增加。

用动力学方程对 Zn 的吸附反应动力学的数据进行拟合，以相关系数(R^2)和标准误差(Se)作为综合判断指标。R^2 越大，Se 越小，拟合性越好，动力学方程参数如表 10-2 所示。

表 10-2　Zn 吸附动力学经验方程的拟合参数

处理	温度(K)	一级动力学方程 $\ln(1-q_t/q_\infty)=-k't$					抛物线扩散方程 $q_t=a+bt^{1/2}$			Elovich 方程 $q_t=a+b\ln t$		
		q_∞	$k'\times10^3$	$t_{1/2}$	R^2	Se	b	R^2	Se	b	R^2	Se
pH 5.5	298	1.79	2.76	251.4	0.998	0.022	0.070	0.999	0.012	0.400	0.928	0.12
	313	2.62	1.78	389.4	0.999	0.017	0.083	0.994	0.042	0.469	0.895	0.17
pH 4.3	298	0.76	8.23	84.3	1.000	0.005	0.042	0.965	0.046	0.215	0.978	0.034
	313	1.12	5.56	124.7	1.000	0.008	0.050	0.968	0.063	0.302	0.974	0.053
pH 3.8	298	0.34	15.5	44.9	0.999	0.003	0.019	0.917	0.028	0.092	0.986	0.011
	313	0.41	16.9	41.1	0.992	0.010	0.024	0.913	0.034	0.112	0.987	0.013
pH 3.3	298	0.12	51.9	13.4	0.982	0.003	0.006 7	0.734	0.013	0.026	0.883	0.009
	313	0.16	45.8	15.1	0.985	0.004	0.008 4	0.709	0.019	0.035	0.866	0.013

注： a、b 为常数，R^2 为相关系数，Se 为标准误差，t 为时间(min)，$t_{1/2}$ 为半反应时间(min)，q_t 为 t(min)时的吸附量(mmol/kg)，q_∞ 为最大吸附量(mmol/kg)，k' 为表观吸附速率常数。

一级动力学方程拟合得出的 Zn 最大吸附量(q_∞)，随酸度的增加而显著下降；同一 pH 值下，表观最大吸附量随温度上升而增加。与 Cu 和 Pb 的最大吸附量相比较(孙志成等，2006；王代长等，2009a，2009b)，如 pH5.5(298 K)处理 Cu 的最大吸附量为 4.05 mmol/kg，Pb 的最大吸附量为 6.67 mmol/kg，Zn 的最大吸附量为 1.79 mmol/kg。Zn 的吸附量低于 Cu 和 Pb 的吸附量 1～3 倍，Zn 被认为是比 Cu 和 Pb 难吸附的重金属离子(Bargar et al，1997)。

表观速率常数(k')越大，越易达到平衡，pH 值的降低，k' 值增大，Zn 吸附更容易达到平衡。从 k' 计算的半反应时间($t_{1/2}$)，在 289 K 时

pH5.5、pH4.3、pH3.8 和 pH3.3 处理分别需要 251、84、45、15 min左右；相同条件下，Cu 的处理分别需要 330、158、61、28 min 左右（孙志成等，2006；王代长等，2009b）；Pb 的处理分别需要 220、190、70、45 min 左右（王代长，2008）。随温度上升，吸附快，反应速率加快，吸附平衡提前。

一级动力学方程的速率常数有明确的物理含义，但它是描述整个吸附反应过程，Zn 吸附反应有以下步骤：①Zn 通过固相颗粒表面的液膜扩散（膜扩散）；②Zn 通过矿物晶体的水化间层离子扩散到反应位（颗粒内扩散）；③Zn 与反应位的离子发生交换反应或吸附到空反应点位。Zn 吸附速率限制步取决于膜扩散速率、颗粒内扩散速率和化学反应速率中最小的速率。以往研究土壤动力学的方法大多采用间歇法和柱试验法，这两种方法从理论上讲不能消除膜扩散，但在搅动的情况下，影响水动力学膜的厚度，水膜厚度的降低，有利于 Zn 通过固相颗粒表面的液膜（Sparks，1987）。尽管一级动力学方程能描述在反应点位上的离子交换吸附过程，但离子的交换过程通常是很快的，显然化学交换反应不是反应速率控制步。

抛物线扩散方程描述离子在颗粒内的扩散过程，常数 b 值可解释离子的表观扩散速率，b 值随 pH 值降低而减小，即 Zn 在颗粒内的扩散速率降低；同一 pH 值下，b 值随温度的升高而略有上升，Zn 在颗粒内的扩散速率增加。在四种 pH 值下，Zn 的 b 值均小于 Cu 和 Pb 的 b 值，说明 Zn 在颗粒内的扩散速率小于 Cu 和 Pb 在颗粒内的扩散速率，Zn 更难被红壤吸附。

Elovich 方程为一经验式，非常适用于反应过程中活化能变化较大的过程，如土壤和沉积物界面上的过程。Elovich 方程已成功应用于拟合磷及重金属的吸附/解吸动力学过程。Sparks 指出 Elovich 方程能描述慢反应扩散机制，如果试验数据与 Elovich 方程的拟合性较好，说明试验过程为非均相扩散过程。强酸性下（pH3.8 和 pH3.3）Zn^{2+} 的吸附过程用 Elovich 方程描述，比扩散方程的相关系数要高，标准误差要低。

二、Zn 吸附动力学能量特征

多相体系中动力学参数的确定和反应机理的探讨是一个复杂过程，现将 Arrhenius 公式和离子扩散公式结合，并应用于离子的扩散过程（见表 10-3）。

表 10-3 Zn 吸附动力学的能量变化特征

处理	温度（K）	抛物线扩散方程 $q_t = a + bt^{1/2}$			
		E_b^*（kJ/mol）	ΔH^*（kJ/mol）	ΔG^*（kJ/mol）	ΔS^*（J/（mol·K））
pH5.5	298	9.05	6.58	79.54	−244.8
	313	9.05	6.45	83.22	−245.3
pH4.3	298	9.83	7.35	80.82	−246.5
	313	9.83	7.23	84.52	−246.9
pH3.8	298	11.16	8.68	82.74	−248.5
	313	11.16	8.56	86.47	−248.9
pH3.3	298	12.02	9.54	85.35	−254.4
	313	12.02	9.42	89.17	−254.8

Zn 扩散活化能 E_b^*，表示扩散进行需要克服的能障的大小。随 pH 值的降低，活化能 E_b^* 增大，Zn 扩散需要克服的能障增加，吸附量急剧下降。根据抛物线扩散方程计算 Zn 的活化能 E_b^* 值为 9.05 ~ 12.02 kJ/mol，而在 pH5.5 ~ 3.3，Cu 的活化能为 12 ~ 24 kJ/mol，Pb 的活化能为 8.38 ~ 13.07 kJ/mol。

Zn 扩散的活化焓变（ΔH^*）正值越大，扩散需要吸收的热能越大，扩散越难进行。四种 pH 值下的 ΔH^* 变化规律与 E_b^* 相同，说明溶液中 H^+ 浓度增加会阻碍锌离子的扩散。Zn 扩散活化焓值随吸附反应温度的升高而略有减小，说明升高温度可以促进 Zn 吸附反应的进行。在相同温度下，活化焓变值（ΔH^*）大小依次为：pH3.3 > pH3.8 > pH4.3 >

pH5.5。pH3.3 处理的 Zn 扩散所需总热能最多，在 pH5.5 酸处理 Zn 扩散所需热能最少，pH5.5 处理比 pH3.3 处理扩散容易进行。与 Cu 吸附过程相比，在 pH5.5 ~ 3.3 扩散的活化焓变（ΔH^*）在 9.9 ~ 21.67 kJ/mol，均大于 Zn 吸附过程中的焓变，说明 Cu 扩散需要吸收的热能比 Zn 要大。

Zn 扩散活化自由能（ΔG^*）是 Zn 由自由态转变为活化态时的自由能变，决定 Zn 的扩散速率，并受温度变化的影响。在相同 pH 值下，活化自由能（ΔG^*）随温度的上升呈增大的趋势。而在同一温度下，不同酸处理 Zn 扩散活化自由能（ΔG^*）基本上随酸度的增加而上升，Zn 的扩散速率降低。与 Cu 吸附过程相比，在 pH 值为 5.5 ~ 3.3 扩散的活化自由能（ΔG^*）在 77 ~ 84 kJ/mol，均小于 Zn 吸附过程中的活化自由能，说明 Zn 扩散速率比 Cu 要小。

Zn 扩散活化熵（ΔS^*）在不同 pH 值处理下均为负值，是由于土壤表面的吸附点位对锌离子的作用力，Zn 被吸附使体系有序度增加。同一温度下，不同 pH 值处理的 Zn 的负熵值随酸度增加而下降，负熵值变化依次为：pH5.5 > pH4.3 > pH3.8 > pH3.3，即 H^+ 影响 Zn 的扩散。

三、Zn 吸附过程中 H^+ 的浓度的变化

Zn 吸附过程中流出液 pH 值变化的结果（见图 10-4）表明：原液的 pH 值为 5.5 时流出液的 pH 值急剧下降，体系有质子放出，这与 Cu 和 Pb 的吸附过程一致，但 pH 值下降速度没有 Cu 和 Pb 的大。原液的 pH 值为 4.3 时流出液的 pH 值略高于原液 pH 值，这与 Cu 和 Pb 的吸附过程不同，这两种重金属均低于原液的 pH 值。原液 pH 值为 3.8 和 3.3 时，流出液的 pH 值高于原液 pH 值，这与 Cu 和 Pb 的吸附过程一致。土壤对输入的 H^+ 有一定的缓冲作用，这种缓冲作用消耗了一部分 H^+。

H^+ 的释放原因可能是土壤的 pH 值本身为 4.6，土壤溶于水后就有一个 pH 值的下降过程，再一个过程就是 Zn 被氧化物吸附的水化释放 H^+ 的过程（Yu，1997）。

$$\equiv FeOH + Zn^{2+}(aq) + H_2O \longrightarrow \equiv FeO^- - Zn(OH)^+ + 2H^+$$

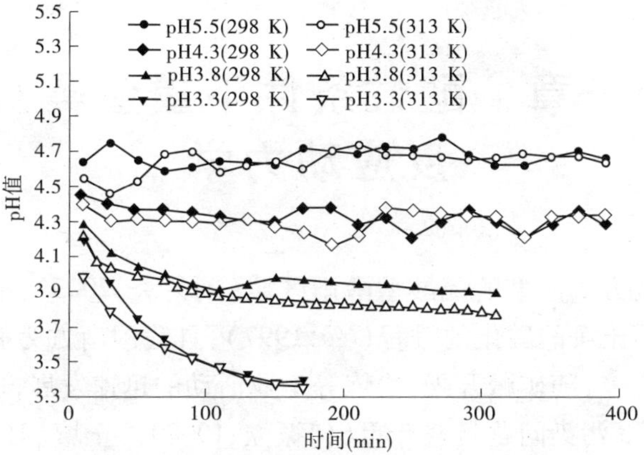

图 10-4　Zn 吸附过程中流出液 pH 值的变化

从整个反应历程看，H^+ 的消耗有多种途径，因而无法用一种机制解释。在反应初期，H^+ 的消耗是一快速反应过程，这一过程主要的反应包括土壤交换性阳离子的缓冲作用和土壤表面质子化，其中 Fe—OH 是最主要的质子受体，游离氧化铁含量是决定质子化程度的主要因素（Zhang et al，1991；朱茂旭等，2001）。

在强酸性条件下，H^+ 和 Zn 同时在土壤表面竞争交换点位，随酸度的增加，Zn 的吸附量急骤下降，可以说 H^+ 也占据一定数量的交换点位是短时间内 H^+ 消耗的途径之一。在长时间内，土壤对质子缓冲作用是黏土矿物表面铝的溶出，H^+ 去向可能是转化为水溶性铝或可交换性酸。在持续的反应中，H^+ 对矿物的溶解是一缓慢的过程。

第十一章　酸性条件下重金属 Cu 的反应动力学

我国南方属典型的硫酸型酸雨区域(刘菊秀,2003),酸沉降会加剧可变电荷土壤的酸化的过程(Yu,1997),且我国南方为有色金属及稀有金属之乡,随矿藏开采、冶炼等工业活动的迅速发展,可变电荷土壤重金属 Cu 污染问题日益严重(何振立,1998)。土壤 pH 值、有机质和矿物组成是影响 Cu 环境行为的重要因素(王慎强等,2003;张晋京等,2007)。土壤重金属污染和土壤酸化都涉及土壤胶体对离子的吸附和解吸的化学过程(董长勋等,2007)。

第一节　酸性条件下可变电荷土壤对铜吸附动力学

一、Cu 吸附动力学模型

配制不同 pH 值含 Cu 0.05 mmol/L 模拟酸雨,于 298 K 下通过反应池,测定流出液中 Cu 的含量,计算土壤对 Cu 的累积吸附量与反应时间的关系(见图 11-1)。

同一种土壤,pH 值越高,Cu 的累计吸附量越大;pH 值越低,Cu 的累计吸附量越小,达到吸附平衡所用时间越短。相同 pH 值下,Cu 的累计吸附量的大小顺序和达到吸附平衡所用时间顺序为:砖红壤 > 赤红壤 > 红壤。根据 Cu 吸附曲线的斜率,其吸附过程可分为快反应和慢反应两个阶段。

用三种动力学方程对 Cu 吸附动力学的数据进行拟合,以相关系数(R^2)和标准误差(Se)作为综合判断指标。R^2 越大,Se 越小,拟合性越好,动力学方程参数(见表 11-1)。

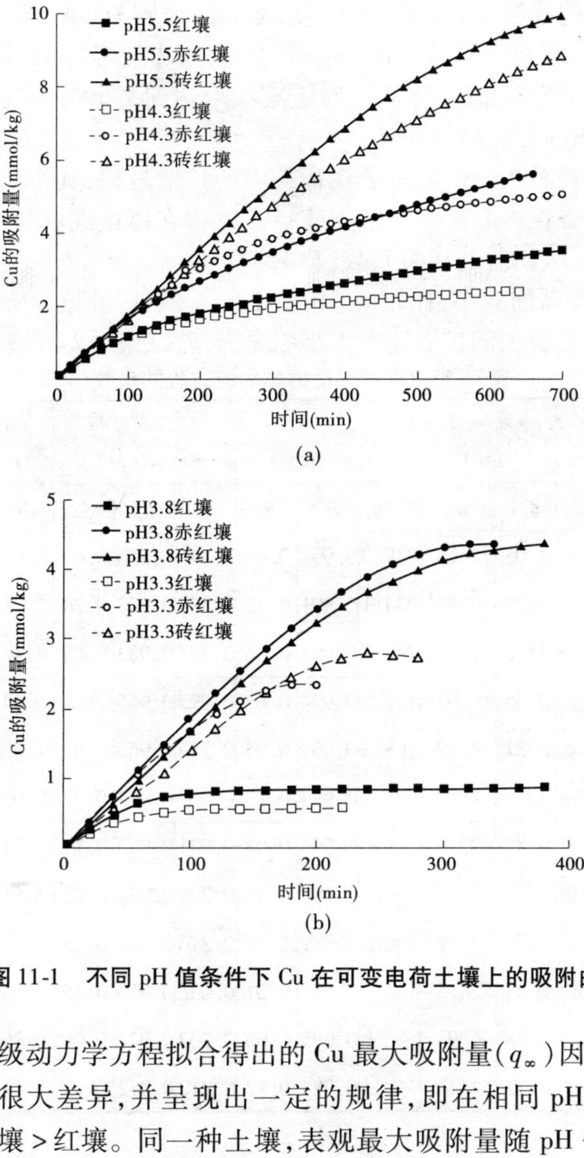

图 11-1　不同 pH 值条件下 Cu 在可变电荷土壤上的吸附曲线

由一级动力学方程拟合得出的 Cu 最大吸附量(q_∞)因土壤类型不同而存在很大差异，并呈现出一定的规律，即在相同 pH 值下，砖红壤 > 赤红壤 > 红壤。同一种土壤，表观最大吸附量随 pH 值的上升而增加。表观速率常数(k')是指趋向平衡时的速率变化，k'值越大，越易达到平衡。随流入液酸度的增加，从 k'计算的半反应时间($t_{1/2}$)看，

pH5.5 处理的红壤、赤红壤、砖红壤所需时间分别为 249 min、244 min、444 min；pH3.3 处理红壤仅需 28 min 左右，而赤红壤需 99 min、砖红壤需 167 min。随 pH 值的降低三种土壤吸附达到平衡的半反应时间缩短，其中红壤的变化最为明显。

抛物线扩散方程描述离子在颗粒内的扩散过程，其中常数 b 值可解释离子的表观扩散速率。抛物线扩散方程在描述红壤、砖红壤和赤红壤表面 Cu 吸附时的相关系数（R^2）为 0.99 ~ 0.96。同一种土壤的 b 值随 pH 值降低而减小；在相同 pH 值下的 b 值：砖红壤 > 赤红壤 > 红壤，即 Cu 在颗粒内的扩散速率大小顺序为：砖红壤 > 赤红壤 > 红壤。

表 11-1　Cu 吸附动力学经验方程的参数

处理	土壤	一级动力学方程 $\ln(1-q_t/q_\infty)=-k't$					抛物线方程 $q_t=a+bt^{1/2}$			Elovich 方程 $q_t=a+b\ln t$		
		q_∞	$k'\times10^3$	$t_{1/2}$	R^2	Se	b	R^2	Se	b	R^2	Se
pH5.5	红壤	4.05	2.78	249.3	0.992	0.09	0.143	0.998	0.04	1.01	0.947	0.23
	赤红壤	6.23	2.84	244.1	0.991	0.15	0.233	0.983	0.20	1.58	0.933	0.40
	砖红壤	14.6	1.56	444.3	0.994	0.26	0.446	0.982	0.46	3.44	0.908	1.04
pH4.3	红壤	2.35	6.07	114.2	0.994	0.05	0.095	0.965	0.11	0.62	0.988	0.07
	赤红壤	5.31	4.12	168.2	0.999	0.05	0.213	0.965	0.27	1.48	0.969	0.25
	砖红壤	12.8	1.59	435.9	0.997	0.17	0.387	0.985	0.37	3.05	0.913	0.89
pH3.8	红壤	0.85	22.5	30.8	0.996	0.01	0.031	0.972	0.11	1.67	0.887	0.07
	赤红壤	5.71	3.93	176.4	0.995	0.11	0.298	0.974	0.23	1.51	0.927	0.39
	砖红壤	6.78	3.36	206.3	0.989	0.15	0.270	0.974	0.23	1.50	0.937	0.36
pH3.3	红壤	0.57	24.2	28.7	0.997	0.01	0.038	0.970	0.25	0.15	0.965	0.03
	赤红壤	3.28	6.98	99.3	0.995	0.06	0.202	0.972	0.06	0.86	0.961	0.26
	砖红壤	4.34	4.14	167.4	0.984	0.12	0.212	0.972	0.13	1.01	0.920	0.27

注：a、b 为常数，R^2 为相关系数，Se 为标准误差，t 为时间（min），$t_{1/2}$ 为半反应时间（min），q_t 为 t（min）时的吸附量（mmol/kg），q_∞ 为最大吸附量（mmol/kg），k' 为表观吸附速率常数。

从相关系数的比较看，Elovich 方程在描述 Cu 的吸附数据比一级动力学方程和抛物线扩散方程要差。Sparks（1987）指出 Elovich 方程能描述慢反应扩散机制，如果试验数据与 Elovich 方程的拟合性较好，说明试验过程为非均相扩散过程。pH3.3 和 pH3.8 处理的 Cu 吸附很快达到平衡，相关系数比 pH5.5 和 pH4.3 处理的高，标准误差比后者的低，强酸性下 Cu 的吸附过程更适合用 Elovich 方程描述。

在 Elovich 方程斜率 b 表示 Cu 的速率随时间下降快慢的量度（下降率），b 愈小，Cu 的吸附速率下降愈快。Elovich 方程是经验方程，研究表明它能较好地描述复杂的反应过程，用其他动力学方程难以描述的数据，Elovich 方程可以揭示它们的规律（Low，1960）。Hingston（1981）指出，该方程可以很好地描述土壤中的吸附反应，因为土壤的吸附表面很复杂，活化能变化很大。酸化条件下土壤吸附重金属污染的过程比较复杂，影响因素很多，而 Elovich 方程正好能描述该复杂过程。

土壤的组成和表面性质对土壤吸附重金属离子的能力有重要影响。可变电荷土壤的组成矿物中除了硅铝酸盐外，还含有大量氧化铁。由于砖红壤、赤红壤和红壤中氧化铁数量的不同，它们对 Cu 的吸附量显示出较大的差异。

二、Cu 吸附中 H^+ 的变化

Cu 吸附过程中流出液 pH 值变化的结果（见图 11-2）表明：原液 pH5.5 时的三种土壤和 pH4.3 时红壤流出液的 pH 值都急剧下降，说明体系中有质子放出；pH4.3 时砖红壤和赤红壤 pH 值在 4.3 左右变动，处于一种临界状态；原液 pH3.8 时，红壤流出液的 pH 值略高于原液 pH 值，而赤红壤和砖红壤流出液的 pH 值远大于原液 pH 值；原液 pH3.3 时，三种土壤流出液的 pH 值都远高于原液 pH 值，土壤对输入的 H^+ 有一定的缓冲作用，这种缓冲作用消耗了一部分 H^+。

（一）H^+ 的释放过程

当土壤悬液的 pH 值高于一定值时，才能释放氢离子。对于红壤、

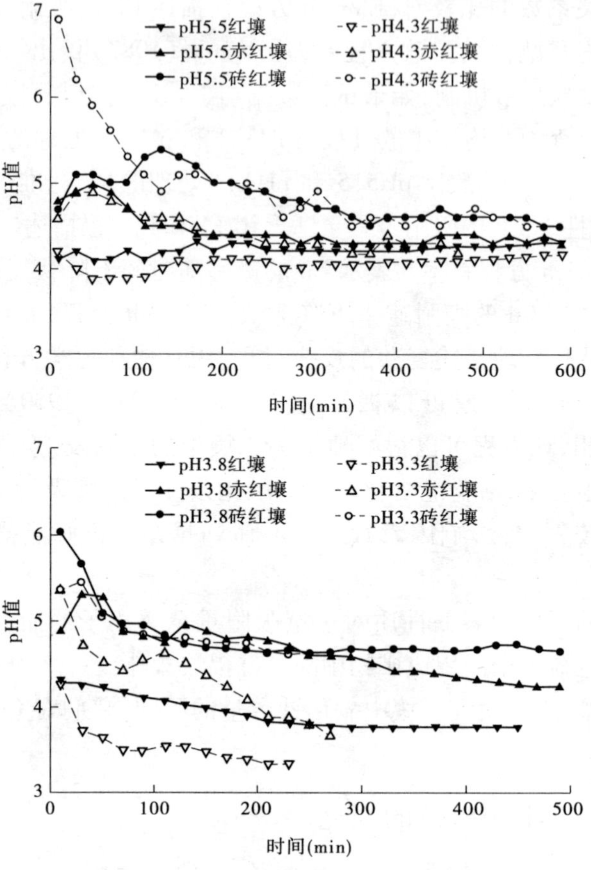

图 11-2　Cu 吸附过程中流出液 pH 值

砖红壤和赤红壤，此 pH 值分别为 3.8、4.0 和 4.0 左右（邹献中等，2002）。土壤悬液中加入 Cu 后 pH 值的这种变化情况表明，Cu 与土壤表面的初始反应与胶体表面诱导 Cu 离子的水解反应有关，这是一个快速过程。在溶液中，由于 Cu 的水解作用，可生成一系列可溶性羟基金属其主要形态有 Cu、$CuOH^+$、$Cu_2(OH)_2$、$Cu(OH)_3^-$ 和 $Cu(OH)_4^{2-}$ 等，对应的水解平衡反应式（Lindsay，1979）如下：

$$Cu + H_2O \Longleftrightarrow CuOH^+ + H^+ \cdot$$

在 pH5.5 时，Cu 的水解释放 H^+ 并没有完全吸附到土壤表面，从而导致溶液的 pH 值下降。土壤对 pH 值的缓冲机制研究表明，阳离子交换的缓冲范围为 pH4.6～5.6，铝的缓冲范围为 pH3.5～4.5，阳离子交换缓冲范围和铝的释放缓冲范围是相互关联的，两者取决于土壤表面的交换特性（Norton，1989）。赤红壤的 pH 值为 4.71，红壤的 pH 值为 4.57，流入液 pH 值为 5.5 和 4.3 时，在赤红壤上流出液的 pH 值也保持在 4.5～4.3，在红壤上流出液的 pH 值也保持在 4.3～4.1，由于这两种土壤的盐基离子含量低，交换性酸含量较高，存在 H^+ 的释放过程。流出液的 pH 值相近，这也可能是 Cu 的吸附量相近的原因。

（二）H^+ 的消耗过程

对于砖红壤来说，流出液 pH 值在起始时比较高，可达到将近 7.0，表明存在质子的消耗过程，这可能有以下的作用机制（Yu，1997）：①阳离子交换机制，特别是砖红壤上离子交换作用显著；② SO_4^{2-} 的专性吸附，酸溶液中含有 SO_4^{2-} 根，与矿物表面的羟基交换释放 OH^- 中和质子；③铁、铝氧化物、黏土矿物边部的表面羟基（—OH）质子化过程，使溶液中 H^+ 的浓度迅速降低。

几种土壤中砖红壤的 pH 是最高的（pH5.61），可认为砖红壤对 H^+ 的缓冲作用是以离子交换为主；在流入液 pH4.3～3.3 时，砖红壤上流出液的 pH 值反而上升到接近于 5～7，这可能与砖红壤的物质组成有关，由玄武岩发育的砖红壤，表面吸附的阳离子主要是盐基离子，交换性铝的含量仅仅 0.60 cmol/kg，溶液中 H^+ 的浓度过高时，反而是 H^+ 交换土壤表面的盐基离子。

另外，砖红壤中氧化铁最高，对以硫酸盐为主酸雨的影响在短时间内的表现与红壤和赤红壤明显不同。当加入含 SO_4^{2-} 的酸溶液后，SO_4^{2-} 在铁铝氧化物表面产生专性吸附，释放出羟基离子，中和溶液中部分的 H^+，pH5.5 和 pH4.3 的流入液，其流出液的 pH 值在开始阶段高于原液，其机理为：

$$Fe\left|\begin{matrix} OH_2 \\ —OH \end{matrix}\right|^0 + SO_4^{2-} \longrightarrow Fe\left|\begin{matrix} —OH \\ —SO_4 \end{matrix}\right|^- + OH^-$$

已有研究结果表明，H^+ 可使土壤颗粒表面的—OH 基团发生质子化作用，它是一快速反应，并主要由扩散作用控制。因此，可变电荷土壤中 H^+ 快速消耗过程应是质子化作用引起的。质子化作用的强弱主要与 Fe—OH 和 Al—OH 等基团，特别是 Fe—OH 基团的性质和数量有关。由表 11-1 可知，砖红壤氧化铁的含量最高，因此快速过程中 H^+ 消耗量较红壤和赤红壤大。

三种土壤消耗 H^+ 的过程有较大的区别，试验中 H^+ 浓度的变化可分为 2 个阶段，第一阶段为 H^+ 消耗的快速过程，第二阶段为慢速过程。而第一阶段中 H^+ 的消耗量远大于第二阶段。对三种可变电荷土壤而言，砖红壤的第一阶段 H^+ 消耗量远远大于红壤和赤红壤，但第二阶段中 H^+ 浓度变化不明显。

根据 H^+ 在土壤中的转化机理可知（Zhang et al，1991；朱茂旭等，2001a），慢速反应阶段 H^+ 主要参与溶解矿物和转化为可交换性酸等，这两个过程都是慢速反应。慢速反应过程是 H^+ 转化为可溶性铝和可交换性酸两个动力学过程。对可变电荷土壤而言，因在快速反应过程中消耗了较多的 H^+，使得参与慢速反应的 H^+ 浓度下降，同时，这些土壤中的黏土矿物中，以难为 H^+ 溶解的高岭石为主。因此在试验时间范围内慢速反应不明显，H^+ 浓度也无明显变化。

第二节　酸性条件下 H^+—Cu 在红壤表面反应的能量特征

一、不同温度下 Cu 吸附动力学曲线

配制不同 pH 值含 Cu 0.05 mmol/L 模拟酸雨，分别于 298 K 和 313 K 通过反应池，测定流出液中 Cu 的含量，计算土壤对 Cu 的累积吸附量与反应时间的关系（见图 11-3），其吸附过程可分为快反应和慢反应两个阶段。

Cu 的累积吸附量随流入液 pH 值的升高而增加。pH3.3 时，Cu 的吸附在 60 ~ 90 min 达到平衡；pH3.8 时 100 ~ 150 min 达到平衡；pH4.3 时需 300 ~ 400 min 方可达到平衡；在试验时间内 pH5.5 的没有达到平

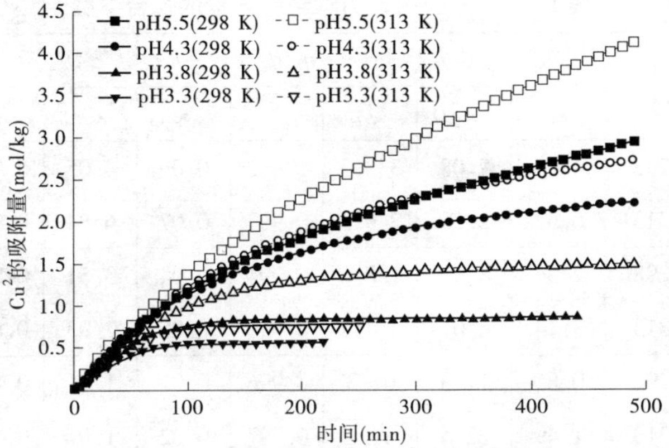

图 11-3 不同温度下 Cu 的吸附动力学

衡。温度由 298 K 升至 313 K 时,相同 pH 值条件下 Cu 的累积吸附量有不同程度的增加。

用多种动力学方程对土壤 - 溶液体系化学反应动力学的数据进行拟合,以相关系数(R^2)和标准误差(Se)作为综合判断指标。R^2 越大,Se 越小,拟合性越好。用常见的几种动力学模型拟合 Cu 吸附与时间的关系,动力学方程参数如表 11-2 所示。

一级动力学方程拟合得出的 Cu 最大吸附量(q_{∞})随酸度的增加而显著下降;同一 pH 值下,表观最大吸附量随温度上升而增加。表观速率常数(k')是指趋向平衡时的速率变化,k'值越大,越易达到平衡。根据 k'计算的半反应时间($t_{1/2}$),pH5. 5 处理需 250 ~ 330 min,而 pH3. 3 处理仅需25 ~ 30 min;且温度上升,吸附快反应速率增加,吸附平衡提前。

常用抛物线扩散方程描述离子在颗粒内的扩散过程,用常数 b 值解释离子的表观扩散速率,b 值随 pH 值降低而减小,即 Cu 在颗粒内的扩散速率降低;同一 pH 值下,b 值随温度的升高而略有上升,说明 Cu 在颗粒内的扩散速率增加。

pH3. 3 和 pH3. 8 处理的 Cu 吸附很快达到平衡,相关系数比 pH5. 5 和 pH4. 3 处理的高,标准误差比后者的低,强酸性下 Cu 的吸附过程更适合用 Elovich 方程描述。

表 11-2 Cu 吸附动力学经验方程的拟合参数

处理	温度(K)	一级动力学方程 $\ln(1-q_t/q_\infty)=-k't$					零级方程 $q_t=a+bt$		
		q_∞	$k'\times10^3$	$t_{1/2}$	R^2	Se	$b\times10^3$	R^2	Se
pH5.5	298	4.05	2.08	333.3	0.992	0.09	4.05	0.947	0.23
	313	6.52	2.78	249.3	0.997	0.07	6.84	0.977	0.21
pH4.3	298	2.34	4.37	158.6	0.994	0.04	3.51	0.847	0.23
	313	3.14	6.07	114.2	0.996	0.05	2.93	0.881	0.28
pH3.8	298	0.85	11.3	61.3	0.996	0.01	1.91	0.454	0.15
	313	1.49	22.5	30.8	0.997	0.02	1.01	0.677	0.21
pH3.3	298	0.57	24.2	28.6	0.997	0.01	2.08	0.693	0.09
	313	0.73	26.6	26.1	0.998	0.01	2.00	0.631	0.11

处理	温度(K)	抛物线方程 $q_t=a+bt^{1/2}$			Elovich 方程 $q_t=a+b\ln t$			双常数方程 $q=at^b$		
		b	R^2	Se	b	R^2	Se	b	R^2	Se
pH5.5	298	0.143	0.998	0.04	1.01	0.947	0.23	0.56	0.997	0.06
	313	0.182	0.993	0.11	0.43	0.913	0.41	0.67	0.999	0.04
pH4.3	298	0.095	0.965	0.11	0.62	0.988	0.07	0.41	0.976	0.09
	313	0.131	0.979	0.12	0.84	0.979	0.12	0.47	0.981	0.11
pH3.8	298	0.039	0.672	0.11	0.17	0.887	0.07	0.21	0.827	0.08
	313	0.060	0.857	0.14	0.37	0.972	0.06	0.31	0.915	0.11
pH3.3	298	0.027	0.882	0.06	0.16	0.968	0.03	0.34	0.921	0.05
	313	0.043	0.839	0.08	0.17	0.962	0.04	0.28	0.917	0.06

注: a、b 为常数,R^2 为相关系数,Se 为标准误差,t 为时间(min),$t_{1/2}$ 为半反应时间(min),q_t 为 t(min)时的吸附量(mmol/kg),q_∞ 为最大吸附量(mmol/kg),k' 为表观吸附速率常数。

描述土壤表面能量分布的非均质性的双常数方程实际上是修正的 Frendlich 方程。速率常数 b 值随酸度的增加逐渐下降,H^+ 与 Cu 离子一起竞争土壤表面交换点位，只有 Cu 活化能超过一定的能障才被土壤吸附，这表明 Cu 在土壤表面吸附的能量分布不均匀。速率常数 b 值受酸度的影响变化较大，受温度的升高变化不大。

与其他动力学方程的拟合结果相比，零级方程的相关系数较低和标准误差较高，但其斜率 b 值的物理意义比较明确，可从表观上描述离子扩散速率的大小。

二、Cu 吸附动力学能量特征

现将 Arrhenius 公式和离子扩散公式结合，并应用于离子的扩散过程。根据 Griffin 和 Jurinak 公式，用扩散速率常数 b 代替反应速率常数 k_a，可求出相应的假热力学参数（见表 11-3）：活化焓变（ΔH_b^*）、活化熵变（ΔS_b^*）和活化自由能变（ΔG_b^*）。

表 11-3　Cu 吸附动力学的能量变化特征

处理	温度 (K)	抛物线扩散方程 $q_t = a + bt^{1/2}$			
		E_b^* (kJ/mol)	ΔH^* (kJ/mol)	ΔG^* (kJ/mol)	ΔS^* (J/(mol·K))
pH5.5	298	12.53	10.06	77.77	-227.2
	313	12.53	9.93	81.18	-227.6
pH4.3	298	16.67	14.19	78.77	-216.7
	313	16.67	14.07	82.03	-217.1
pH3.8	298	21.65	19.17	80.96	-207.3
	313	21.65	19.05	84.07	-207.7
pH3.3	298	24.14	21.67	81.92	-202.2
	313	24.14	21.54	84.96	-202.6

Cu 扩散中的活化焓变（ΔH^*）是参与反应的 Cu 在等压下扩散所需的总热能。正 ΔH^* 值表明扩散是吸热过程，值愈大，扩散需的热能愈大，扩散愈难进行。四种 pH 值的 ΔH^* 变化规律与 E_b^* 相同，说明溶液中 H^+ 浓度增加会阻碍铜离子的扩散。表 11-3 中 Cu 扩散活化焓值都为正，随反应温度的升高略有减小，这主要是因为温度升高，Cu 的动能增大，扩散所需热能较小，促进 Cu 的扩散。Cu 扩散活化自由能

(ΔG^*)是 Cu 由自由态转变为活化态时的自由能变,并决定着扩散速率,并受温度变化的影响,活化自由能(ΔG^*)随温度的上升呈增大的趋势。在同一温度下,不同酸处理 Cu 扩散活化自由能(ΔG^*)基本上随酸度的增加而上升。

Cu 扩散活化熵(ΔS^*)表明吸附前后体系有序度的变化,其在不同 pH 处理下的活化熵均为负,是由于土壤表面的吸附点位对铜离子的作用力,Cu 被吸附使体系有序度增加,即 Cu 被土壤吸附后的比其在溶液中更有序,Cu 与土壤相互作用的构型更趋稳定;不同 pH 值处理的 Cu 的负熵值随酸度增加而下降,即 H^+ 影响 Cu 的扩散。随温度上升,负熵略有增,表明 Cu 的动能增加导致吸附点位对 Cu 的作用力相对减弱。

三、铜离子吸附中氢离子的变化

Cu 吸附过程中流出液 pH 值变化的结果如图 11-4 所示,原液的 pH 值为 5.5、4.3 时流出液的 pH 值急剧下降,体系有质子放出。当温度由 298 K 上升至 313 K 时,铜离子的吸附量增加,流出液 pH 值降低,质子的释放量增加。原液 pH 值为 3.8 时,流出液的 pH 值略高于原液 pH 值,原液 pH 值为 3.3 时,流出液的 pH 值远高于原液 pH 值;土壤对输入的 H^+ 有一定的缓冲作用,这种缓冲作用消耗了一部分 H^+。

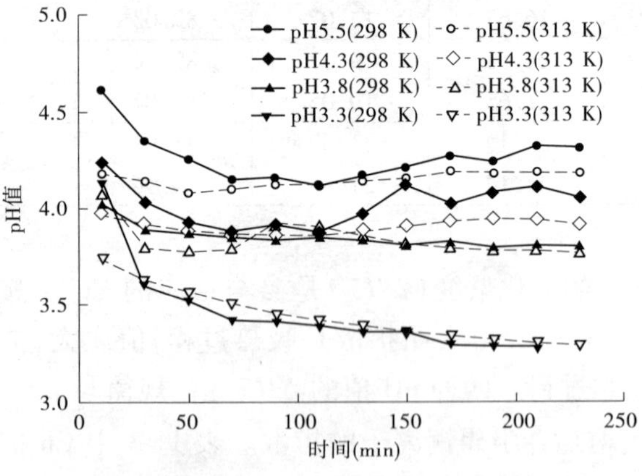

图 11-4　不同温度下 Cu 吸附过程中流出液 pH 值变化

（一）H^+ 释放的动力学及能量特征

H^+ 的释放涉及 Cu 与 H^+、Al^{3+} 的交换和 Al^{3+} 的水解（Lindsay，1979）。反应的速率取决于反应点位的 H^+ 和 Al^{3+} 被 Cu 交换的速率、H^+ 和 Al^{3+} 向溶液扩散的速率及 Al^{3+} 水解速率的大小。交换反应和 Al^{3+} 水解是快反应，因此整个交换反应的速率限制步为 H^+ 和 Al^{3+} 的扩散过程。

邹献中等（2002）关于可变电荷土壤吸附铜离子时氢离子的释放的研究结果指出，对于砖红壤和红壤悬液的初始 pH 值高于 4 时，初始 pH 值越高，pH 值的降低越明显。当悬液的初始 pH 值接近 4 左右时，加入铜离子后，pH 值几乎不变，说明基本上没有氢离子释放。该试验的结果也表明，溶液 pH 值为 3.8 时可认为是质子释放与消耗的平衡点，这是在 Al/Fe 的缓冲范围内。红壤属于可变电荷土壤，其组成矿物中除了硅铝酸盐外，还含有大量的氧化铁，氧化铁对重金属离子的吸附机理可用下式表示：

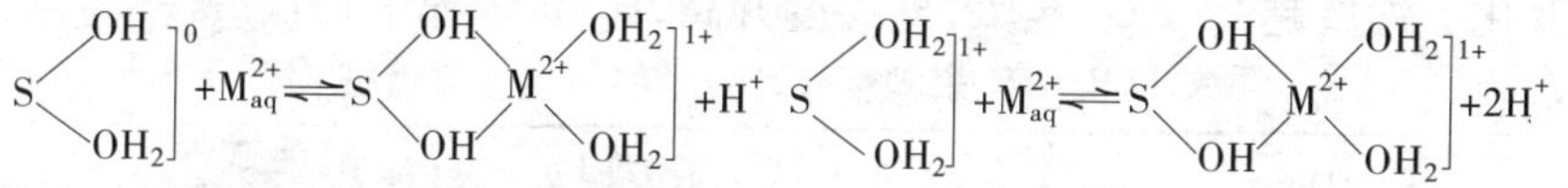

其中 S 代表 Fe 原子，M 代表重金属离子。

从上述二式可见，氧化铁吸附重金属离子并释放 H^+ 离子，可以中和土壤悬液中的羟基离子。根据一般化学原理，氧化铁吸附重金属离子所生成的表面络合物的质子化能力，应该小于吸附前的氧化物表面。也就是说，吸附重金属离子后氧化物的表面酸性更弱，对氢离子的缓冲性更大。

用动力学方程对 H^+ 表观释放量的数据进行拟合，一级动力学为最佳模型（$R^2>0.99$），其次是双常数方程、扩散方程和零级方程，它们的相关系数（$R^2>0.91$）呈显著相关。在相同 pH 值下 H^+ 表观释放量随温度上升而增加，随 pH 值的降低而减少。与 Cu 的最大吸附量相比，pH5.5 处理的 H^+ 表观最大释放量比 Cu 最大吸附量高 16.61 ~ 28.51 mmol/kg，说明这部分质子来自铝离子的水解和氧化铁吸附 Cu 释放的 H^+。H^+ 表观速率常数 b 值随温度上升明显增加，而且高于 Cu

扩散速率常数,表明 pH5.5 和 pH4.3 处理的钙离子吸附不占优势。双常数方程尽管拟合性很好,但其速率常数 b 变化的物理意义不明确。

用抛物线扩散方程的速率常数,求得 H^+ 扩散过程中的假热力学参数值(见表 11-4)。pH5.5 和 pH4.3 处理的 H^+ 扩散活化能 E_b^* 值分别为 4.12、20.58 kJ/mol,pH5.5 处理被 Cu 交换的 H^+、Al^{3+} 扩散到溶液所需克服的能障比 pH4.3 处理的小。H^+ 的扩散活化能比 Cu 的低,它反映出 H^+ 向外扩散的速率比铜离子的吸附速率大。

H^+ 的扩散活化熵 ΔH^* 为正,表明其扩散过程为吸热过程,ΔH^* 越大,扩散所需的热能越大,扩散越难进行。两个不同 pH 处理的 ΔH^* 值相差 16.59 kJ/mol,说明在微酸性环境下(pH4.3)H^+ 质子的扩散需要的热能较大,温度升高 H^+ 的扩散速率显著增加。ΔH^* 与温度呈负相关,这主要是因为温度较高时,H^+ 的动能增大,与土壤的相互作用力减弱,扩散所需热能较小。H^+ 扩散活化自由能变(ΔG^*)的变化范围为 75 ~ 78 kJ/mol,它的大小决定着扩散速度,并随酸度和温度的改变而变化。温度越高,ΔG^* 越大,即温度升高,H^+ 扩散速度加快。

表 11-4 H^+ 表观释放动力学的能量变化特征

处理	温度(K)	抛物线扩散方程 $q_t = a + bt^{1/2}$			
		E_b^*(kJ/mol)	ΔH^*(kJ/mol)	ΔG^*(kJ/mol)	ΔS^*(J/(mol·K))
pH5.5	298	4.12	1.64	74.10	-243.2
	313	4.12	1.52	77.75	-243.5
pH4.3	298	20.58	18.11	75.06	-191.1
	313	20.58	17.98	77.93	-191.5

(二)H^+ 消耗动力学及能量特征

质子与土壤和矿物的反应速率主要步骤有三个:H^+ 质子扩散到反应位、反应点上的化学反应、反应产物从反应点扩散到溶液(Yu,1997)。反应中 H^+ 质子的消耗有多种途径。反应初期,H^+ 质子的消耗是快速反应,主要包括土壤交换阳离子的缓冲作用、土壤表面的质子化及硫酸专性吸附释放的羟基中和 H^+ 质子;而以后反应中 H^+ 质子对矿物的溶解是一缓慢过程。用五种动力学模型进行拟合,除零级方程外都有较好的相关性。将 H^+ 消耗总量视为表观消耗量,在 pH 值为3.3和 3.8 条件下,H^+ 和 Cu 在土壤表面竞争交换点位,H^+ 的消耗量比 Cu 的吸附量高,即 H^+ 占据一定数量的交换点位是短时间内 H^+ 消耗的途径之一。扩散方程和 Elovich 方程中铜离子扩散、质子释放和质子消耗过程的速率常数的变化规律相同,即质子消耗速率 > 质子释放速率 > 铜离子吸附速率,这是可变电荷土壤表面的酸度性质的一种反应。

pH3.3 时 H^+ 活化能的消耗 E_b^* 为 6.84 kJ/mol(见表 11-5),这一数值低于 H^+ 活化能的释放,即当溶液中 H^+ 在超过一定数量后向颗粒表面的扩散数量比向外的释放数量大。H^+ 消耗的焓变(ΔH^*)值为正,是吸热反应,H^+ 的消耗量随温度升高而增加。H^+ 消耗时的 ΔH^* 值比 H^+ 释放时的高,有利于 H^+ 的释放,会造成 H^+ 对矿物的溶解。H^+ 在反应点位对矿物的溶蚀过程缓慢,可用扩散方程和 Elovich 方程描述,H^+ 对矿物的溶蚀成为速率控制步骤。由于 H^+ 的消耗引起熵的降低,H^+ 消耗活化熵 ΔS^* 值要小于 pH 值为 4.3 和 5.5 时 H^+ 释放的熵值。

表 11-5 H^+ 表观消耗动力学的能量变化特征

处理	温度	抛物线扩散方程 $q_t = a + bt^{1/2}$			
	(K)	E_b^*(kJ/mol)	ΔH^*(kJ/mol)	ΔG^*(kJ/mol)	ΔS^*(J/(mol·K))
pH3.8	298	73.24	70.76	79.14	-28.1
	313	73.24	70.64	80.79	-32.4
pH3.3	298	6.84	4.37	73.67	-232.6
	313	6.84	4.24	77.28	-233.3

第十二章　应用 Multi – Langmuir 模型评价土壤的表面特性

土壤固相主要由黏土矿物、氧化物和有机质组成，土壤的表面活性物质提供依 pH 值变化的电荷（Q_v）点位（Cabrera et al，1977；Sposite，1998；刘永红等，2003），发生的这些反应主要是表面质子（H^+）的缔合和离解，使得表面带有可变电荷（Evans，1989；吴金明等，2002），表面电荷显著地影响阳离子和阴离子在固/液相间的分配，是控制微量元素移动性和生物有效性的重要土壤性质之一（Liu et al，1994；Li et al，2002）。

电位滴定技术广泛用在纯矿物、沉积物和土壤表面的电荷评价，Duquette 和 Hendershot 用返滴定技术测定温带地区土壤的表面电荷，OH^- 的消耗定义为土壤的表面电荷（Duquette et al，1993a，1993b），该方法含有样品和参比滴定，作为土壤 pH 值的函数，在评价可变电荷数量及分布方面是快速和可信赖的方法（Schulthess et al，1988；Martinez et al，1989）。采用电位返滴定法，应用多点位模型（Multi – Langmuir Model），评价几种土壤表面的电荷性质（Ge et al，2004），以加深对土壤表面化学的认识。

第一节　Multi – Langmuir 模型

一、Multi – Langmuir 模型

用返滴定技术测定的表面电荷遵循下列反应（Evans，1989）：

$$\equiv SOH \Leftrightarrow \equiv SO^- + H^+ \tag{12-1}$$

$$Q_v = (\equiv SO^-) \tag{12-2}$$

$$Q_m = (\equiv SO^-) + (\equiv SOH) \tag{12-3}$$

$$(\equiv SOH) = Q_m - Q_v \tag{12-4}$$

热力学平衡常数表达为：

$$K = \frac{(\equiv SO^-)(H^+)}{(\equiv SOH)} = \frac{Q_v(H^+)}{Q_m - Q_v} \tag{12-5}$$

式中：Q_v 为可变电荷量；Q_m 为一点位最大电荷量；K 为热力学平衡常数。

整理式(12-5)，可变电荷量 Q_v 可表达为：

$$Q_v = \frac{Q_m K}{K + (H^+)} \tag{12-6}$$

式(12-6)类似于一点位 Langmuir 吸附等温式，上述方程描述一个点位的吸附，返滴定曲线有一系列的拐点和平台，这就意味着有不同的反应点位参与了反应，扩展式(12-1)，遵循下列反应式：

$$\equiv S_{(i)}OH \Longleftrightarrow \equiv S_{(i)}O^- + H^+ \tag{12-7}$$

$$Q_{v(i)} = \frac{K_{(i)} Q_{m(i)}}{K_{(i)} + (H^+)} \tag{12-8}$$

式中，下标 i 代表反应点位数，一系列亲和力常数 $K_{(i)}$ 和相应的可变电荷总量 $Q_{v(i)}$，表面的不同点位(i)与不同的表面功能团和性质有关。每一点位都有其平衡常数和 H^+/OH^- 吸附相应的 Langmuir 类型的等温线，即多点位 Langmuir 等温方程，总的依 pH 值的可变电荷 Q_v 表达为：

$$Q_v = \sum Q_{v(i)} = \sum \left[\frac{K_{(i)} Q_{m(i)}}{K_i + (H^+)} \right] \quad i = 1,2,3,\cdots \tag{12-9}$$

二、试验方法

酸碱滴定利用全自动电位滴定仪恒温(25 ℃)下完成，其步骤如下：

(1)称取 0.25 g 待测钠质土壤于 100 mL 离心管中，加入 50 mL 0.1 mol/L NaCl 溶液，在滴定全过程中，保持磁力搅拌和纯 N_2 吹洗，至悬浮液 pH 值电位恒定，根据 pH4.01 和 pH6.86 标准溶液的电位，将悬浮液的电位换算 pH 值，预测 pH3 和 pH10 的电位值。

(2)电位滴定过程：首先用标准 0.098 mol/L 盐酸酸化至 pH3.0

的电位值(酸量滴定),然后以0.01 mL/min速率用标准0.046 mol/L NaOH溶液返滴定至pH10的电位值(碱量返滴定),记录相应悬浮液的pH电位。

(3)土样参比滴定:称取0.25 g钠质土壤于已知质量的100 mL离心管中,按上述样品测定法,将参比液调至pH3的电位值;然后,将其离心至悬液澄清,过滤、称重,再将滤液转移至100 mL离心管中;搅拌滤液,平衡10 min,后续步骤均按上述样品滴定方法进行。

(4)土壤表面可变电荷量的计算:根据式(12-2)和式(12-3)分别求得土壤表面的电荷(Q_s)和参比电荷(Q_r),土壤表面可变电荷量可用下式表达:

$$Q_v = Q_s - Q_r \tag{12-10}$$

$$Q_s = C_b V_s / W_s$$

$$Q_r = C_b V_r / W_s (V_0 / V_{sn})$$

式中:Q_s为土壤样品的表面电荷;Q_r为土壤参比样品的表面电荷;C_b为酸或碱滴定液的浓度,mol/L;V_s为滴定土壤样品碱液的体积,mL;W_s为土壤的质量,g;V_r为滴定土壤参比样品的碱液体积,mL;V_0为滴定前溶液的体积,mL;V_{sn}为滴定后悬液离心后溶液的体积,mL;Q_v为土壤表面可变电荷量,cmol/kg。

用返滴定方法,样品和参比(仅仅有悬液)在悬液pH3.0时,用OH^-返滴定至pH10,用样品滴定消耗OH^-量减去参比的消耗量,通过式(12-10)计算土壤表面的可变负电荷量。假定OH^-的消耗量是依pH值变化的表面功能团起作用,建立土壤表面的电荷量Q_v与pH值关系。

第二节　应用Multi - Langmuir模型评价土壤的表面电荷特性

一、土壤胶体表面可变电荷量的变化

通过建立土壤表面电荷量Q_v与pH值关系(见图12-1),从图中可以发现,几种土壤在离子强度$I=0.1$ mol/L NaCl下,黄壤和棕红壤可

变电荷量(Q_v)的变化范围在0～45 cmol/kg,红壤为0～21 cmol/kg,砖红壤和赤红壤为0～13 cmol/kg。可变电荷量(Q_v)的大小趋势表现为:黄壤>黄棕壤>湖南红壤>江西红壤>砖红壤、赤红壤,这与电荷数量的差异显著性检验结果一致;在悬液pH3～4范围内,可变电荷量变化较小,有两个原因引起误差,一方面是在低pH值下,H^+吸附在层状硅酸盐的硅氧烷面(Si—OH)上和铁、铝氧化物的羟基上,引起表面的质子化;另一方面的原因是土壤样品在pH3时Al^{3+}的溶出后吸附和沉淀在土壤表面,而参比液的滴定,溶液中存在的Al^{3+}和Fe^{3+}水解,要消耗一部分OH^-,因而在pH值为3～4时,土壤可变电荷量测定结果存在较大误差;在pH值为4～6时,出现较明显的平台;在pH值为6～8时,黄壤和黄棕壤急剧增加,红壤、赤红壤和砖红壤缓慢增加,在pH8以后,红壤、赤红壤和砖红壤上的可变电荷量增加较快,黄壤和黄棕壤还是急剧增加。

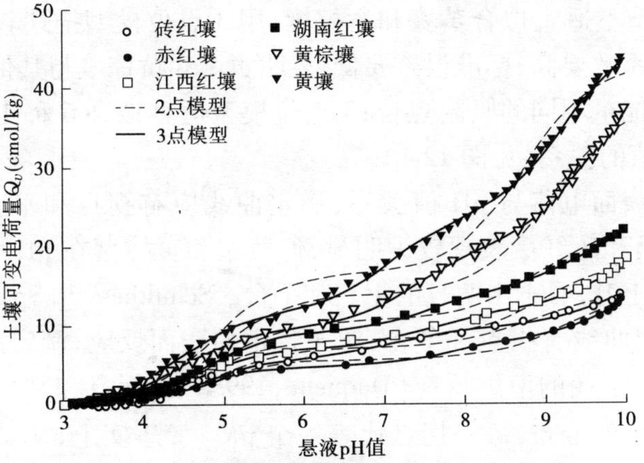

图12-1　几种土壤表面电荷 Q_v 与pH值关系

二、土壤胶体表面点位分布模型适用

根据式(12-9),当点位 $i=2$ 和3时,分别对图12-1的曲线进行拟合,求得不同点位表面亲和力常数和吸附容量(见表12-1)。比较相关系数和标准误差,2点位模型相关系数范围为0.98～1.00,标准误差范

表 12-1 表面吸附点位模型参数(3 点位模型,$I=0.1$ mol/L NaCl)

参数	砖红壤	赤红壤	江西红壤	湖南红壤	黄棕壤	黄壤
Q_{v1}	5.95	4.86	7.14	9.31	9.64	11.7
Q_{v2}	3.83	3.39	4.80	5.27	10.5	12.0
Q_{v3}	7.96	14.0	12.9	10.2	23.3	23.7
pK_1	4.74	4.66	4.62	4.76	4.46	4.45
pK_2	7.32	7.83	7.59	7.58	7.38	7.05
pK_3	9.71	10.2	10.0	9.59	9.59	9.26
R^2	0.998	0.998	0.999	0.999	0.999	0.999
Se	0.27	0.24	0.25	0.29	0.45	0.50

围为0.24~2.05;3 点位模型相关系数范围为0.99~1.00,标准误差范围为0.13~0.89。可见,不同类型土壤,适宜的点位模型也有区别,2 点位模型不适宜拟合黄壤和黄棕壤,用 3 点位模型描述较 2 点位模型的相关系数要高,标准误差要低,表明黄壤和黄棕壤与其他几种土壤表面存在能量不同的吸附点位;3 点位模型适宜拟合 6 种土壤表面电荷与 pH 值的关系(见图 12-1)。

土壤表面电荷与 pH 值关系,滴定曲线应有拐点和平台,这在红壤、赤红壤和砖红壤表现较为明显,但黄壤和黄棕壤在 pH >6 时基本上是直线上升,看不出明显的拐点和平台。Schulthess 和 Sparks 提出返滴定,滴定曲线有拐点和平台,源于特定的表面反应,滴定期间,考虑 H^+ 和 OH^- 消耗的溶解反应(Duquette,1993a)。拐点和平台反映表面的吸附点位的分布,每一拐点代表一个 $pK_{(i)}$。事实上,从试验结果判断曲线上的拐点有时是很困难的,需要采用数学的方法,通过理论计算,用3 点位模型作 dQ_v/dpH 与 pH 值关系图,每种土壤均表现有 3 个峰值(见图 12-2),反映电荷的变化受体系 pH 值影响的程度。

离子强度 $I=0.1$ mol/L 时,黄壤、黄棕壤、湖南红壤、江西红壤、赤红壤、砖红壤的 pK_1 分别为 4.45、4.46、4.76、4.62、4.66 和 4.74,黄壤和黄棕壤的 pK_1 较红壤、砖红壤和赤红壤约低 0.3,可能与 ZPC 有关,

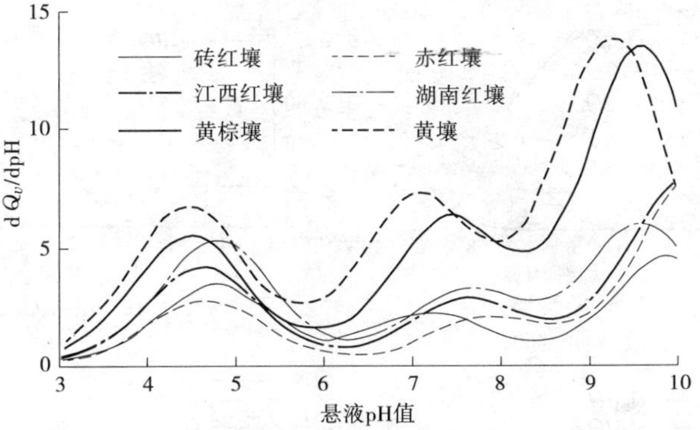

图 12-2　dQ_v/dpH 与悬液 pH 值的关系(I=0.1 mol/L NaCl)

pK_1 与 ZPC 呈现极显著的线性关系：

$$pK_1 = 0.192\ ZPC + 3.91, R^2 = 0.800, n = 6$$

pK_2 和 pK_3 也有类似的趋势，p$K_{(i)}$表现出比较强的规律性，pK_1 在 4.4～4.8，pK_2 在 7.0～7.5，pK_3 在 9.3～10.0。Duquette 和 Hendershot 用 3 点模型研究温带地区土壤，其 pK_1 =4.20，pK_2 =6.45，pK_3 =8.50，表明亚热带地区土壤的 p$K_{(i)}$不同于温带地区土壤。

三、土壤胶体表面不同点位电荷及电荷组分

以 3 点位模型计算不同点位电荷量 Q_{v1}、Q_{v2} 和 Q_{v3}，及随悬液 pH 值的分布。$Q_{v(i)}$代表不同点位依 pH 值的阳离子交换量，在 pH<6 时，Q_{v1} 对电荷的贡献占 98% 以上(见图 12-3)；在 pH7 时，黄壤和黄棕壤上 Q_{v2} 对电荷的贡献为 25%～33%，红壤、赤红壤和砖红壤上 Q_{v2}对电荷的贡献为 8%～15%；在 pH8 时，黄壤和黄棕壤上 Q_{v2} 几乎占电荷量的 50%，Q_{v3}开始增加；在 pH3～8.5 内，Q_{v1} 和 Q_{v2} 占表面电荷的主要部分，在更高 pH 值时 Q_{v3}将起主要作用。

黄壤、黄棕壤、湖南红壤、江西红壤、赤红壤和砖红壤的 Q_{v1} 分别为 11.7、9.64、9.31、7.14、4.86、5.95 cmol/kg，由南到北，土壤表面的可变电荷量在增加。土壤表面的物质主要由黏粒、氧化物和有机质组成，它们均有功能团($\equiv SO^-$)(Bolan et al，1999)，这与由南向北土壤中 2∶1

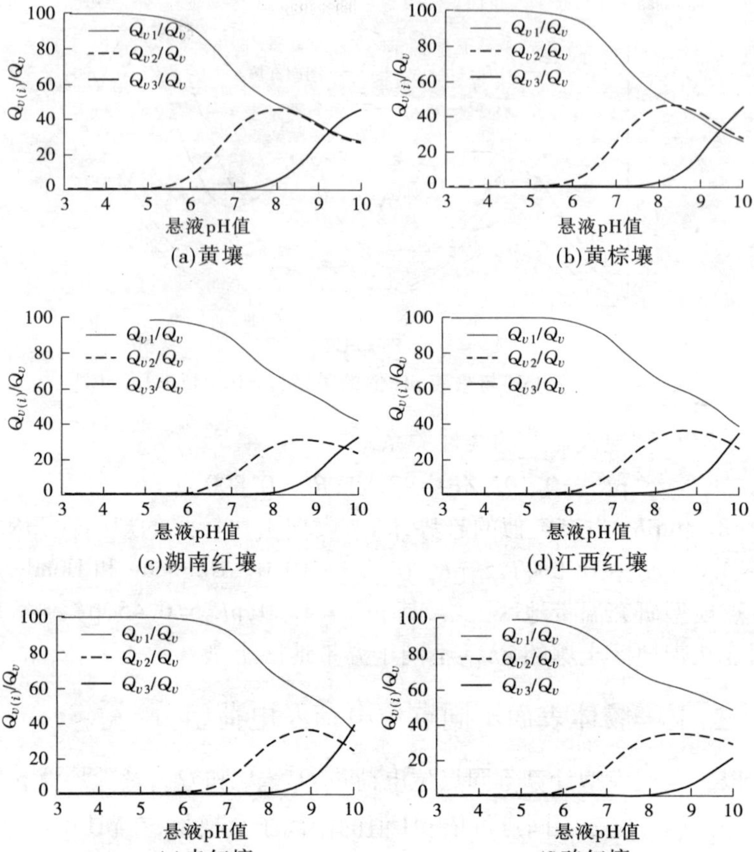

图 12-3　来源不同点位的表面电荷分布

型矿物含量增加、1∶1型矿物高岭石含量少有关，特别是与氧化铁的含量关系密切。土壤有机质反映土壤主要性质(Duquette, 1993a; 1993b)，$Q_{v(i)}$与有机质(OM)呈现极显著的关系，回归方程如下：

$$Q_{v1} = 6.36\lg OM + 1.30, R^2 = 0.911^{**}, n = 6$$

$$Q_{v2} = 9.30\lg OM - 3.33, R^2 = 0.939^{**}, n = 6$$

$$Q_{v3} = 15.7\lg OM - 2.05, R^2 = 0.631^{*}, n = 6$$

图 12-3 还表明，6 种酸性土壤表面电荷分配基本相似，土壤表面可

变电荷点位可分为三段:pH <6,pH6 ~ 8.5 和 pH8.5 ~ 10,这与 $pK_{(i)}$ 相一致。氧化物和高岭石边面上羟基(—OH)功能团决定可变电荷土壤表面电化学行为(Murray,1974;刘冬碧等,2001),该行为体现在颗粒表面。由于有机质的表面覆盖,有机质表面功能团也对总电荷有贡献。在给定的 pH 值范围内,可变电荷(Q_v)来源于土壤中的有机质、氧化物、黏土矿物的边面断裂(Evans,1989),其大小与有机质的含量和矿物的边面状态有关。

根据土壤和矿物的电荷零点(*ZPC*)判断土壤表面电荷的变化(熊毅,1990)。在自然状态下,pH <6 时,Si—OH(*ZPC*)约为 2.0,悬液 pH 值高于电荷零点,这些矿物表面带负电;另外,土壤有机质的羧基在 pH3 时解离,表现为负电荷表面;在 pH6 ~ 8 范围内,土壤中磁铁矿、赤铁矿、无定形氧化铁、针铁矿电荷零点(*ZPC*)分别为 6.5、6.3、6.6 ~ 8.0 和 8.2,可变电荷可能与铁氧化物表面的羟基(—OH)中 H^+ 离子解离相关;pH8 ~ 10 范围内,除上述组分中 H^+ 离解在起作用外,土壤中无定形氧化铝、水合氧化铝(Al—OH)和三水铝石的电荷零点(*ZPC*)为 8 ~ 9,土壤有机质的酚羟基中质子的离解常数 pK_2 为 9,这些组分在质子解离中发挥了重要作用。红壤、砖红壤和赤红壤以高岭石为主,含有一定量三水铝石、氧化铁,尤其是赤铁矿的含量由无到有,其 $Q_{v(i)}$ 相应较低,pK_1 相应较高;黄棕壤和黄壤以水云母为主,且有机质含量较高,其 $Q_{v(i)}$ 在几种土壤中最高,pK_1 相应较低。

参考文献

[1] 陈志远. 中国酸雨研究[M]. 北京:中国环境科学出版社, 1997.

[2] 成杰民, 潘根兴, 郑金伟, 等. 模拟酸雨对太湖地区水稻土铜吸附－解吸的影响[J]. 土壤学报, 2001, 38(3): 333-340.

[3] 成瑞喜, 刘景福, 董元彦, 等. 磷矿粉肥在黄棕壤上的持续效应与经济效益研究[J]. 土壤通报, 1998, 29(5): 220-222.

[4] 仇荣亮, 董汉英, 吕越娜, 等. 南方土壤酸沉降敏感性研究Ⅶ. 盐基淋溶与缓冲机理[J]. 环境科学, 1997, 18(5): 23-27.

[5] 仇荣亮, 张云霓, 莫大伦. 南方土壤酸沉降敏感性研究Ⅵ. 固相组成与酸缓冲性能[J]. 环境科学学报, 1998, 18(5): 517-521.

[6] 单远峰. 酸雨、大气污染与植物[M]. 北京: 中国环境科学出版社, 1994.

[7] 丁国安, 徐晓斌, 房秀梅, 等. 中国酸雨现状及发展趋势[J]. 科学通报, 1997, 42: 169-173.

[8] 董长勋, 李恋卿, 王芳, 等. 黄泥土对铜的吸附解吸及其 pH 变化[J]. 农业环境科学学报, 2007, 26(2): 521-525.

[9] 董汉英, 仇荣亮, 吕越娜. 模拟酸雨对南方土壤硅铝释放的影响[J]. 环境科学, 2000, 21(1): 75-77.

[10] 樊后保. 模拟酸雨对福建四种山地土壤的淋溶与风化作用[J]. 山地学报, 2002, 20(5): 570-577.

[11] 冯绍元, 齐志明, 王亚平. 排水条件下饱和土壤中镉运移实验及其数值模拟[J]. 水利学报, 2004, 35(10): 89-94.

[12] 冯宗炜. 酸沉降对生态环境的影响及其生态恢复[M]. 北京: 中国环境科学出版社, 1999.

[13] 冯宗炜. 酸雨对生态系统的影响——西南地区酸雨研究[M]. 北京: 中国科学技术出版社, 1993: 142-177.

[14] 傅柳松, 吴杰民. 酸化土壤活性铝溶出及形态变化的初步研究[J]. 农村生态环境学报, 1994, 10(3): 52-55.

[15] 高彦征, 贺纪正, 凌婉婷. 有机酸对土壤中镉的解吸及影响因素[J]. 土壤学报, 2003, 40(5): 731-737.

[16] 高阳俊, 张乃明. 施用磷肥对环境的影响探讨[J]. 中国农学通报, 2003, 19(6): 162-165.

[17] 郭观林，周启星. 污染黑土中重金属的形态分布与生物活性研究[J]. 环境化学，2005，24(4)：383-388.
[18] 郝吉明，谢绍东. 中国土壤对酸沉降的相对敏感性区划[J]. 环境科学，1999，20(4)：1-5.
[19] 何孟常，杨居荣. 小麦籽实中蛋白质—Cd,Pb 结合形态及其稳定性[J]. 环境化学，2001，20(2)：124-128.
[20] 何振立. 污染及有益元素的土壤化学平衡[M]. 北京：中国环境科学出版社，1998.
[21] 胡红青，黄巧云，李学垣，等. 磷矿粉缓解酸性土壤铝毒的研究[J]. 中国农业科学，1995，28(2)：51-57.
[22] 胡红青，李学垣，刘景福，等. 红壤上直接施用磷矿粉的增产效果和改土作用[J]. 热带亚热带土壤科学，1994，3(4)：219-225.
[23] 蒋柏藩，段平榻，王振荣. 磷灰石的结晶性质与磷矿粉肥效相关性的研究[J]. 土壤学报，1988，25(4)：387-396.
[24] 蒋柏藩. 中国磷矿农业利用的研究[J]. 中国农业科学，1988，21(4)：62-67.
[25] 蒋建清，吴燕玉. 模拟酸雨对草甸棕壤中重金属迁移的影响[J]. 中国科学院研究生院学报，1995，12(2)：185-190.
[26] 焦文涛，蒋新，余贵芬，等. 土壤有机质对镉在土壤中吸附－解吸行为的影响[J]. 环境化学，2005，24(5)：545-549.
[27] 况琪军，李建秋，夏宜铮. 不同类型土壤对 SO_4^{2-} 吸附特性的研究[J]. 环境科学，1995，16(4)：13-15
[28] 雷涵韫，王光火. 三种不同组成磷矿石的溶解特性比较[J]. 浙江大学学报，2005，31(1)：17-21.
[29] 李学垣. 土壤化学[M]. 北京：高等教育出版社，2001：280-315.
[30] 廖敏，黄昌勇，谢正苗. pH 对镉在土水系统中的迁移和形态的影响[J]. 环境科学学报，1999，19(1)：81-86.
[31] 刘春生，宋国菡，史衍玺，等. 模拟酸雨对山东棕壤理化性质影响的研究[J]. 山东农业大学学报，1998，29(2)：211-216.
[32] 刘冬碧，贺纪正，刘凡，等. 中南地区几种土壤的表面电荷特性Ⅳ. 氧化铁铝对土壤表面电荷性质的影响[J]. 土壤学报，2001，38(1)：123-127.
[33] 刘凡，李学垣，徐风琳，等. 鄂湘两省几种土壤中磷的有效性与氧化铁的类型[J]. 中国农业科学，1995，28(3)：49-57.

[34] 刘菊秀. 酸沉降对森林生态系统影响的研究现状及展望. 生态学杂志, 2003 ,22 (5) : 113-117.
[35] 刘永红, 吴金明, 董元彦, 等. 土壤表面电荷测定的两种方法之比较[J]. 土壤学报, 2003, 40(5) : 745-749.
[36] 罗洪亮, 周剑, 黄钊. 有机酸对几种土壤吸附铜的影响[J]. 中国岩溶, 2002, 21(3) : 160-164.
[37] 孟赐福. 磷灰石组成与其在酸性土壤中溶解度之间的关系[J]. 土壤通报, 1989, 20(2) : 72-73.
[38] 孟昭福, 张增强, 薛澄泽, 等. 用幼苗法指示污泥和土壤中重金属的植物有效性[J]. 环境化学, 2001, 20(2) : 129-137.
[39] 庞叔薇, 康德梦, 王玉保. 化学浸提法研究土壤中活性铝的溶出及形态分布[J]. 环境化学, 1986, 5(3) : 68-76.
[40] 饶伟, 王慎阳, 刘芳, 等. 几种磷矿粉中磷和钙溶出动力学特性[J]. 中国农学通报, 2007 ,11 : 224-227.
[41] 戎秋涛, 杨春茂, 徐文彬. 模拟酸雨对浙江东北红壤中盐基离子和铝的淋失影响的研究[J]. 环境科学学报, 1997 ,17 : 32-37.
[42] 邵学新, 黄标, 赵永存, 等. 长江三角洲典型地区土壤中重金属的污染评价[J]. 环境化学, 2008, 27(2) : 218-221.
[43] 邵宗臣, 何群, 王维君. 模拟酸雨对红壤铝形态的影响[J]. 热带亚热带土壤科学, 1997 ,6 : 187-193.
[44] 时正元, 朱荫湄, 顾益初. 我国45个磷矿直接施用的肥效鉴定[J]. 土壤, 1982, 14(5) : 171-176.
[45] 孙志成, 王代长, 蒋新, 等. 酸性条件下 $H^+ - Cu^{2+}$ 在红壤表面反应的能量特征[J]. 环境化学, 2006, 25(6) : 705-709.
[46] 陶福禄, 冯宗炜. 生态系统的酸沉降临界负荷及其研究进展[J]. 中国环境科学, 1999, 19(2) : 123-126.
[47] 涂从. 土壤体系中的化学动力学方程及其应用[J]. 热带亚热带土壤科学, 1994, 3(3) : 175-182.
[48] 汪各雅, 盛沛麟, 袁大伟. 模拟酸雨对土壤金属离子的淋溶和植物有效性的影响[J]. 环境科学, 1988, 9(2) : 22-26.
[49] 王代长, 胡红青, 李学垣. 酸性土壤上磷矿粉释磷机理与农学效应[J]. 中国农学通报, 2006b, 22(9) : 242-245.
[50] 王代长, 蒋新, 卞永荣, 等. 模拟酸雨对不同土层酸度和K淋失规律的影响

[J]. 环境科学, 2003a, 24(2): 30-34.
[51] 王代长, 蒋新, 卞永荣, 等. 模拟酸雨对阳离子在土体内迁移的影响[J]. 地球化学, 2004b, 33(1): 46-52.
[52] 王代长, 蒋新, 卞永荣, 等. 模拟酸雨条件下 Cd 在土壤及其矿物表面的解吸动力学特征[J]. 环境科学, 2004c, 25(4): 117-122.
[53] 王代长, 蒋新, 卞永荣, 等. 酸沉降下红壤对 K 吸附特征及反应动力学[J]. 环境科学, 2003b, 23(2): 171-175.
[54] 王代长, 蒋新, 贺纪正, 等. H^+ 和有机酸对可变电荷土壤铝释放的动力学研究[J]. 地球化学, 2006a, 35(6): 651-659.
[55] 王代长, 蒋新, 贺纪正, 等. 酸性条件下 $H^+ - Ca^{2+}$ 在红壤表面反应的能量特征[J]. 土壤学报, 2004a, 41(4): 536-543.
[56] 王代长, 蒋新, 贺纪正, 等. 有机酸解吸土壤及矿物表面 Cd 的动力学特征[J]. 环境化学, 2007a, 26(6): 762-767.
[57] 王代长, 蒋新, 贺纪正,等. 酸性土壤中重金属 Cd 的吸附与运移特性[J]. 环境化学, 2007b, 26(3): 307-313.
[58] 王代长, 孙志成, 蒋新, 等. 酸性条件下红壤表面 Pb 反应动力学的能量特征[J]. 生态环境,2008, 17(5): 1807-1811.
[59] 王代长, 孙志成, 蒋新, 等. 酸性条件下可变电荷土壤对铜吸附动力学特征[J]. 农业环境科学学报, 2009b, 28(2): 275-279.
[60] 王代长, 孙志成, 蒋新, 等. 酸雨条件下可变电荷土壤表面 $Pb^{2+} - H^+$ 反应动力学特征[J]. 环境化学, 2009a, 28(2): 168-172.
[61] 王芳, 蒋新, 王代长, 等. 模拟酸雨作用下红壤中铜离子的解吸动力学[J]. 环境化学, 2003, 22(4): 341-345.
[62] 王光华, 周德瑞, 杨谦, 等. 低分子量有机酸对磷矿粉的释磷效应[J]. 农业环境科学学报, 2004, 23(1): 80-84.
[63] 王果. 络合作用对重金属离子吸附的影响[J]. 土壤学进展, 1994, 22(6): 6-13.
[64] 王海, 王春霞, 王子健. 太湖表层沉积物中重金属的形态分析[J]. 环境化学, 2002, 21(5): 430-435.
[65] 王敬华, 张效年, 于天仁. 华南红壤对酸敏感性的研究[J]. 土壤学报, 1994,31: 348-354.
[66] 王慎强, 王玉军, 周东美, 等. 邻苯二胺对外源铜在红壤中形态影响的研究[J]. 农业环境科学学报, 2003, 22(1): 8-12.

[67] 王文兴，刘红杰，张婉华，等. 我国东部沿海地区酸雨来源研究[J]. 中国环境科学，1997，17(5)：387-392.
[68] 王文兴，张婉华，石泉，等. 影响我国降水酸性因素的研究[J]. 环境科学，1993，13(6)：401-407.
[69] 王文兴. 中国酸雨成因研究[J]. 中国环境科学，1994，14(5)：323-329.
[70] 魏俊峰，吴大清，彭金莲，等. 污染沉积物中重金属的释放及其动力学[J]. 生态环境，2003，12(2)：127-130.
[71] 文湘华，Herbert E A. 乐安江沉积物酸碱特性及其对重金属释放特性的影响[J]. 环境化学，1996，15(6)：511-515.
[72] 翁建华，黄连芬，等. 土壤酸化及天然土壤溶液中铝的形态[J]. 中国环境科学，2000，20(6)：501-505.
[73] 吴崇书，孟赐福，吕晓男，等. 红壤施用不同磷源对油菜产量和经济效益的影响[J]. 耕作与栽培，2002(3)：42-43.
[74] 吴大清，刁桂仪，彭金莲，等. 环境矿物界面反应动力学[J]. 岩石矿物学，2001，20(4)：395-404.
[75] 吴海锁，张鸿，张爱茜，等. 活性污泥对重金属离子混合物的生物吸附[J]. 环境化学,2002，26(6)：528-532.
[76] 吴金明，刘永红，李学垣，等. 我国几种地带性土壤无机胶体的表面电荷特性[J]. 土壤学报，2002，39(2)：177-183.
[77] 萧月芳，史衍玺，刘春生，等. 模拟酸雨对山东主要土壤类型理化性质的影响[J]. 环境科学，1997，18(3)：26-29.
[78] 谢晓梅，翁棣. 有机酸对镉在土壤矿物上吸附特征的影响[J]. 浙江大学学报(农业与生命科学版)，2003，29(2)：210-214.
[79] 熊毅. 土壤胶体（第三册）[M]. 北京：科学出版社,1990.
[80] 徐明岗，张一平，孙本华. 土壤磷扩散规律及其能量特征的研究 Ⅲ. 土壤磷扩散的动力学及能量特征[J]. 土壤学报，1998，35(2)：202-209.
[81] 徐仁扣，季国亮. pH 对酸性土壤中铝的溶出和铝离子形态分布的影响[J]. 土壤学报，1998，35(2)：162-171.
[82] 许中坚，刘广深，刘维屏. 土壤中溶解性有机质的环境特性与行为[J]. 环境化学，2003，22(5)：427-433.
[83] 杨亚提，王旭东，张一平，等. 小分子有机酸对恒电荷土壤胶体 Pb^{2+} 吸附－解吸的影响[J]. 应用生态学报，2003，14(11)：1921-1924.
[84] 于天仁，陈志诚. 土壤发生中的化学过程[M]. 北京：科学出版社，1990.

[85] 于天仁. 可变电荷土壤的电化学[M]. 北京：科学出版社,1996.
[86] 余国营，吴燕玉. 土壤环境中重金属元素的相互作用及其对吸持特性的影响[J]. 环境化学，1997，16(1)：30-36.
[87] 俞元春，丁爱芳，胡茄，等. 模拟酸雨对土壤酸化和盐基迁移的影响[J]. 南京林业大学学报，2001，25(2)：39-42.
[88] 臧小平，张承林，孙光明，等. 酸性硫酸盐土壤上施用磷矿粉对水稻养分有效性的影响[J]. 植物营养与施肥学报，2003，9(2)：203-207.
[89] 张桂银，毕淑琴，董元彦. 有机酸对针铁矿和三羟铝石吸附镉离子的影响[J]. 河北农业大学学报，2002，25(4)：49-52.
[90] 张桂银，董元彦，李学垣，等. 有机酸对几种土壤胶体吸附－解吸镉离子的影响[J]. 土壤学报，2004，41(4)：558-563.
[91] 张辉，马东升. 城市生活垃圾向土壤释放重金属研究[J]. 环境化学，2001，20(1)：43-47.
[92] 张晋京，王帅，窦森，等. pH 对溶液中 Cu^{2+} 微观结构及 Cu^{2+} 吸附对针铁矿微观结构的影响[J]. 农业环境科学学报，2007，26(1)：277-281.
[93] 章钢娅，张效年，于天仁. 可变电荷土壤对 SO_4^{2-} 吸附[J]. 土壤学报，1987，24(1)：14-17.
[94] 周代华，李学垣. 谷氨酸(Glu)对氧化锰表面 Cu^{2+} 吸附的影响及其机理[J]. 华中农业大学学报，1995，14(5)：455-458.
[95] 朱端卫，董元彦，李学垣. 低品位磷矿粉对酸性土壤化学性质的影响[J]. 土壤通报，1991，22(4)：257-259.
[96] 朱茂旭，蒋新，和文祥，等. 红壤中质子化及铝的溶解与质子缓冲之间的关系[J]. 中国环境科学，2002a，22(3)：277-281.
[97] 朱茂旭，蒋新，杨杰文，等. 可变电荷土壤和恒电荷土壤与氢离子的相互作用机理[J]. 地球化学，2001b，30(2)：194-199.
[98] 朱茂旭，蒋新，季国亮，等. 酸性条件下红壤中铝的活化及环境意义[J]. 地球化学，2002b，31(4)：361-365.
[99] 朱茂旭，蒋新，季国亮. 可变电荷土壤和恒电荷土壤与氢离子的反应动力学[J]. 环境科学，2001a，22(3)：49-53.
[100] 邹献中，赵安珍，季国亮. 可变电荷土壤吸附铜离子时氢离子的释放[J]. 土壤学报，2002，39(3)：308-316.
[101] Alewell C, Bredemeier M. Is acidification still an ecological threat? [J] Nature, 2000, 85: 856-857.

[102] Angove M J, Johnson B B, Wells J D. Adsorption of cadmium on kaolinite[J]. Colloids and Surfaces A, 1997, 126: 137-147.

[103] Arp H, Bengtsson B, Jensèn P. Growth and cation uptake in spruce (Piceabies Karst) grown in sand culture with various aluminum contents[J]. Plant Soil, 1988, 111: 127-133.

[104] Baba O. Acidification in nitrogen saturated forest catchment[J]. Soil Plant Nutr., 1998, 44(4): 513-525.

[105] Bargar J R, Brown G E, Parks G A. Surface complexation of Pb(Ⅱ) at oxide-warter Interfaces: Ⅰ XAFS and bond-valence detemination of mononuclear and polyuclear Pb(Ⅱ) sorption products on aluminum oxides[J]. Ceochi. et Cosmochi. Acta, 1997, 61(13): 2617-2637.

[106] Becquer T, Merlett D, Boudot J P, et al. Nitrification and nitrate uptake: Leaching balance in a declined forest ecosystem in eastern France[J]. Plant Soil, 1990, 125: 95-107.

[107] Benjamin M M, Leckie J O. Conceptual model for metal-ligand-surface interactions during adsorption[J]. Environ. Sci. Technol, 1981, 15:1050-1057.

[108] Benyahya L, Garnier J M. Effect of Salicylicacid upon trace-metal sorption (Cd, Zn, Co and Mn) onto alumina, sili ca, and kaolinite as afunction of pH [J]. Environ. Sci. Technol., 1999, 33: 1398-1407.

[109] Berggren D, Mulder J, Westerhof R. Prolonged leaching of mineral forest soils with dilute HCl solutions: the solubility of Al and soil organic matter[J]. Eur J Siol Science, 1998, 49: 305-316.

[110] Berggren D, Mulder J. The role of organic matter in controlling aluminum solubility in acidic mineral soil horizons[J]. Ceochi. et Cosmochi. Acta, 1995, 59: 4167-4180.

[111] Bergkvist B. Leaching of metals from a spruce forest soil as influenced by experimental acidification[J]. Water Air and Soil Pollut, 1986, 31: 901-916.

[112] Bian Y M, Yu S W. Forest decline in Nanshan China[J]. Ecol Manag, 1992, 51: 53-59.

[113] Billet M F, Parker-Jewis F, Fitzpatrick E A, et al. Forest soil chemical changes between 1945/50 and 1987[J]. J Soil Sci., 1990, 41: 133-145.

[114] Binkley D, Richter D. Nutrient cycles of H^+ budgets of forest ecosystems[J]. Adv Ecol Res, 1987, 16: 2-51.

[115] Binkley D, Sollins P. Factors determining differences in soil pH in adjacent conifer and alder-conifer stands[J]. Soil Sci Soc Am J, 1990, 54: 1427-1433.
[116] Bloom P R, Grigal D F. Modeling soil response to acidic deposition in nonsulfate adsorbing soils[J]. J Environ Qual, 1985, 14: 489-495.
[117] Bloom P R, McBride M B, Weaver R M. Aluminum organic matter in acid soils: Buffering and solution aluminum activity[J]. Soil Sci Soc Am J, 1979, 43: 488-493.
[118] Bolan N S, Naidu R, Syers J K, et al. Surface charge and solute interactions in soils[J]. Adv. Agron. ,1999, 67: 87-140.
[119] Bolt G H, Bruggenwert M G M, Kamphoret A. Adsorption of cations by soil [C]// BoltG H, Bruggenwert M G M eds. Soil Chemistry Part A Basic Elements. Amsterdam: Elsevier, 1976: 54-95.
[120] Brand D G, Kehoe P, Connors M. Coniferous afforestation leads to soil acidification in central Ontario[J]. Can J Res, 1986, 16: 1389-1391.
[121] Bruck R I, Robarge W P, McDaniel A. Forest declinein the boreal montane ecosystemsof the southern Appalachian mountain [J]. Water Air and Soil Pollut, 1989, 48: 161-180.
[122] Brümmer G, Tiller K G, Herms U, et al. Adsorption-desorption and/or precipitation -dissolution process of Zn in soils[J]. Geoderma, 1983,31: 337-354.
[123] Cabrera F, Madrid L, Dearambarri P. Adsorption of phosphate by various oxides theoritical treatment of the adsorption envelope[J]. J. Soil. Sci. , 1977, 28: 306-313.
[124] Caspary H J. An eco hydrological framework for water yield changes of forested catchments due to forest decline and soil acidification[J]. Water Resour Res, 1990, 26: 1121-1131.
[125] Castelle A J, Galloway J N. Carbon dioxide dynamics in acid forest soils in Shenandoah National Park Virginia[J]. Soil Sci Soc Am J, 1990, 54: 252-257.
[126] Cernik M, Federer P, Borkovec M, et al. Modeling of Heavy Metal Transport in A Contaminated Soil[J]. J Environ Qual, 1994, 23:1239-1248.
[127] Chubin K G, Steet J J. Adsorption of Cdon soil constituents in the presence of complexity ligands[J]. J Environ Qual, 1981, 10: 225-228.
[128] Cole D W, Johnson D W. Atmospheric sulfate additions and cation leaching in a

Douglas-fir ecosystem[J]. Water Resour Res, 1977, 13: 313-317.
[129] Coleman D C. The impacts of acid deposition on soil biota and cycling[J]. Environ Exp Bot, 1983, 23: 225-233.
[130] Cornell R M, Shindler P W. Infrared Study of the adsorption of hydroxy-carborylic acid on α-FeOOH and amorphous Fe(Ⅲ)-hydroxide[J]. Colloid Polym. Sci, 1980, 258: 1171-1175.
[131] Cronan C S, Schofield C L. Aluminum leaching response to acid precipitation: effects on high-elevation watersheds in the northeast[J]. Science, 1979, 204: 304-306.
[132] Dahlgren R A, Walker W. Aluminum release rate from selectd spodosol Bs horizons: effect of pH and solid-phase aluminum pools[J]. Geochim et Cosmochim Acta, 1993, 57: 57-66.
[133] David M B, Vance G F. Generation of soil solution acid-neutralizing capacity by addition of dissolved inorganic carbon[J]. Environ Sci Technol, 1989, 23: 1021-1024.
[134] De Vries W, Breeuwsha A. The Relation between soil acidification and element cycling[J]. Water Air and Soil pollut, 1987, 35: 293-310.
[135] Duquette M, Hendershot W. Soil surface charge evaluation by back titration: I. Theory and method development[J]. Soil Sci. Soc. Am. J. ,1993a, 57: 1222-1228.
[136] Duquette M, Hendershot W. Soil surface charge evaluation by back titration: II. Application[J]. Soil Sci. Soc. Am. J. ,1993b, 57: 1228-1234.
[137] Elloit H A, Huang C P. Adsorption of some Cu-amino acid complexes at solid-solution interface[J]. Environ Sci Techn, 1980, 14: 87-93.
[138] Eriksson E. Modeling acidification effects on coniferous forest soils[J]. Water, Air, and Soil Pollut. 1998, 104: 353-388.
[139] Ervio R. Acid-induced leaching of elements from cultivated soils[J]. Annal Agric Fenn, 1991, 30: 311-344.
[140] Evanko C R, Dzombak D A. Surface complexation modeling of organic acid sorption to goethite [J]. J. Colloid and In erface Sci. , 1999, 214: 189-206.
[141] Evans L J. Chemistry adsorption of metal retention by soils. Enviorn. Sci[J]. Technol. , 1989, 23:1046-1056.
[142] Federer C A, Hornbeck J W. The buffer capacity of forest soils in New England

[J]. Water Air And Soil Pollut, 1985, 26: 163-173.

[143] Fernandez I J, Alvarez E, Garcia-rodeja E. Speciationand solibility control of Aluminium in calculating mineral weathering rates[J]. Water Air and Soil Pollut, 1998, 103: 35-53.

[144] Franken G, Pijpers M, Matzner E. Aluminum chemistry of the soil solution in an acid forest soil as influenced by percolation rate and soil structure[J]. Eur J Soil Sci., 1995, 46: 61-619.

[145] Furrer G, Sollins P, Westall J C. The study of soil chemistry through quasi-steady-state models: Acidity of soil solution[J]. Geochim et Cosmochim Acta, 1990, 54: 2363-2374.

[146] Galloway J N. Acid deposition: perspectives in time and space[J]. Water Air and Soil Pollut, 1995, 85: 15-24.

[147] Gaskin J W, Dowd J F, Nutter W L, et al. Vertical and lateral components of soil nutrient flux in a hill slope[J]. J Environ Qual, 1989, 18: 403-410.

[148] Ge Y, Hendershot W. Evaluation of soil surface charge using the back-titration technique[J]. Soil Sci. Soc. Am. J., 2004, 68:82-88.

[149] Geffroy C, Foissy A, Persello J. Surface complexation of calcite by carboxylates in water[J]. J. Colloid and In terface Sci., 1999, 211: 45-53.

[150] Gilliam F S, Adams M B, Yurish B M. Ecosystem nutrient responses to chronic nitrogen inputs at Fernow Experimental Forest, West Virginia, Can J Res, 1996, 26:196-205.

[151] Gorham E. Acid deposition and its ecological effects: a brief history of research [J]. Environmental Science and Policy, 1998, 1: 153-166.

[152] Griffin R A, Jurinak J J. Test of a new model for the kinetics of adsorption-desorption process[J]. Soil Sci Soc Am P, 1973, 37: 869-872.

[153] Gundersen P, Rasmussen L. Nitrification in forest Soils: Effects from Nitrogen Deposition on Soil Acidification and Aluminum Release[J]. Rev Environ Contam Toxicol, Springer-verlagberlin: 1990. Vol 113

[154] Hao J M, Wang S X, Liu B J, et al. Plotting of acid rain sulfur dioxide pollution control zones and integrated control planning in China[J]. Water Air Soil Pollut, 2001, 130: 259-264.

[155] Harter R G. Effects of soil pH on adsorption of Pb, Cu, Zn and Ni[J]. Soil Sci Soc Am J, 1983, 47: 47-51.

[156] Hingston R J. A Review of Anion Adsorption[C]//Anderson M. A., Robin A. J. (eds.)., Adsorption of Inorganics at Solid-Liquid Surfaces, Ann Arvor Science, 1981.

[157] Hinz C, Selim H M. Transport of Zinc and Cadmium in Soils: Experimental Evidence and Modeling Approaches[J]. Soil Sci Soc Am J, 1994, 58: 1316-1327.

[158] Huang C P, Violante A. Influence of organic acids on crystallization and surface properties of precipitation products of aluminum. Huang P M, Schnitzer M, Eds. Interactions of Soil Minerals with Natural Organics and Microbes[J]. Soil Sci Soc of Am Madison. WI, 1986, 159-221.

[159] Huang P M, Bethelin J. Environmental impact of soil component interactions. 2: Metals, other inorganics and microbial activities[J]. Florida, USA. CRC Press Inc, 1995: 376-384.

[160] Huettl R F, Fink S, Lutz H J, et al. Forest decline nutrient supply and diagnositic fertilization in southwestern Germany and southern California[J]. Ecol Manage, 1990, 30: 341-350.

[161] Hutchinson T C, Bozic L, Munoz-Vega G. Responses of five species of conifer seedlings to aluminum stress[J]. Water Air and Soil Pollut, 1986, 31: 283-294.

[162] James B R, Riha S J. Forest soil organic horizon acidification: Effects of temperature time and solution/soil ratio[J]. Soil Sci Soc Am J, 1987, 51: 458-462.

[163] Johnson D W, Taylor G E. Role of air pollution in forest decline in eastern North American[J]. Water Air Soil Pollut, 1989, 48: 21-43.

[164] Johnson D W, Todd D E. Nutrient cycling in forests of Walker Branch Watershed: Roles of uptake and leaching in causing soil change[J]. J Environ Qual, 1990, 19: 97-104.

[165] Jones D L, Barssington D S, Sorption of organic acids in acid soils and its implications in the rhizosphere[J]. Eur J. Soil Sci. 1998, 49: 447-455.

[166] Jones D L, Kochian L V. Aluminium-organic acid interactions in acid soils[J]. Plant and Soil, 1996, 182: 221-228.

[167] Kaupenjohann M W W. Small-scale heterogeneity of soil chemical properties. (Ⅱ) Fractions of aluminum and heavy metals[J]. Angenommen, 1994, 1:

459-465.
[168] Kookana R S, Naidu R, Effect of soil solution composition on cadmium transport through variable charge soils[J]. Geoderma, 1998, 84: 235-248.
[169] Koppelman M H, Dillard J G. A studyof the adsorption of Ni and Cu by clay minerals[J]. Clay and Clay Miner, 1997, 25: 457-462.
[170] Krug E C, Frink C R. Acid rain on soils: a new perspective[J]. Science, 1983, 221: 520-525.
[171] Kuylenstierna J C I, Rodhe H, Cinderby S, et al. Acidification in developing countries: ecosystem sensitivity and the critical load approach on a global scale [J]. AMBIO, 2001, 30: 20-28.
[172] Lamy I, Djafer M, Terce M. Influence of Oxalic Acid on the Adsorption of Cadmium at the Goethite Surface[J]. Water Air Soil Poll, 1991, 57-58: 457-465.
[173] Larssen H, Seip M, Semb A, et al. Acid deposition and its effects in China: an overview[J]. Environ. Sci. Pol. 1999, 2: 9-24.
[174] Lasaga A C, Soler J M, Ganor J, et al. Chemical weathering rate laws and global geochemical cycles[J]. Geochim et Cosmochim Acta, 1994, 58: 2361-2386.
[175] Lawrence G B, David M B, Shortle W C. A new mechanism for calcium loss in forest-floor soils[J]. Nature, 1995, 378: 162-164.
[176] Lewis T E. Environmental chemistry and toxicology of aluminum[J]. Michigan: Lewis Publishers, 1989.
[177] Li X Y, Ling W T, He J Z. Interaction between charge characteristics and Cu^{2+} adsorption-desorption of soils with variable or permanent charge [J]. Pedosphere, 2002, 12(4): 321-328.
[178] Liao B, Larssen T, Seip H M. Response of five Chinese forest soils to acidic inputs: batch experiment[J]. Geoderma, 1998, 86: 295-316.
[179] Liao B, Seip H M, Larssen T. Response of two Chinese forest soils to acidic inputs: leaching experiment[J]. Geoderma, 1997, 75: 53-73.
[180] Likens G E. Long-term effects of acid rain: respones and recovery of a forest ecosystem[J]. Science, 1996, 272: 244-246.
[181] Lindsay W L. Chemical Equilibria in Soils[M]. New York: John Wiley & Sons, 1979.
[182] Liu A, Gonzalez R D. Adsorption / desorption in a system consisting of humic

acid, heavy metals, and clay minerals[J]. Colloid and Interface Sci., 1999, 218: 225-232.
[183] Liu F, Xu F L, Li X Y, et al. Types of crystalline iron oxides and phosphate adsorption in variable charge soils[J]. Pedosphere, 1994, 4(1):35-46.
[184] Liu H, Du X. A preliminary study on the characteristics of fog-water in the masson pine forest in Chongqing China[J]. J Environ Sci China, 1991, 3: 11-16.
[185] Liu K H, Mansell R S, Rhue R D. Cation removal during application of acid solution into air-dry soil columns[J]. Soil Sci. Soc. Am. J., 1990, 84:1747-1753.
[186] Low M J D. Kinetics of chemisorption of gasas on solids[J]. Chem Rev, 1960, 60:265-312.
[187] Magdoff F R, Bartlett R J. Soil pH buffering revisited[J]. Soil Sci Soc Am J, 1985, 49: 145-148.
[188] Martinez M E, McBride M B. Comparison of the titration and ion adsorption methods for surface charge measurement in oxisols[J]. Soil Sci. Soc. Am. J., 1989, 53: 1040-1045.
[189] Matzner E. Acidic precipitation: Case study Solling. In: D C Adriano, Havas eds., Acidic Precipitation. Springer-Verlag Berlin, 1989,1:39-83.
[190] McBride M B. Reactions controlling heavy metal solubility in soils[J]. Advance in Soil Sci, 1989, 10:1-56.
[191] Mulder J N, van Breemen, Eijck H C. Depletion of soil aluminum by acid deposition and implications for acid neutralization [J]. Nature, 1989, 337: 247-249.
[192] Mulder J, Stein A. The solubility of aluminum in acidic forest soils: Long-term changes due to acid deposition[J]. Geochim Cosmochim Acta, 1994, 58: 85-94.
[193] Murray J W. The surface chemistry of hydrous manganese dioxide[J]. J. Colloid Interface Sci., 1974, 46: 357-371.
[194] Naidu R, Hater R D. Effect of different organic ligands on cadmium sorption by and extractability from soils[J]. Soil Sci. Soc. Am. J., 1998, 62: 644-650.
[195] Nambu K. Rates of soil acidification under different patterns of Nitrogen mineralization[J]. Soil Sci Plant Nutri, 1994, 40(1): 95-106.
[196] Nielsen B. Miscible displacement in soils: experimental information[J]. Soil

Sci Soc Am Proc, 1961, 25: 1-5.
[197] Nissinen A, Kareinen T, Tanskanen N, et al. Apparent cation-exchange quilibria and aluminium solubility in solutions obtained from two acidic forest soils by centrifuge drainage method and suction lysimeters[J]. Water Air and Soil Pollut, 2000, 121: 23-43.
[198] Nordstrom D K. The effect of sulfate on aluminum concentrations in natural waters: some stability relations in the system $Al_2O_3-SO_3-H_2O$ at 298 K[J]. Geochim Cosmochim Acta, 1982, 46: 681-692.
[199] Norton S A, Lindberg S E, Page A L, Acidic Precipitation [C] // In: Reuss J O, Walthall P M, Soil reaction and acidic deposition. Springer-Verlag Berlin: 1989, 4: 1-33.
[200] Pang L, Close M E, Non-Equilibrium Transport of Cd in Alluvial Gravels[J]. J Contaminant Hydrology, 1999, 36: 185-260.
[201] Parfitt R L, Farmer V C, Russell J D, Adsorption on hydrousoxides: fulvic acid and humic acid on goethite, gibbsite and imogolite[J]. J Soil Sci, 1977, 28: 289-296.
[202] Parker D R, Kinraide T B, Zelazny L W. On the phytotoxicity of polynuclear hydroxy- aluminum complexes[J]. Soil Sci Soc Am J, 1989, 53: 789-796.
[203] Raynal D J, Joslin J D, Thornton F C, et al. Sensitivity of tree seedlings to aluminum: Ⅲ Red spruce and loblolly pine[J]. J Environ Qual, 1990, 19: 180-187.
[204] Rechcigl J E, Sparks D L. Effects of acid rain on the soil environment: A review[J]. Commun Soil Sci Plant Anal, 1985, 16: 653-680.
[205] Reisinger L M, Imhoff R E. Analysis of summertime cloud water measurements made in a southern Appalachian spruce forest[J]. Water Air And Soil Pollut, 1989, 45: 1-15.
[206] Rennenberg H, Gessler A. Consequences of N deposition to forest ecosystems-recent results and future and future research needs[J]. Water Air and Soil Pollut, 1999, 116: 47-64.
[207] Reuss J O, Cosby B J, Wright R F. Chemical processes governing soil and water acidification[J]. Nature, 1987, 329: 27-32.
[208] Reuss J O, Johnson D W. Effect of soil processes on the acidification of water by acid deposition[J]. J Environ Qual, 1985, 14: 26-31.
[209] Reuss J O, Walthall P M, Roswall E C, et al. Aluminum solubility calcium

Caluminum exchange and pH in acid forest soils[J]. Soil Sci Soc Am J, 1990, 54: 374-380

[210] Reuss J O, Walthall P M. Soil reaction and acidic deposition[C]// Norton S A, Lindberg S E, Page A L eds. Acidic Precipitation. Berlin: Springer-Verlag, 1989: 1-33.

[211] Robarge W P, Johnson D L. The effects of acidic deposition on forested soils [J]. Adv Agron, 1992, 47:1-72

[212] Rodhe H, Grennfelt P, Wisniewski J, et al. Acid reign'95 - conference summary statement[J]. Water Air and Soil Pollut, 1995, 85: 1-14.

[213] Schindler D W. Effects of acid rain on freshwater ecosystems[J]. Science, 1988, 239: 149-257.

[214] Schulthess C P, Sparks D L. A critical assessment of surface adsorption models [J]. Soil Sci. Soc. Am. J., 1988, 52: 92-97.

[215] Scokart P O , Verdinne K M, Borger R D. Mobility of heavy metals in polluted soils near zinc smelters[J]. Water, Air Soil Pollut., 1983, 20: 451-463.

[216] Seuntjens P, Mallants D, Cornelis C, et al. Non-equilibrium cadmium leaching in layered sandy soils[J]. Soil Sci, 2001, 166(8): 507-519.

[217] Shao M, Horton R, Miller R K. An approximate solution to the convection-dispersion equation of solute transport in soil[J]. Soil Sci, 1998, 163(5): 339-345.

[218] Shen Y H. Sorption of humic acid to soil: The role of soil mineral composition [J]. Chemosphere, 1999, 38(11): 2489-2499.

[219] Smith W H. Effect of acidic precipition on forest ecosystems in North America [J]. Acidic precipition. Springer-verlay, 1989(2).

[220] Sparks D K. Kinetics of soil chemical processes[M]. San Diego: Academic Press, 1989:39-60.

[221] Sparks D L. Kinetics of ionic reactions in clay minerals and soils[J]. Adv agron, 1985, 38: 231-236.

[222] Sparks D L. Potassium Dvnamics in Soil[C]//Steward B A, ed. Advances in Soil Science[M]. New York: Springer-Verlage New York Inc, 1987, 6: 1-62.

[223] Sparks D L. Soil physical chemistry[M]. CRC Press, Inc., 1986: 64-68.

[224] Sparks D S. Elucidating the fundamental chemistry of soils: Past and recent achievements and future frontiers[J]. Geoderma, 2001, 100: 303-319.

[225] Sposite G. On points of zero charge[J]. Enviorn. Sci. Technol., 1998, 31: 1109-1115.

[226] Sposite G. The Environmental Chemistry of Aluminum[M]. Michigan: Lewis Publishers, 1996.

[227] Stams A J M, Marnette E C L. Investigation of nitrification in forest soils with soil percolation columns[J]. Plant Soil, 1990, 125: 135-141.

[228] Stark J M, Hart S C. High rates of nitrification and nitrate turnover in undisturbed coniferous forests[J]. Nature, 1997, 385: 61-64.

[229] Strobel B W. Influence of vegetation on low-molecular-weight carboxylic acids in soil solution: review[J]. Geoderma, 2001, 99: 169-198.

[230] Stumm W, Furrer G, Wieland E, et al. The effects of complex forming ligands on the dissolution of oxides and aluminosili cates[C]//DreverJ I. ed. The Chemistry of Weathering. D. Reidel Publishing Co., Boston., 1985: 55-74.

[231] Stumm W. Chemistry of the Solid Water Interface[J]. New York: John Wiley and Sons., 1992.

[232] Tamm C O, Hallbacken L. Changes in soil acidity from the 1920s to the 1980s in two forest areas with different acid deposition[J]. Ambio, 1988, 17: 56-61.

[233] Tang C, Raphaelz C, Rengel Z. Understanding subsoil acidification effect of Nitrigen transformatoin and Nitrate leaching[J]. Aust J Soil Res, 2000, 38: 837-849.

[234] Taylor M D, Theng B K. Sorption of Cadmium by complexes of kaolinite with humic acid. Commun[J]. Soil Sci Plant Anal, 1995, 26:765-776.

[235] Toride N, Leij F J, van Genuchten M. The CXTFIT code for estimating transport parameters from laboratory or field tracer experiments[M]. Version2.0, Research Rep. 137. U. S. Salinity Laboratory, Riverside. California., 1995.

[236] Turner R C. Aluminum removed from solution by montmorillonite[J]. Can J Soil Sci, 1967, 47: 217-222.

[237] Ulrich B. Effects of accumulation air pollutants in forrest ecosystem. D Reided Publishing[J]. Company, 1983:331-342.

[238] Ulrich B. Effects of acidic precipitation on forest ecosystem in Europe[J]. Acidic precipitation Spring-Verlay Berlin, 1989, 2:189-272.

[239] Van Breemen N, Burrough P A, Velthorst E J, et al. Soil acidification from atmospheric ammonium sulphate in forest canopy throughfall[J]. Nature, 1982,

299: 548-550.
[240] Van Breemen N, Driscou C T, Mulder J. Acidic deposition and internal proton in acidification of soils and water[J]. Nature, 1984: 307.
[241] Van Genuchten M T, Wagenet R J. Two-site/two-region models for pesticide transport and degradation: theoretical development and analytical solutions[J]. Soil Sci Soc Am J, 1989, 53: 1303-1310.
[242] Van Grinsven J J M, Kloeg G D R, van Riemsdijk W H. Kinetics and mechanism of mineral dissolution in a soil at pH values below 4[J]. Water Air and Soil Pollut, 1986, 31: 981-990.
[243] Vance G F, David M B. Spodsol cation release and buffering of acidic inputs [J]. Soil Sci, 1990: 362-368.
[244] Wang W, Wang T. On the origin and the trend of acid precipitation in China [J]. Water Air and Soil Pollut, 1995, 85: 2295-2300.
[245] Weaver G T, Khanna P K, Beese F. Retention and transport of sulfate in a slightly acid forest soil[J]. Soil Sci Soc Am J, 1985, 49: 746-750.
[246] Wright R J. Soil aluminum toxility and plant growth[J]. Comuun in Soil Sci Plant Annals, 1989, 20: 1479-1497.
[247] Yu T R, ed. Chemistry of Variable Charge Soils[M]. New York: Oxford Uuniversity Pres, 1997: 339-367.
[248] Zhang F S, Zhang X N, Yu T R. Reactions of hydrogen ions with variable charge soils: I. Mechanisms of reaction[J]. Soil Sci, 1991, 151 (6): 436-443.
[249] Zhao D, Seip H M, Zhang D. Pattern and cause of acidic deposition in the Chongqing region Sichuan Province China [J]. Water Air and Soil Pollut, 1994, 7: 27-48.